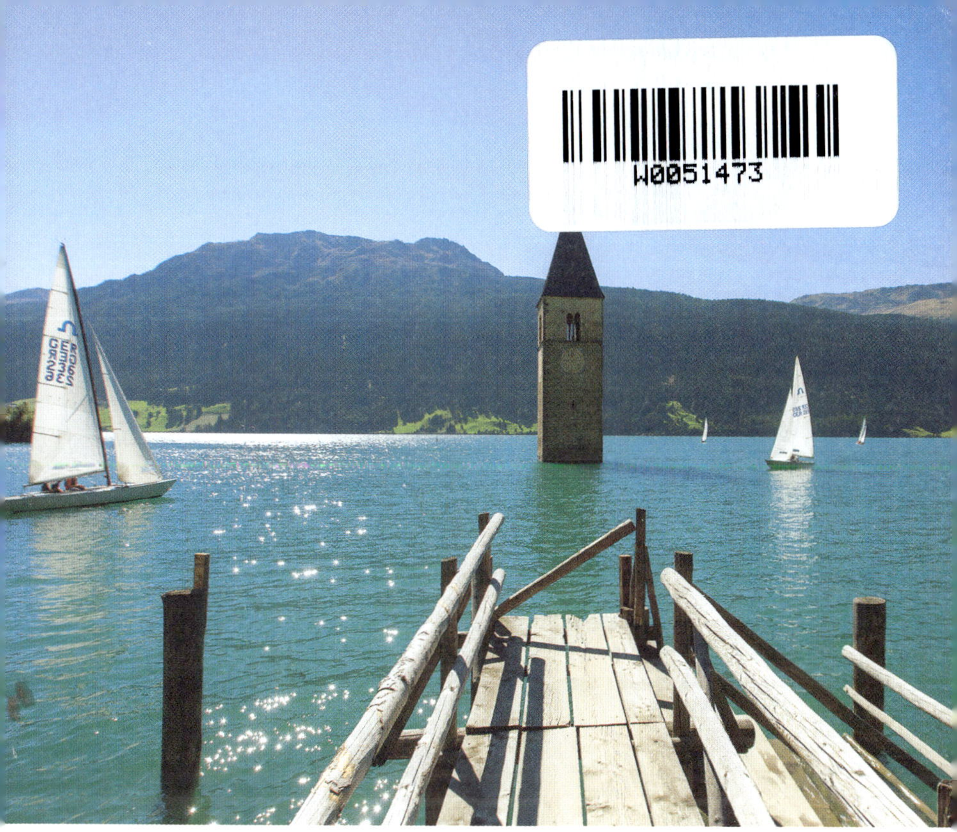

Brunamaria Dal Lago Veneri

Südtirol. Ein kurioser Reiseführer

Aus dem Italienischen von Wolftraud de Conci

Mit freundlicher Unterstützung der Abteilung deutsche Kultur in der Südtiroler Landesregierung über das Südtiroler Kulturinstitut, der Autonomen Region Trentino-Südtirol und der Brennerautobahn AG

AUTONOME PROVINZ BOZEN SÜDTIROL — PROVINCIA AUTONOMA DI BOLZANO ALTO ADIGE

Deutsche Kultur

REGIONE AUTONOMA TRENTINO-ALTO ADIGE
AUTONOME REGION TRENTINO-SÜDTIROL
REGION AUTONÓMA TRENTIN-SÜDTIROL

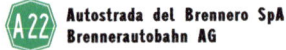

Autostrada del Brennero SpA
Brennerautobahn AG

Redaktion: Verena Spechtenhauser
Schlussredaktion: Wolfgang Tessadri / Magdalena Grüner / Ex Libris Genossenschaft, Bozen
Übersetzung: Wolftraud de Concini / Ex Libris Genossenschaft, Bozen
Umschlaggestaltung: Dall'O & Freunde
Grafisches Konzept und Druckvorstufe: Typoplus, Frangart
Druck: Tezzele by Esperia, Bozen

ISBN: 978-88-7283-433-6

Unser Gesamtprogramm finden Sie unter www.raetia.com
Für Fragen und Anregungen wenden Sie sich bitte an: info@raetia.com

Inhalt

Einleitung

Kurioses und Geheimnisvolles aus Südtirol und aus dem Trentino

Brunamaria Dal Lago Veneri

Südtirol und das Trentino haben unendlich viel Kurioses zu bieten. Zahllose volkstümliche Sagen und Legenden, die von geheimnisvollen Orten und Geschehnissen berichten, bringen dies zum Ausdruck. So war es nicht leicht, aus dieser Vielfalt eine Auswahl für die „kuriosen Reiseführer" zu treffen. Von welchen Kriterien sollte ich mich leiten lassen? An welchen roten Faden sollte ich mich halten? Angesichts des so ungeheuer weiten Themas schien es mir angebracht, dieses Land, diese Region erst vorzustellen, um dann von ihren Geschichten und Geheimnissen erzählen zu können.

Geschichte, Tradition und Erzählung

In Südtirol und im Trentino leben Menschen, die unterschiedlichen Volksgruppen angehören und drei verschiedene Sprachen sprechen: Deutsch, Italienisch und Ladinisch. Und hier sind verschiedenartige Kulturen und ein vielfältiges Brauchtum lebendig, die unter einem einzigen Himmel leben. Dieser Himmel zeigt sich gegen Norden klar und verschneit, im Süden weitet sich der Horizont, die Sonne strahlt warm aus einem hellen Blau. Ein Land von Bergbauern, Städtern und Seeleuten (mögen es auch nur wenige auf Seen und Flüssen sein), die nicht nur drei Sprachen sprechen, sondern auch in drei unterschiedlich geprägten Gebieten leben. Ein Land, das Armut und Not kannte und tragische Auswanderungsphänomene wie die der Kaminfegerbuben oder der Schwabenkinder, die als Arbeitskräfte auf den Märkten um den Bodensee für eine Saison an Bauern vermittelt wurden. Aber auch ein Land voller Ideen, Inspirationen und vor allem Fantasie.
So können wir aus dem Schatz an Traditionen schöpfen und den Erzählungen von Fantasiegestalten folgen, die in der volkstümlichen Überlieferung zur Erklärung der großen Geheimnisse der Natur dienten. Da ist von Wasser- und Waldfeen die Rede, von Schlangen und Drachen, Riesen und Zwergen, aber auch von den Erinnerungen, Erfahrungen, Reichtümern und Werken der

Menschen, die hier gelebt haben und noch heute leben. So begegnen wir Sagengestalten wie dem Zwergenkönig Laurin, haben teil am „Mäuseprozess" der kleinen Stadt Glurns und am Schicksal des Riesen aus Bezzecca. Doch wir lernen auch Demetrio Leonardi, einen der „Väter" der Fotografie, kennen, entdecken Rätselhaftes wie den Goldschatz der Nazis, der bis heute in der Festung Franzensfeste vergraben sein soll und besuchen Museen von internationalem Rang wie das Mart in Rovereto. In meinem Reiseführer sollen aber auch jene Erinnerungen zur Sprache kommen, die als schmerzhaft empfunden werden wie etwa die Erlebnisse während der beiden Weltkriege, die Zeit der Option, in der viele Familien auseinandergerissen wurden oder die Attentate der sogenannten Feuernacht.

Wappentiere als Symbole der Verbundenheit

Wenn wir von kuriosen und geheimnisvollen Dingen lesen, tut sich uns die Geschichte eines Landes auf sowie der Religionen, die es durchtränkt haben und der Menschen, die hier gelebt haben und noch leben. Diese Geschichte verbindet Südtirol und das Trentino miteinander: daher beginnen die zwei Bände des „kuriosen Reiseführers" mit derselben Einleitung.

Das Wappen der Region Trentino-Südtirol schließt symbolhaft die Geschichte dieses Grenzlandes, dieses „Landes im Gebirge", ein. Es setzt sich aus dem Trentiner und dem Südtiroler Adler zusammen, beide wurden in dem viergeteilten Wappen miteinander kombiniert. Die Geschichte der beiden Wappentiere erzählt auch die Geschichte der beiden Landesteile.

Beim Trentiner Adler handelt es sich – wie aus den akribischen Untersuchungen des Franziskanerpaters Frumenzio Ghetta, einem der besten, sachkundigsten Kenner der Trentiner Geschichte, hervorgeht – um das älteste Wappen des Fürstbistums Trient, dieser weltlichen und politischen Macht, die der heutigen Provinz Trient als politisch-administrative Einheit vorausging. Der einköpfige schwarze „Wenzelsadler" wurde dem damaligen Fürstbischof Nikolaus von Brünn und der Stadt Trient am 9. August 1337 von König Johann von Böhmen verliehen. Als sich dann zwischen 1340 und 1511 die Grafschaft Tirol herausbildete, wurde der Trentiner Bischofsadler zum Wappen des gesamten Trentiner Gebiets.

Der Tiroler Adler, der auf das Jahr 1370 zurückgeht und am Altar der Kapelle von Schloss Tirol bei Meran zu sehen ist, stellt eine Fortentwicklung des Wappens der Grafen von Tirol dar, das um 1150 erstmals auftrat und im Jahr 1363, als die Grafschaft Tirol an die Habsburger überging, zum Wappenbild des Landes wurde.

Adler des Fürstbistums Trient (links) und des Landes Tirol (Mitte). Rechts das Wappen der Region Trentino-Südtirol

Die Grafen von Tirol wurden bald zu Vögten des Fürstbischofs, und der Herr *in temporalibus* überließ einem weltlichen Herrn die militärische Verteidigung und die anderen zivilen Funktionen des Landes. Die Herren von Tirol wurden auf diese Weise immer mächtiger und als mit Maximilian I. der Graf von Tirol auch Kaiser war, hatte er keinerlei Grund, das Prestige der mit ihm verbündeten Fürstbischöfe herabzusetzen.

Die Vereinbarungen mit den Trienter Bischöfen prägten in den darauf folgenden Jahrhunderten die gegenseitigen Beziehungen ebenso wie das von Maximilian 1511 erlassene „Landlibell", das zum Zusammenschluss des Landes (Fürstbistum Trient und Brixen, Grafschaft Tirol und die Landgerichte Kufstein, Rattenberg und Kitzbühel) führte. Es kam so im Rahmen des Heiligen Römischen Reichs zur Gründung eines Territorialstaats, mit dem sich die gesamte Bevölkerung identifizierte. Im Landlibell, das bis zum Jahr 1918 in Kraft blieb, wurden auch die Freiheiten der Tiroler Bevölkerung festgelegt.

Der Trentiner Wenzelsadler und der Tiroler Adler wurden gemeinsam zum symbolischen Emblem des Gebiets, das heute als Region Trentino-Südtirol bezeichnet wird. Das Wappen mit den beiden Adlern kann heute auch als Sinnbild eines Landes angesehen werden, wo Menschen leben, die sich zwar voneinander unterscheiden, aber doch durch Jahrhunderte gemeinsamer Geschichte und Traditionen miteinander verbunden sind.

Diese Gemeinsamkeit wird auch deutlich, wenn man die wichtige Rolle des Adlers in zahlreichen Legenden sowohl in Südtirol als auch im Trentino beobachtet. So heißt es im Epos der Fanes, das in Südtirol verbreitet ist: „Vom Himmel stieß ein Adler mit feurigem Schnabel und goldenen Krallen herab und schlug dem König der Fanes ein Abkommen vor, und das Abkommen mit dem Adler galt im ganzen Reich."

Im Trentino ist eine volkstümliche Geschichte in Umlauf, wonach während des Aufstands im Jahr 1407 – als das von Trentiner Adligen angeführte Volk sich der Übermacht des Bischofs widersetzte – mehrere Adler aus dem bischöflichen Wappen ausbrachen, um das unterdrückte Volk zu verteidigen. In einer anderen Sage ist die Rede von einem Adlerweibchen, das sich mit einem Menschen angefreundet hatte. Als dieser aber den Freundschaftsbund brach, flüchtete es auf eine Säule und verwandelte sich in Stein: Es ist die Adlerfigur auf dem „Adlerbrunnen" am Domplatz in Trient.

Allerlei Kurioses

Was bedeutet „kurios"? Auf diese Frage gibt es mehrere Antworten. Sicher ist, dass kuriosen Dingen stets die Aura des Mysteriums, des Unergründlichen anhaftet. Natürlich lässt sich auch über die Bedeutung dieser Begriffe diskutieren. Für einen Wissenschaftler beziehen sie sich auf die Unwissenheit des Uneingeweihten, ein Philosoph denkt an etwas, das über die Vernunft hinausgeht, ein Theologe an die Wahrheit des Glaubens, im Alltag dagegen stellen wir uns darunter etwas Wunderbares, Überraschendes, Magisches, ja vielleicht Okkultes vor.

Die Begriffe lassen sich nicht leicht in eine bestimmte Definition drängen. Das Erzählen und Fabulieren ist auf jeden Fall ein Grundbedürfnis des Menschen. Er versucht die Geheimnisse der ihn umgebenden Welt in Wörtern, Zeichnungen und Symbolen auszudrücken. So entsteht ein Schatz an Überlieferungen, den es zu entdecken gilt.

Ich habe diese Mythen, Sagen und die im Gedächtnis der Bevölkerung Südtirols und des Trentinos verwurzelten Traditionen gesammelt, denn die Erinnerung ist der wahre Spiegel der Seele eines Volkes, seiner Anschauungen und seiner Geschichte.

1. Vom Brenner nach Brixen: Oberes Eisacktal

Brenner und Gossensaß

Die natürliche Grenze zwischen Nord und Süd
Brenner

Der Brennerpass ist eine Wetterscheide: Wenn im Inntal der Föhn weht, regnet es meistens im Eisacktal. Wer aus dem Norden bei schlechtem Wetter anreist, kann hoffen, auf der Alpensüdseite Sonnenschein vorzufinden.

Der Brenner ist mit seinen 1.370 Metern Seehöhe ein relativ niedriger Alpenpass, und auch wenn die Staatsgrenze heute weniger sichtbar ist, so hat er dennoch nicht seine historische Bedeutung und seinen landschaftlichen Reiz verloren.

Südtirol liegt wie ein Scharnier zwischen Norden und Süden, und Bozen war von jeher ein namhafter Handelsplatz. Tut man einen Schritt in die Vergangenheit und schließt sich einer der vielen Handelskarawanen an, passiert man den Brenner, der von frühesten Zeiten an einer der beliebtesten Alpenübergänge war und die Poebene mit Mitteleuropa verband.

Über diesen Pass verlief die Bernsteinstraße, auf der dieses auch als Succinit bezeichnete fossile Harz von der Ostsee an die Adriaküste befördert wurde, um dann im ganzen Mittelmeerraum vermarktet zu werden.

Blick auf den Brennerpass, Anfang des 20. Jahrhunderts

Schon in der Jungsteinzeit wurden Amulette und Schmuckstücke aus Bernstein angefertigt, der besonders zur Bronzezeit weite Verbreitung fand. Viele Handelsstädte wurden an der Bernsteinstraße gegründet, die sich mit der Zeit zum bedeutendsten Handelsweg zwischen Mitteleuropa und dem Mittelmeer entwickelte. Der wichtigste Bernsteinhafen an der Adria war Venedig, von wo aus dieser wertvolle Schmuckstein auch in den Orient gelangte. Eigentlich handelte es sich nicht um eine einzige Bernsteinstraße, sondern um mehrere, voneinander unabhängige Handelswege, die im Altertum für den Bernsteintransport genutzt wurden. Die Westroute verlief von Hamburg an der Elbe entlang, berührte dann Nürnberg, überquerte die Donau und führte über die Alpen nach Venedig. Die Ostroute dagegen begann an der Ostsee, führte an Oder und Weichsel entlang zur Mährischen Pforte und bis an die Donau, um dann die Alpen zu überqueren und in Venedig oder Aquileja zu enden.

Von der Vorgeschichte an kam es an diesen zwei bedeutenden Handelswegen zu einem lebhaften Warenaustausch zwischen den mittel- und nordeuropäischen Ländern einerseits und den Mittelmeerländern andererseits. Schon seit 1500 vor Christus wurde in Norditalien verarbeitete Bronze auf Saumtieren an die Donau und nach Böhmen befördert, während um 900 vor Christus der „weltweite" Bernsteinhandel begann.

Der Brennerpass, der die Pforte gegen Süden darstellte, war kein leichter Alpenübergang, und außerdem mussten die Karawanen durch das Eisacktal auf den Ritten ausweichen, da die finstere Eisackschlucht nicht begehbar war. Erst mit der 1314 erfolgten Anlage des Kunterswegs (siehe Barbian) konnten die Handelsrouten durch die enge Talschlucht führen.

Mittelalterliche Heilquelle
Brennerbad

Bäder und eine warme Heilquelle werden schon im Jahr 1338 erwähnt, und 1460 verbrachten der Landesfürst Sigmund der Münzreiche und dessen Gemahlin Eleonore von Schottland hier einen Kuraufenthalt. Die später wahrscheinlich durch ein Erdbeben verschüttete Quelle wurde 1607 wieder als Stiftung für bedürftige Badegäste erschlossen. Das Bad, das besonders bei Bronchitis und rheumatischen Beschwerden aufgesucht wurde, hatte auch berühmte Gäste wie Henrik Ibsen, Richard Strauss und Franz Lehár, und im Sommer 1882 konnte es insgesamt 1.300 Badegäste verzeichnen. Im Jahr 1902 wurde ein Grandhotel erbaut, das 1922 einem Brand zum Opfer fiel. Die neue, nach dem Ersten Weltkrieg festgelegte Grenze am Brenner wirkte sich ungünstig auf die Entwicklung des Bads aus.

Postkarte der Ortschaft Brennerbad, um 1900

Die Ortschaft **Brennerbad** liegt auf 1.326 Metern Seehöhe, etwa drei Kilometer südlich des Brenners. Noch heute bieten die Brenner Thermalquellen Heilbäder, Trink- und Inhalationskuren an. Außerdem wird aus den Brenner Thermalquellen auch ein Mineralwasser gewonnen. Die Quellen von Brennerbad sind mit durchschnittlich 21,9 Grad Celsius die wärmsten Südtirols.

Die Bernstein- und die Salzstraße

Ich möchte hier noch etwas näher auf den Bernstein eingehen, diese wunderschöne Substanz, bei der es sich um fossiles Harz handelt, das in Farben von Farblos-Durchsichtig über Weiß und Goldgelb bis zu Rot- und Brauntönen anzutreffen ist. Die größten Bernsteinfundstätten befinden sich an der Ostseeküste. Das vor Jahrmillionen im Wasser versunkene Harz löst sich vom Meeresgrund und tritt an den Küsten zutage, wo es in unregelmäßigen, etwa ein halbes Kilo schweren Blöcken an den Strand getrieben wird. Nicht mit diesem Harz zu verwechseln ist die Graue Ambra, eine Substanz aus den Eingeweiden des Pottwals, die als Duftstoff und in der Pharmazeutik Verwendung findet. Einer alten Legende nach wird diese Substanz nicht auf dem Meer treibend gefunden, sondern von einem Seevogel ans Ufer gebracht, der von den Bewohnern der Malediven mit dem sonderbaren Namen Anacangrispasqui belegt wird. Da er sich ausschließlich von Kräutern und Krustentieren nährt, haben seine Exkremente einen besonderen Duft und schwimmen auf der Wasseroberfläche. Sie werden von den Fischen verzehrt, die sie aber nicht verdauen können und erbrechen: So entsteht – heißt es in der Sage – heller und dunkler Grauer Amber.

Der Bernstein wurde von den Griechen übrigens als ēlektron bezeichnet und davon leitet sich die Bezeichnung „Elektrizität" ab. Die ersten Verarbeitungsstätten von Bernstein lagen in unmittelbarer Nähe der Fundstätten, so zum Beispiel bei Danzig und Königsberg. Weithin guten Ruf als Verarbeitungsstätte von Bernstein genoss auch Frattesina, eine kleine, 1967 entdeckte frühgeschichtliche Siedlung bei Fratta Polesine (Rovigo). Der von der Ostsee herantransportierte und hier am Po-Ufer verarbeitete Bernstein wurde dann nach Griechenland und in den Orient exportiert, vor allem aus den Hafenstädten Venedig und Aquileja.

Paracelsus löst das Rätsel des Grubengases Gossensaß

In den Bergwerken der Fugger in Gossensaß war eine Zeit lang auch ein illustrer Mediziner tätig: Es war Philippus Theophrastus Aureolus Bombastus von Hohenheim, genannt Paracelsus, der 1493 in Einsiedeln in der Schweiz geboren war und 1541 in Salzburg starb. Er kann als erster wissenschaftlicher Heilpflanzenkundler der Geschichte angesehen werden, da er sich nicht nur für Alchemie interessierte, sondern auch für Naturheilkunde, wobei er auf Pflanzen zurückgriff, die schon von der Antike an als „gut für Menschen und Tiere" bezeichnet worden waren. Im Jahr 1534 vertrat er seinen Vater als Grubenarzt im Dienst der Fugger, und im Kontakt mit dem Leben der Bergleute entwickelte er seine Theorie von der Trinität der Mineralien Salz, Schwefel und Quecksilber als eigenschaftsverleihende Grundelemente. Als Arzt führte er auch Untersuchungen über die Staublunge durch, die als „Grubenkrankheit"

Nicht weniger Bedeutung als die Ausgangs- und Endpunkte der Bernsteinstraße hatte die Strecke, die Route. Denn unterwegs in den längs der Straße gegründeten und prosperierenden Städten, wurden nicht nur Waren, sondern auch Ideen, Wissen und Erfahrungen ausgetauscht.

Folgt man der alten Bernsteinstraße von Aquileja oder Venedig aus über den Brenner nach Norden, kommt man nach Salzburg, ein ehemaliges Zentrum des Salzhandels, das von venezianischen Künstlern und Architekten verschönt worden ist. Längs der Bernsteinroute trifft man auch auf Regensburg, eine zuerst keltische und dann römische Handelsstadt (Ratisbona), auf deren Märkten Stoffe aus Frankreich, Flandern und England, Seide aus Venedig und Leder, Metalle und Wachs aus den slawischen Ländern feilgeboten wurden.

Das in den Salinen um Salzburg gewonnene Salz ging nach Norden, um an der Ostsee gegen Trockenfisch eingetauscht zu werden. Auf dem Weg nach Süden wurde das kostbare Salz auch durch Tirol befördert, auf dem uralten „Heidensteig" Troi Paian durch Gröden oder dem „Brotweg" Viel dal Pan in Marmolada-Nähe, die durch die Dolomiten Anschluss an die Bernstein- und die Salzstraße hatten. Meersalz kam bei uns erst sehr viel später in Mode.

Doch es kam, wie gesagt, nicht nur zum Austausch von Waren. Viele der Nürnberger Kaufleute hatten in Padua studiert oder eine Lehrzeit in Venedig hinter sich gebracht. Padua und Venedig strahlten Kultur aus, aber hier wurden auch Gewürze und Seide aus dem Orient vermarktet. Und aus Nürnberg kamen die ersten Hinterlader und im 16. Jahrhundert die ersten Taschenuhren, die als „Nürnberger Eier" bekannt waren.

Die Bernsteinstraße hat sich also im Laufe der Zeit zur bedeutendsten Verkehrs- und Handelsstraße zwischen dem Norden und dem Süden entwickelt.

schlechthin galt, und entwickelte eine Therapie, bei der er Arsen in kleinen – heute würde man sagen: homöopathischen – Mengen verschrieb, um die Kranken zu stärken und zu heilen. Paracelsus soll den Bergknappen auch geraten haben, Vögel oder andere kleine Tiere in die Grube mitzunehmen, da sie als Erste auf das Grubengas reagierten.

Paracelsus tritt in den alten Tiroler Bergwerksdokumenten als geheimnisvolle Figur auf und auch sein Tod ist geheimnisumwittert. In Sterzing ging der junge Arzt oft mit den Bergleuten unter Tage; denn er fürchtete weder die Grubenzwerge noch die todbringende „Weiße Dame" und auch nicht die Gefahren der Natur. Er war auf alles neugierig und interessierte sich auch für das Leben der Knappen und ihre Träume, die er als Spiegel der Seele ansah. Während er in den Träumen der anderen Personen Abbilder der Wahrheit sah, gab er wenig auf die eigenen Träume und Vorzeichen. Angeblich soll er oft von Salzburg geträumt haben: Der Traum endete immer als Albtraum, in dem ein tierisches Ungeheuer ihn am Bauch fraß. Als der Salzburger Bischof ihn im Jahr 1541 in die Stadt rief, begab er sich ohne größere Bedenken dorthin. Was immer sich auch zugetragen haben mag: Er war gesund nach Salzburg abgereist, aber weniger als eine Woche später starb er dort an einem Leberanfall. Und es wurde gemunkelt, er sei von Personen vergiftet worden, die in ihm einen von Gott fernen Zauberer und Hexenmeister sahen, der daher durch Gottes (oder des Bischofs?) Hand bestraft werden musste.

Bergbau und Luftkurort
Gossensaß

Die Geschichte dieser Ortschaft ist auf das Engste mit dem Bergbau verbunden, der schon im 13. Jahrhundert einsetzte und in den darauf folgenden Jahrhunderten seine Blütezeit erlebte. Im Jahr 1427 wurde die erste Bergwerksordnung erlassen und die Berggerichte Gossensaß und Sterzing eingerichtet, denen die Bergbaureviere Steinach, Rodeneck, Sarnthein und Passeier unterstanden. Im Jahr 1524 kamen die Gruben in den Besitz der Augsburger Bankiersfamilie Fugger, die in der zweiten Hälfte des 14. Jahrhunderts nach Sterzing gekommen war. Die Fugger entwickelten sich bald zur bedeutendsten Finanzmacht in Europa und übten großen Einfluss auf die internationale Politik aus. Die Wahl Karls V. zum Kaiser zum Beispiel war nur möglich geworden, da sie ihm Unsummen Geld geliehen und als Garantie dafür die Tiroler Bergwerke bekommen hatten. Jakob Fugger der Reiche (1459–1525) hatte Handelsniederlassungen in Rom, Venedig, Krakau, Mailand, Innsbruck, Nürnberg, Antwerpen und Lissabon. Im Jahr 1540 zählte die Knappenvereini-

Gossensaß, Ende 19. Jahrhundert

gung mehr als 10.000 Mitglieder. Schon um die Mitte des 16. Jahrhunderts machte sich im Bergbau ein Niedergang bemerkbar, und diese Krise wurde dann durch den Dreißigjährigen Krieg (1618–1648) noch beschleunigt. Im Jahr 1650 zogen sich die Fugger aus dem Tiroler Bergbau zurück, und um 1750 wurden die Gruben geschlossen.

Gossensaß hat nicht nur im Bergbau eine besondere Rolle gespielt, sondern erwarb sich weiten Ruf auch angesichts seiner günstigen Lage. Mit der Eröffnung der Brennerbahn im Jahr 1867 entfaltete es sich zu einem von Künstlern und Dichtern gern besuchten Luftkurort, unter dessen Gästen Oskar von Redwitz, Ludwig Steub, Wilhelm Lübke und Heinrich Noë zu erwähnen sind. Auch Henrik Ibsen hielt sich hier im Sommer von 1876 bis 1878 und von 1882 bis 1884 auf.

Die Ortschaft **Gossensaß** liegt rund zehn Kilometer südlich des Brenners auf 1.098 Metern. Neben dem Dorfnamen („Gotzen" bedeutet „Knappen", „Sass" bedeutet „Sitz") zeugen auch im Dorf selbst Sehenswürdigkeiten von jener Zeit, als im benachbarten Pflerschtal Silber und Blei abgebaut wurden. Darunter die zum Teil noch bewohnten **Knappenhäuser** sowie die um 1510 erbaute zweigeschossige Knappenkapelle **St. Barbara**. Die Kapelle befindet sich gleich neben der Pfarrkirche und kann besichtigt werden. Das **Ibsenmuseum** zeigt eine Ausstellung von historischen Bildern, Fotos, Postkarten und Briefen des bekannten norwegischen Schriftstellers Henrik Ibsen (Ibsenplatz 2, 39041 Gossensaß, Tel. +39 0472 632372).

Weitere Informationen

Tourismusverein Gossensaß-Pflersch-Brenner: Ibsenplatz 2, 39041 Gossensaß, Tel. +39 0472 632372, www.gossensass.org

Ratschings

Die Gruben am Schneeberg Ridnaun

Das Bergwerk Ridnaun Schneeberg

Die Bergwerke am Schneeberg, in denen im ausgehenden Mittelalter bis zu 1.000 Knappen tätig waren, hatten angesichts ihrer wirtschaftlichen Bedeutung mehrere namhafte Besitzer, darunter die Bischöfe von Trient und Brixen, die Fugger aus Augsburg, deutsche Kaiser und den Deutschen Orden. Aus den zwischen dem Ridnaun- und dem Passeiertal gelegenen Gruben am Schneeberg wurden Silber, Zink und Blei gewonnen. Die erste schriftliche Erwähnung reicht auf das Jahr 1237 zurück. Die Tiroler Grafen bei Meran nutzten das Silber vom Schneeberg zum Prägen des Tiroler Adlergroschens. Die hier gelegenen Gruben sind – als Bergbauwelt Ridnaun Schneeberg und als Erlebnisbergwerk Schneeberg – heute Bestandteile des Südtiroler Bergbaumuseums. Der Grubenkomplex umfasst auch eine aus dem Jahr 1920 stammende Flotationsanlage. In den ehemaligen Tunnels werden die Fördermethoden vom Mittelalter bis in die Gegenwart gezeigt. Von der Frömmigkeit, aber auch dem Wohlstand der Bergknappen zeugt die malerisch auf einem Hügel gelegene, viel besuchte Knappenkirche St. Magdalena in Ridnaun, einem Ortsteil von Ratschings.

Bergbauwelt Ridnaun Schneeberg: Der Schneeberg, eines der höchstgelegenen Bergwerke Europas, ist das am längsten fördernde Erzbergwerk im Alpenraum. Das Bergwerk schloss nach einer ruhmreichen Geschichte 1985 seine Tore und wurde danach zu einem Besucherbergwerk ausgebaut (Maiern 48, 39040 Ridnaun, Tel. +39 0472 656364, www.ridnaun-schneeberg.it). Die **Knappenkapelle St. Magdalena** wurde 1480–1481 anstelle einer älteren, schon 1273 bezeugten Kapelle errichtet. Das gotische Hügelkirchlein ist mit einem kostbaren Flügelaltar von Matthias Stöberl ausgestattet.

Weitere Informationen

Tourismusverein Ratschings: Gasteig, Jaufenstraße 1, 39040 Ratschings, Tel. +39 0472 760608, www.ratschings.info

Sterzing und Freienfeld

Der zurückerstattete Altar
Sterzing

Im Jahr 1940 machte der italienische Duce Benito Mussolini dem deutschen Generalfeldmarschall Hermann Göring vier Flügelgemälde zum Geschenk, die Teile eines um die Mitte des 15. Jahrhunderts vom Ulmer Bildhauer und Maler Hans Multscher für die Sterzinger Spitalkirche geschaffenen Altars waren. Im Jahr 1948 wurden diese Tafeln, die Szenen des Jüngsten Gerichts darstellen, Italien zurückerstattet, aber nach Florenz gebracht. Nach langen Verhandlungen kehrten sie 1959 schließlich wieder nach Sterzing zurück. Sie befinden sich heute in dem im ehemaligen Hospiz des Deutschen Ordens untergebrachten Multschermuseum.

Heilig-Geist-Spitalkirche: Einer der interessantesten Sakralbauten des Eisacktals findet sich am Stadtplatz in Sterzing. Die Kirche wurde zwischen 1399 und 1402 erbaut. In ihrem Inneren befinden sich die zwischen 1400 und 1415 erschaffenen, spätgotischen Fresken des Südtiroler Malers Hans von Bruneck. Die Heilig-Geist-Spitalkirche kann besichtigt werden. Das **Multschermuseum** befindet sich seit 1986 im Osttrakt des Deutschhauses. Das **Deutschhaus** selbst geht auf ein altes Marienhospiz bei der Marienpfarrkirche in Sterzing zurück und wurde bereits im Jahre 1234 urkundlich erwähnt. 1254 übergab Adelheid, Gräfin von Eppan das Hospiz dem Deutschen Orden. Es blieb bis zur Auflösung des Deutschen Ordens im Jahre 1809 in dessen Besitz. Heute beherbergt das Gebäude neben dem Multschermuseum auch das Stadtmuseum (Deutschhausstraße 11, 39049 Sterzing, Tel. +39 0472 766464).

Der Bergbau und die Fugger
Sterzing

Großen Reichtum erwarb sich Sterzing besonders durch den Bergbau, als im 15. und 16. Jahrhundert die Silbergruben im Pflerschtal, in Ridnaun und am Schneeberg ausgebeutet wurden. Von 1430 an hatte ein Bergrichter seinen Sitz in Sterzing, und die Grubentätigkeit wurde durch eine eigene Bergwerksordnung geregelt. Die reichen Erzlager zogen tüchtige Gewerken an, einheimische Familien wie die Jöchl, die Tenzl, die Köchl und die Flamm, aber auch ausländische Unternehmer wie die bereits erwähnten Augsburger Fugger. Aus Schwaben und Württemberg eingewanderte Knappen und Bergbauexperten ließen sich im Ridnauntal nieder. Dank dieses Wohlstands wurden in der Stadt Kirchen und Ansitze errichtet wie Jöchelsthurn, die Wildenburg und

Fresken in der Heilig-Geist-Spitalkirche

viele Bürgerhäuser in der Altstadt und der Neustadt, aber auch öffentliche Bauten wie das Rathaus, der Zwölferturm und die Pfarrkirche zu Unserer Lieben Frau im Moos. Dank der Fugger kam es zu intensivem Handelsaustausch mit Augsburg und Venedig. Der Baustil dieser Zeit wird von der traditionellen deutschen Gotik sowie der Renaissance geprägt. Gleichzeitig entstehen auch mehrere Gasthäuser, die Namen wie Zum Schwarzen Adler, Zum Lamm, Zum Goldenen Kreuz, Zur Lilie und Zur Post tragen.

Rathaus: Der spätgotische Bau wurde zwischen 1468 und 1472 erbaut und mit einem Prunkerker bereichert. Der gotische Ratssaal ist mit einem einfachen Wandgetäfel und einer Balkendecke ausgestattet. Das Rathaus verfügt über eine bemerkenswerte Kunstsammlung. Im Innenhof kann man einen Mithrasstein aus der Zeit des Durchzugs römischer Legionen (200 nach Christus) sowie einen römischen Meilenstein aus der Zeit des Kaisers Septimius Severus besichtigen (Neustadt 21, 39049 Sterzing, Tel. +39 0472 723700).

Der 46 Meter hohe Stadtturm, Zwölferturm genannt, wurde zwischen 1468 und 1472 erbaut und ist das Wahrzeichen Sterzings. Er trennt die Alt- von der Neustadt. Den Grundstein legte Herzog Sigismund, genannt der Münz- und Schuldenreiche.

Die Votivtafeln der Wallfahrtskirche Trens
Maria Trens

Die Wallfahrtskirche zu Mariä Himmelfahrt stammt aus dem späten 15. Jahrhundert, der Ort scheint aber schon im 14. Jahrhundert Pilger angezogen zu haben, die sogar aus den fernen ladinischen Tälern herbeiströmten. Die Pilgerzüge werden auch auf Gemälden und Votivbildern bezeugt, die sich im Kircheninneren befinden. Die ältesten Exvoto-Bilder erzählen vom bäuerlichen Leben und von den großen Ängsten und Gefahren der Menschheitsgeschichte: von Hunger, Krieg und Tod. Die jüngeren Votivbilder beziehen sich dagegen auf die zwei Weltkriege, die schrecklichen Tragödien des 20. Jahrhunderts. Andreas von Sternbach ließ in den Jahren 1726–1727 die Gnadenkapelle errichten, in die das Gnadenbild der Jungfrau Maria übertragen wurde.

Burg Sprechenstein
Freienfeld

Die Burg ragt auf einem hohen Felsvorsprung südlich von Sterzing auf, und ihre Geschichte ist eng mit der Straße verbunden, die am Fuß des Felsenhügels vorbeiführte. Der älteste Teil der Burg ist der weithin sichtbare Rundturm, der sich schon 1241 im Besitz der Herren von Trautson, Ministerialen der Grafen von Tirol, befunden hatte. Die später befestigte Anlage wurde mit der gotischen Erasmuskapelle versehen, in der sich Reste von Wandmalereien aus dem späten 16. Jahrhundert befinden. Einige Autoren deuten den Namen Sprechenstein als „sprechenden Stein", möglicherweise als Hinweis auf seltsame Erscheinungen, die in alten Baudenkmälern anzutreffen sind: Es handelt sich um Töne in niedrigen Vibrationsfrequenzen, wie zum Beispiel von den Obelisken von Karnak, den Steinen in Stonehenge und der Pyramide des Zauberers in Uxmal, deren Spitze einen Vogelgezwitscher ähnlichen Ton hervorbringt.

Der Legende nach soll des Nachts auf Burg Sprechenstein der Geist eines ermordeten Ritters umgehen, der in tiefer Liebe zu seiner Gemahlin gelebt hat. Aus Eifersucht hatte ihn ein auf dem benachbarten Schloss Reifenstein wohnender Ritter getötet. In seinem Herzen steckt noch der Pfeil, der ihn das Leben gekostet hat.

Die südöstlich von Sterzing gelegene **Burg Sprechenstein** besteht aus einer Unter- und einer Oberburg mit einem in Südtirol als Rarität geltenden runden Bergfried und einem mehrfach umgebauten Wohngebäude. Im Zweiten Weltkrieg wurde die Burg durch Bombardements schwer beschädigt, später mit größter Sorgfalt wieder renoviert. Die Burg ist nur von außen zu besichtigen.

Weitere Informationen

Tourismusverein Sterzing, Freienfeld, Wiesen-Pfitsch: Stadtrundgänge auf Vormerkung. Stadtplatz 3, 39049 Sterzing, Tel. +39 0472 765325, www.sterzing.com

Burg Sprechenstein

Franzensfeste

Das versteckte Nazi-Raubgold
Franzensfeste

Was verbirgt sich hinter den Mauern der mächtigen Festung aus dem 19. Jahrhundert, die etwas nördlich des Eingangs zum Pustertal das Eisacktal verriegelt? Bei der Fahrt auf der Brennerstraße wird man beim Anblick der Franzensfeste (die auch der nahen Ortschaft den Namen gab) an die Zeiten erinnert, als die Grenzen von den Nationen militärisch verteidigt wurden. Mit der Planung und Konzeption dieser bis heute eindrucksvollen Sperrfestung wurde der Ingenieurgeneralmajor Franz von Scholl betraut, und das zur Regierungszeit von Kaiser Franz I. im Jahr 1833 begonnene Bauwerk wurde vier Jahre später unter Kaiser Ferdinand I. vollendet.

Von Scholl entwarf die Festung nach dem Vorbild der Burg von Anfo am Lago d'Idro und in Einklang mit den Theorien des Festungsbaumeisters Marc René de Montalembert, der als Erfinder des polygonalen Festungssystems gilt, und passte das Bauwerk dem Gelände an. Die Festung Franzensfeste galt als uneinnehmbar, ist aber niemals in Kampfhandlungen verwickelt worden. Mit ihren Bunkern und Kasernen, ihren Munitionslagern, Nischen und Bollwerken, ihren Wehrgängen und Treppen, die zum Teil 30 Meter in die Erde reichen, wirkt sie bis heute noch düster und fast unheimlich. Aber noch viel geheimnisvoller als ihre Gestalt ist ihre Geschichte.

Während des Zweiten Weltkriegs waren in dieser Festung mehrere Monate lang die staatlichen Goldreserven der Banca d'Italia deponiert. Sie waren von den Deutschen kurz vor der Einnahme Roms durch die Alliierten hierher geschafft worden. Es wird berichtet, dass Vincenzo Azzolini, der damalige Gouverneur der italienischen Staatsbank, schon wenige Tage nach der Besetzung Roms durch die Deutschen die Befürchtung geäußert hatte, dass die Nationalsozialisten die italienischen Goldreserven an sich bringen wollten. Es ging das Gerücht um, dass sie das Gold aus den besetzten Ländern und die Schätze der in die KZs eingelieferten Juden tonnenweise in der Schweiz deponierten. Schon im Jahr 1940 besaß die Reichsbank eine Stahlkammer bei der Schweizer Großbank UBS. Azzolini ließ den Thronschatz aus den Panzerschränken der Banca d'Italia verschwinden. Er versteckte 60 Tonnen Gold in einem Hohlraum und ließ im Jahr 1942 Dokumente anfertigen, wonach das Gold von Rom nach Potenza abtransportiert worden war. 1943 ließ Herbert Keppler, vom SS-Sturmbannführer Karl Hass eskortiert, die gesamten Goldreserven beschlagnahmen (es handelte sich um 117 Tonnen Gold in Form von Barren und Münzen) und am 22. und 23. September auf Panzerzügen nach Mailand bringen, anschließend als Vorsichtsmaßnahme nach Südtirol, wahrscheinlich in die Bunker der Festung Franzensfeste. Dieser in das Felsgestein gegrabene Bunker war mit einer Panzertür verschlossen, zu der es drei Schlüssel gab: Zwei wurden den Beamten der Bozner Filiale der Banca d'Italia übergeben, der dritte dem deutschen Kommando. Im April 1943 wurden 23 Tonnen Gold in die Schweiz verfrachtet, zehn Tonnen dienten zur Begleichung der Vorkriegsschulden der italienischen Staatsindustrie. Zwölf weitere Tonnen Gold gingen nach Basel zur Begleichung internationaler Schulden. Die italienischen Politiker der Republik von Salò hatten dem Deutschen Reich zugestanden, einen Teil der Goldreserven nach Berlin zu verfrachten, sodass weitere 50 Tonnen Gold Franzensfeste verließen. Ein zweiter

Die 1833 erbaute Festung Franzensfeste

Goldtransport war für den Oktober 1944 vorgesehen. Als ein Beamter der Banca d'Italia, Bombasaro, davon erfuhr, begab er sich nach Trient und schickte eine chiffrierte Nachricht an das Alliiertenkommando in Bari. Dieser reagierte prompt: Franzensfeste wurde bombardiert, sodass die anscheinend schon mit Gold beladenen, fahrbereiten Panzerzüge nicht abfahren konnten. Wenige Tage später wurde das Gold von einem vorgeblichen Komitee des Internationalen Roten Kreuzes übernommen und Richtung Schweiz verfrachtet, wo es aber niemals angekommen zu sein scheint. Wenn man hin- und herrechnet, müssten im Bunker in Franzensfeste noch 23 Tonnen Gold geblieben sein. Aus einem Geheimbericht vom August 1946 geht hervor, dass das Alliiertenkommando am 6. Mai 1945 wohl nach Franzensfeste kam und in Anwesenheit der Beamten der Banca d'Italia, die zwei der Bunkerschlüssel besaßen, das verbliebene Gold, das sich in 153 Fässern und 55 Kassetten befand, einzogen. Es handelte sich um 22 Tonnen und 941 Kilogramm Gold – um einen Teil der insgesamt 117 Tonnen aus den Stahlkammern der Banca d'Italia in Rom.

Diese Rechnung würde aufgehen, wenn nicht weitere Informationen zum Vorschein gekommen wären. Deutsche Augenzeugen, darunter auch die in verschiedene Nachkriegsprozesse verwickelten Karl Hass und Erich Priebke, vertraten die Ansicht, dass in Franzensfeste sehr viel mehr Gold versteckt worden war. Auch einheimische Arbeiter, die für die Militärpolizei SOD tätig waren, berichteten von anderen Goldfrachten, die in den Bunkern vermauert worden waren. Es kamen auch Dokumente zu diesen tatsächlichen oder erfundenen Transporten und Verschleierungen ans Tageslicht, und in den Achtziger- und Neunzigerjahren setzte in Franzensfeste ein wahrer Goldrausch ein. Ging es nur um das Gold der Banca d'Italia oder auch um die von Juden beschlagnahmten Wertsachen? Ein deutscher Unteroffizier namens Weißensteiner soll erklärt haben, gesehen zu haben, wie der Schatz in einem unterirdischen Raum versteckt wurde: Wahrheit oder Mythomanie?

Nach dem Schatz wurde lange gesucht, aber niemand scheint ihn gefunden zu haben. Man vermutet, dass er in Eisenkisten aus Franzensfeste abtransportiert und im Pragser Wildsee versenkt worden ist.

Die **Festung Franzensfeste** befindet sich südlich vom gleichnamigen Ort an der Staatsstraße nach Brixen. Sie ist in jüngster Zeit restauriert worden und wird heute für Ausstellungen und andere kulturelle Veranstaltungen genutzt.
Nähere Informationen unter Tel. +39 0472 458698 oder www.festung-franzensfeste.it

Die Sachsenklemme
Franzensfeste

Etwa sechs Kilometer nördlich von Franzensfeste verläuft die Brennerstaatsstraße durch die sogenannte Sachsenklemme. Diese Engstelle erinnert an ein bemerkenswertes Begebnis im 1809er Krieg, als sich am 4. und 5. August Tiroler Schützen und eine sächsische Division des französischen Heeres gegenüberstanden. Da die Tiroler ortskundig waren, suchten sie den Feind zu überraschen, indem sie große Felsblöcke von den Hängen herabrollten und den Franzosen damit den Weg versperrten. Die Tiroler trugen hier zwar den Sieg davon, doch im Dezember desselben Jahres wurde die Erhebung blutig unterdrückt.

Die Schlacht in der Sachsenklemme, Radierung

Am 14. August 1909 wurde ein Obelisk als Denkmal für die Schlacht in der **Sachsen-klemme** aufgestellt, welcher noch heute zu besichtigen ist und sich ganz in der Nähe der dort stehenden Kapelle befindet, die ebenfalls zu Ehren der Ereignisse im Jahr 1809 errichtet wurde.

Die „Christbaummutter"
Franzensfeste

Der Bau der Pfarrkirche zum Heiligsten Herzen Jesu (Grundsteinlegung 1898, Weihe 1899) wurde durch eine großherzige Spende der Baronin Irma Apor ermöglicht, die einer deutsch-russisch-baltischen Adelsfamilie entstammte. Nach einer Behandlung durch Dr. Guggenberg, der in der heute nach ihm benannten Klinik in Brixen Naturheilmethoden nach Dr. Kneipp anwandte, soll die adelige Dame von einer Lähmung genesen sein. Aus diesem Grund ließ sie der Stadt Franzensfeste große Fürsorge angedeihen und stiftete erhebliche Geldmittel – was ihr den Namen „Christbaummutter" eintrug.

Weitere Informationen
Tourismusbüro Franzensfeste: Bahnhofstraße 1, 39045 Franzensfeste, Tel. +39 0472 458605, www.franzensfeste.net

2. Brixen und Umgebung

Vahrn und Brixen

Der Wunderbrunnen von Neustift
Neustift

Der Brunnen von Kloster Neustift

Mitten im Klosterhof von Neustift ragt ein achteckiger Ziehbrunnen auf, der als „Wunderbrunnen" bekannt ist: Im Fries des Pagodendachs sind die sieben Weltwunder der Antike dargestellt (der Koloss von Rhodos, der Diana-Tempel in Ephesos, das Mausoleum von Halikarnassos, die Stadtmauer von Babylon, die ägyptischen Pyramiden, der Leuchtturm von Alexandria und die Zeusstatue des Phidias), zu denen hier als achtes Weltwunder Kloster Neustift kommt.

Aber noch geheimnisträchtiger als dieser Brunnen ist die zweigeschossige Stiftsbibliothek. Diese größte und bedeutendste Bibliothek der Region besitzt auch viele Handschriften, vor allem im musikalisch-liturgischen Bereich und wertvolle Inkunabeln. Bemerkenswert ist die Atmosphäre des Raums, die an Umberto Ecos Roman „Der Name der Rose" erinnert und den gleichen magischen Reiz ausstrahlt wie alle alten Klosterbibliotheken.

Kloster Neustift: Gegründet 1142 als Augustinerchorherrenstift zählt die Klosteranlage zu einer der größten Tirols. Durch seine Klosterschule wurde Neustift zu einem der Hauptzentren der Bildung und der Kunst. Sehenswert sind neben dem Brunnen und der Bibliothek die romanische Stiftskirche, der gotische Kreuzgang sowie die mittelalterlichen Bilder von Michael und Friedrich Pacher. Einmalig ist der Rundbau der Engelsburg, ehemals Hospiz und Verteidigungsanlage (Stiftstraße 1, 39040 Vahrn, Tel. +39 0472 836189, www.kloster-neustift.it).

Der Wilde Mann
Brixen

An einem Haus am Ende der Kleinen Lauben in Brixen befindet sich eine dreiköpfige, schwarz gefasste Holzplastik: eine Darstellung des „Wilden Manns". Eine Wiedergabe eines sogenannten Wilden Manns ist auch im nahen Schloss Rodenegg zu finden. Aber wer war dieser geheimnisvolle Wilde Mann, der noch heute in Märchen und Erzählungen des gesamten Alpenraums herumgeistert?

Wahrscheinlich handelt es sich um Reminiszenzen an alte, „wilde" Völker, an Waldbewohner, die sich nach der Ankunft neuer Volksstämme allmählich in die höchsten Gegenden des Gebirges zurückgezogen hatten und sich nur dann und wann im Tal zeigten. Diese „Wilden" dürfen aber nicht mit ungebildeten Personen gleichgestellt werden – im Gegenteil: Den Erzählungen nach besitzen sie viele Kenntnisse, die sie den Menschen übermitteln, wie das Geheimnis der Käseherstellung, der Metallverarbeitung und der Viehzucht. Da sie aber „anders" sind, werden sie als sonderbare Gestalten hingestellt, etwa als gutmütiger, etwas dümmlicher Riese, als behaartes Ungeheuer, als Wolf oder Hund.

Wilde Männer treten immer als riesengroße, grobe Wesen auf und werden sogar schon in der Bibel beschrieben, wo der verrohte König Nebukadnezar aus der Gemeinschaft der Menschen ausgestoßen wird und „sich von Gras ernähren" muss „wie die Ochsen". Die älteste Erwähnung findet sich im akkadisch-sumerischen Gilgamesch-Epos aus dem 2. Jahrtausend vor Christus, worauf dann die Darstellung des griechischen Gottes Pan folgt, der als immer lüsterner Ziegenbock wiedergegeben wird.

Im Laufe der Zeit wird aus dem Wilden Mann ein Riese, ein Monstrum, ein Dämon, ein Ungeheuer und ein Werwolf, und der Wald, heiliger Bezirk und Ort des Göttlichen, wird zu einer Stätte der Angst, zum „dunklen Wald", aus dem uns nur der Glaube oder die Vernunft retten kann.

Die Botschafter dieses Kampfes gegen das Monströse sind die Helden oder die Heiligen. Aber sogar die Heiligen können monströse, „wilde" Formen annehmen. Am bekanntesten ist der heilige Christophorus, der riesenhafte Christusträger, Fährmann wie Anubis und Cerberus, wie die Göttin Hekate, Hermes und keltische Gottheiten: allesamt dämonisierte, behaarte, dunkle und Furcht einflößende Wesen. Eine der schönsten Darstellungen findet sich in Valgerola, im Veltlin, und der pelzverbrämte und mit einem großen Stock bewaffnete Wilde Mann ist bis heute eine der traditionellen Maskengestalten des Faschings in den Alpen.

Die Holzplastik des dreiköpfigen **Wilden Mannes** ist eine Art Janusfigur. Sie stammt aus dem 16. Jahrhundert und befindet sich an der Ecke Große Lauben/Kleine Lauben in Brixen.

Zwei große Brixner: Cusanus und Gaismair
Brixen

Nicolaus Cusanus

Die bedeutendste Persönlichkeit unter den Brixner Bischöfen war Nicolaus Cusanus (eigentlich Nikolaus von Kues, 1401–1464), ein sehr gebildeter Philosoph und Humanist. Zu seinen Lebzeiten stieß er mit seinen Ideen bei der einheimischen Bevölkerung auf wenig Verständnis. Heute dagegen haben seine Verdienste in philosophischem wie theologischem Bereich höchste Anerkennung gefunden, sodass die Cusanus Akademie als bedeutende Tagungs- und Bildungsstätte jetzt seinen Namen trägt.

Eine weitere Persönlichkeit, die bei den Einheimischen wenig Anklang fand, war Michael Gaismair. Während des Bauernkriegs 1525 war er der Anführer von etwa 3.500 aufrührerischen Bauern, die auf ihre Rechte pochten. Der blutige Aufstand brach im Pustertal aus. Die Bauern, die Jahrhunderte lang unter den Übergriffen der Feudalherren zu leiden hatten, griffen – mit Hacken, Spaten, Piken und Lanzen bewehrt – die Soldateska der Adelsherren an und plünderten das Kloster Sonnenburg, die Burg Rodeneck und das Kloster Neustift. Nach der Unterdrückung des Bauernaufstands musste Gaismair Tirol verlassen. Er flüchtete zuerst in die Schweiz und dann nach Venedig und arbeitete eine „Landesordnung" aus, das Konzept einer demokratischen und christlichen Bauernrepublik auf sozialistischer Grundlage, das auf der Idee von der Gleichheit aller Menschen basierte. Im Jahr 1532 wurde er von gedungenen Mördern erstochen, wahrscheinlich auf Anstiftung von König Ferdinand von Österreich.

Die **Cusanus-Akademie** (Seminarplatz 2, 39042 Brixen, Tel. +39 0472 832204, www. cusanus.bz.it) wurde in den 1960er-Jahren nach den Plänen des Brixner Architekten Othmar Barth erbaut. Sie liegt im Zentrum der Stadt, direkt neben dem Barockbau des Brixner Priesterseminars und ist heute ein beliebtes Tagungszentrum.

Schalensteine und Felszeichnungen
Elvas/Tschötsch

Bei Elvas finden sich mehrere große Felsen mit Schalensteinen und Felszeichnungen. Am bekanntesten ist die Kreuzplatte, die eine weithin sichtbare Fruchtbarkeitsrutsche aufweist, auf der Frauen mit Kinderwunsch herabrutschten (eine zweite, ähnliche Rutsche, die mit einem uralten Fruchtbarkeitskult in Verbindung gebracht wird, ist im Übrigen auch auf dem Castelfeder-

Schalenstein mit Mühlespiel

Hügel bei Neumarkt anzutreffen). Die Schalensteine sind in Gruppen von jeweils neun Vertiefungen angeordnet (eine Anspielung auf die neunmonatige Schwangerschaft?). Der geometrisch verzierte Bildstein (4 mal 6 Meter) gilt als der größte mit Felszeichnungen versehene Gesteinsblock auf Südtiroler Boden. Auf diesem Felsblock erhebt sich ein Stein, bei dem es sich um einen Menhir handeln könnte, der aber heute als Zaun benutzt wird.

Auch in Tschötsch, auf der gegenüberliegenden Talseite, gibt es mehrere Felsplatten mit Schalensteinen und bronzezeitlichen Felsbildern, die Mühlespiele darstellen und von den Hirten bis heute noch zum Mühle Spielen benutzt werden. In der Plattenmitte befindet sich ein Loch, in das man eine Stange stecken kann, deren Schattenlinien sich mit den Linien des Diagramms überschneiden. Diese von Sonne oder Mond erzeugten Schatten könnten auch als Sonnenuhr oder als eine Art Zeiger für die Himmelsrichtungen benutzt worden sein.

Ähnliche Platten sind an verschiedenen Orten der Alpen entdeckt worden. Der Paläontologe Enzo Bernardini bezeichnet sie als „Kosmogramme", das heißt als hoch entwickelte symbolische Darstellungen des Weltalls.

Zur **Fruchtbarkeitsrutsche** in Elvas gelangt man vom Parkplatz bei der Kirche kommend in Richtung Westen am Friedhofsbogen und an der Kirche vorbei. Dort stößt man auf einen breiten Weg, der bereits nach wenigen Metern die Straße Brixen-Elvas überquert und abwärts durch die Felder – etwa 200 Meter weit zu einer Weggabelung führt. Rechts davon findet man einen kleinen Waldbestand, der aus einigen Kiefern besteht. Ein Schild weist hier bereits den Weg zur Fruchtbarkeitsrutsche. Die **Felszeichnungen von Tschötsch** liegen in unmittelbarer Nähe der Straße von Brixen nach Tschötsch, und zwar im Gebiet rund um die große S-Kurve, etwa nach einem Kilometer Straßenweg von Brixen entfernt. Direkt in der unteren Biegung der Kurve auf einem ausgedehnten Gletscherschliff neben der Straße ist deutlich das bekannte Mühlespiel mit seiner sehr tiefen Mittelschale zu finden.

Weitere Informationen

Tourismusverein Brixen: Themenwanderungen und Stadtführungen.
Regensburger Allee 9, 39042 Brixen, Tel. +39 0472 836401, www.brixen.org

Mühlbach

Die Mühlbacher Klause
Mühlbach

Die Mühlbacher Klause, die auch als Haslacher Klause bezeichnet wird, wurde von den Herren von Rodank erbaut und 1269 an die Brüder Meinhard und Albrecht von Görz-Tirol abgetreten. Im Jahr 1305 wird sie als *clusa in Mylbaco* erwähnt.

Diese Straßensperre diente als Zollstelle an der sogenannten *Strada di Alemagna*, einem wichtigen Verkehrsweg, der Bayern mit Venedig und Görz verband. Die Grafen von Tirol befestigten das Bauwerk, das bei der Teilung der Grafschaften Tirol und Görz zur Zollstätte an der Grenze erhoben wurde. Als Maximilian I. 1501 das Pustertal der Grafschaft Tirol anschloss, ging ihr diese Funktion verloren. Bis heute hat sich noch die auf das Jahr 1477 datierte Granitplatte erhalten, die als Zahltisch für die Zollabgaben diente. Heute befindet sie sich in der Friedhofskapelle St. Florian.

Die ältere, nicht mehr erhaltene Mühlbacher Klause lag 200 Meter weiter westlich von der heutigen Anlage und wurde 1269 erstmals erwähnt. Die neue

Die Mühlbacher Klause

Maximilian I. bei einer Inquisition

Mühlbacher Klause entstand um 1460 auf Betreiben von Herzog Sigismund. In den Jahren 1939–1940 wurden ein Staudamm und ein See angelegt, die das Landschaftsbild erheblich verändert haben. Angesichts des zunehmenden Autoverkehrs wurde in den Fünfzigerjahren des 20. Jahrhunderts parallel zur alten Straße eine neue Straße gebaut, die durch die Klause führte und an den Mauern beträchtliche Schäden hervorgerufen hat.

Die **Mühlbacher Klause:** Heute verläuft die Straße südlich des Gebäudekomplexes, der in den Jahren 1998 bis 2005 vom Verein Mühlbacher Klause in Zusammenarbeit mit der Südtiroler Landesregierung, der Abteilung Denkmalpflege sowie der Stiftung Südtiroler Sparkasse vorbildlich restauriert worden ist. Der im Jahre 1997 gegründete Verein kümmert sich um die Instandhaltung, bietet Führungen an und verwaltet in den historischen Räumlichkeiten für die Klause verträgliche Veranstaltungen (Sonnleitenstraße 30, 39037 Mühlbach, Tel. +39 0472 849482, www.muehlbacherklause.it).

Die Heldin von Spinges
Spinges

Das Dorf Spinges ist durch die Schlacht vom 2. April 1797, bei dem sich Tiroler und Franzosen gegenüberstanden, in die Geschichte eingegangen. Der Tiroler Kommandant wollte den Feinden den Zugang zum Pustertal verwehren – was ihm dank des Heldenmuts der jungen Katharina Lanz gelang, die die Schützen unermüdlich anspornte. An der Außenwand der Pfarrkirche in Spinges findet sich eine Gedenktafel für das „Mädchen von Spinges".

Blick auf das Dorf Spinges

Katharina Lanz, die 1771 in St. Vigil in Enneberg geboren war, lebte als Bauern-magd in Spinges, als die französischen Truppen das Dorf erreichten. Den aus der ganzen Umgebung gekommenen Schützen war es nicht gelungen, die Feinde zurückzuschlagen, und nach einem heftigen Kampf begannen sie sich zurückzuziehen. Da sprang Katharina Lanz auf die Friedhofsmauer und trat, einzig mit einer Heugabel bewaffnet, den anstürmenden Feinden entgegen.

Dank ihres heroischen Beispiels fassten die Einheimischen neuen Mut und ver-trieben die feindlichen Truppen. Nach dem Krieg lebte Katharina Lanz als Haushälterin des Pfarrers in Andraz, wo sie im Juli 1854 starb. Beigesetzt wurde sie in Buchenstein/Pieve di Livi-nallongo.

Die spätgotische **Pfarrkirche zum Heiligen Rupert** wurde im 18. Jahrhundert barockisiert. Neben der Gedenktafel an der Außenwand der Pfarrkirche wird die Magd Katharina Lanz auch in den Kirchenfenstern dargestellt. Ein Fresko der Katharina Lanz findet sich auch auf der Fassade des Hauses neben der Kirche.

Darstellung von Katharina Lanz

Die heiligen drei Jungfrauen von Meransen
Meransen

In der Pfarrkirche zum Heiligen Jakobus in Meransen, einem Dorf oberhalb von Mühlbach, sind die drei „Meranser Jungfrauen" Aubet, Cubet und Quere abgebildet, die in Trockenzeiten um Regen angerufen wurden und auch als Beschützerinnen der Frauen gelten. Der Kult dieser drei Jungfrauen ist schon um 1320 belegt.

Einer Legende nach waren die drei jungen Mädchen burgundische Königstöchter, die vor den Hunnen geflüchtet und im Gefolge der heiligen Ursula nach Meransen gekommen waren. An der als „Jungfernrast" bezeichneten Stelle, wo bis heute ein Bildstock steht, ließen sie eine Quelle entspringen und retteten die Einheimischen vor einer durch Trockenzeiten bewirkten Hungersnot. Bei diesen Mädchen handelt es sich wahrscheinlich um die christliche Umwandlung von weiblichen Gottheiten der Germanen. Und in der Tat wurden sie von der Kirche niemals als Heilige anerkannt, obwohl das Volk sie auf Fides, Spes und Caritas umgetauft hatte. Sie gelten als Beschützerinnen der Mädchen und Frauen, besonders in schwierigen Momenten wie der Jugend und der Entbindung. Die ursprünglichen Namen Gwerpet, Ampet und Gaupet wurden um 1500 in Aubet, Cubet und Quere abgeändert, während sie in Dokumenten aus dem Jahr 1603 als Anbetta, Vilpetta und Gwepetta angeführt werden.

Die drei Jungfrauen von Meransen

Pfarrkirche zum Heiligen Jakobus und zu den Heiligen Drei Jungfrauen: Der sehr idyllisch gelegene Kirchenbau im Rokokostil stammt aus dem Jahre 1775, der gotische Turm aus dem Jahre 1472.

Weitere Informationen

Tourismusverein Gitschberg-Jochtal: Katharina-Lanz-Straße 90, 39037 Mühlbach, Tel. +39 0472 886048, www.gitschberg-jochtal.com

3. Von Brixen nach Innichen: Pustertal

Rodeneck

Der „Lauterfresser"
Rodeneck

Auch um Schloss Rodenegg ranken sich, wie um andere Burgen und Schlösser, viele Rätsel und Geheimnisse. In ihren Räumen ist die Legende um den „Lauterfresser" Matthäus Perger zu Hause, einen der drei größten Tiroler Hexenmeister (die anderen beiden waren der ebenfalls aus dem Pustertal stammende „Lebenfierer" Bartlmä Oberkofler und Antonio Zunt aus Pergine im Trentino). Dem Lauterfresser – er verdankte seinen Beinamen der Tatsache, dass er nur „lautere", also flüssige oder breiige Speisen zu sich nehmen wollte – werden allerlei Zaubereien zugeschrieben: Er konnte sich in jedes beliebige Tier, in Steine oder Pflanzen verwandeln, kannte viele Bücher und Geschichten. Einmal soll er sich in einen Stock verwandelt und auf einer Straße aufgestellt haben. Da kam ein Glaser vorbei, der sich ein wenig ausruhen wollte. So befestigte er seine Kiste mit den Gläsern an diesem Stock am Straßenrand. Doch plötzlich verschwand der Stock, die Kiste fiel zu Boden und die Gläser gingen zu Bruch. Ein anderes Mal wollte der Lauterfresser einem hübschen Bauernmädchen beim Buttern einen Streich spielen. Er verwandelte sich in eine Stechmücke und setzte sich auf den Rand des Butterfasses. Als das Mädchen die Mücke sah, verjagte sie sie. Doch statt der Stechmücke stand auf einmal der schreckliche Lauterfresser vor ihr und beklagte sich über große Schmerzen am Knöchel, wo die Bäuerin ihm einen Hieb versetzt hatte. Der Lauterfresser soll von diesem Tag an gehinkt haben. Im Übrigen war der Hexer nicht nur fähig, sich in ein Tier zu verwandeln, sondern konnte Tiere auch aus dem Nichts erschaffen.

Eine Zeit lang war er Gast auf Burg Rodeneck, war aber so hinterhältig und boshaft, dass die Einheimischen ihn verklagten. Als er das erste Mal gefangen genommen wurde, verwandelte er sich in eine Mücke und konnte entfliegen. Ein Mann, der sich in Zauberei auskannte, begriff, dass er sich nur verwandeln konnte, wenn er mit den Füßen die Erde berührte und den Kopf in der Luft hatte. So wurde er in einen Kupferkessel gesperrt, vom Boden aufgehoben und zum Scheiterhaufen verfrachtet. Er verbrannte unter Sausen und Zischen, und seine Asche wurde ins Wasser gestreut.

Dies die Legende. Aber der „Lauterfresser" Matthäus Perger hat wirklich gelebt. Er wurde bei einem Indizienprozess wegen seines „schlechten Rufs" verurteilt, am 11. Mai 1645 verhaftet und am 3. Oktober desselben Jahres hingerichtet. Die Prozessakten wurden bis zum Jahr 1874 im Haus Steger in

Schloss Rodenegg

Mühlbach aufbewahrt, nach einem verheerenden Brand aber sichergestellt und ins Tiroler Statthaltereiarchiv in Innsbruck überführt.

Matthäus Perger war zwar ein Vagabund, aber deshalb ganz und gar nicht ungebildet. Er konnte lesen und schreiben, und die gelehrten Inquisitoren, die ihn verhörten, wurden sich bald bewusst, dass er seine Rituale mit magischen Formeln begleitete, die schon in der Antike bekannt waren. Er kannte sich auch in Naturwissenschaften und Astrologie aus. Während eines Verhörs erzählte er, dass der Teufel ihm in Gestalt einer wunderschönen Frau namens Belila erscheine, mit der er sich geschlechtlich vereinige und die ihm erklärt habe, „dass es am Himmel viele Sterne und Planeten gibt. Die Sterne sind keine Planeten, sondern außergewöhnlich leuchtende Himmelskörper. Die Planeten sind dagegen kalt und dunkel". Von Belila habe er auch verschiedene Namen gelernt, wie Saturn, Jupiter, Merkur, Mars und Venus. Außerdem habe sie ihm beigebracht, den Mond und das Sternbild des Großen Hundes zu beobachten und gutes und schlechtes Wetter zu machen. Darüber hinaus habe er von ihr gelernt, sich zu verwandeln und die Alraune zu verwenden, eine Zauberpflanze.

Nach dem Tod des Lauterfressers wurde ein Verzeichnis der Bücher aus seinem Besitz veröffentlicht: Es handelte sich zu einem großen Teil um von Martin Luther inspirierte Werke.

Um 1140 als Wehrburg erbaut wurde **Schloss Rodenegg** im 16. Jahrhundert von der Familie der Grafen von Wolkenstein vergrößert. Im 19. Jahrhundert wurde das Schloss restauriert.

Sehenswert sind vor allem die Fresken des Iwein-Zyklus aus dem 13. Jahrhundert, die Kapelle zum Heiligen Michael, der Waffensaal, der Schlossgarten und ein Verlies, das sogenannte Lauterfresserloch (39030 Rodeneck, Tel. +39 0472 454056 oder +39 0472 454044).

Der verbotenen Planetenbücher
Rodeneck

Der Hausierer Bartlmä Oberkofler „Lebenfierer", der im 17. Jahrhundert lebte, war neben dem mit ihm befreundeten Matthäus Perger „Lauterfresser" einer der bekanntesten Hexer des Landes. Er soll einen schwarzen Spitzbart, einen weißen Hut und rote Strümpfe getragen haben und ein großer Liebhaber gewesen sein. Nach der Verurteilung des Lauterfressers begab er sich spontan zum Inquisitionsgericht, auch weil sein Freund ihn als Gefährten und Lieferant verbotener Bücher zitiert hatte. Unter den inkriminierten Büchern befanden sich ein Band aus 160 Blättern, mit 27 Kupferstichen und 36 Abbildungen, der „ganz den Planeten und den Himmelsgestirnen" gewidmet war, ferner ein Evangelium mit einem Luther-Kommentar und viele andere Bücher von Martin Luther. Er leugnete, dem Lauterfresser diese Zauberbücher und Werke mit Zaubersprüchen geliefert zu haben. Er erklärte auch, kein großer Leser zu sein, sondern eher ein Schwätzer, der sich gern mit den Frauen unterhielt, um ihnen Nägel, Lederriemen, Metalleimer und Kornmaße zu verkaufen. Niemals habe er ihnen, so gab er vor, Tränke zum Abtreiben oder Liebesfilter verkauft. Die Bücher behalte er lieber für sich. Er sei jähzornig, sicher aufreizend und unverschämt, aber gewiss nicht bösartig. Er bestätigte, den Lauterfresser kennengelernt und mit ihm ein paar Geschäfte gemacht, aber dann aus den Augen verloren zu haben.
Anfangs schenkte man ihm Glauben, auch weil er sich spontan präsentiert hatte. Dann aber beschloss man doch, ihn mit dem *tormentum insomniae* zu foltern, was darin bestand, ihn 48 Stunden lang auf einem Sägebock sitzend wach zu halten. Sobald er einschlief, wurde er ausgepeitscht. Doch trotz dieser Folterungen leugnete der Lebenfierer, jemals Zaubereien angewandt zu haben. Er gestand kleine Diebstähle und gab zu, viele Frauen geliebt zu haben. Er wurde mehrere Tage gefoltert, aber da keine stichhaltigen Beweise zu einer Verurteilung vorlagen, wurde er zwar freigelassen, aber für immer aus Tirol verbannt.

Weitere Informationen
Tourismusverein Rodeneck: Fraktion Vill 3a, 39030 Rodeneck,
Tel. +39 0472 454044, www.rodeneck.com

Terenten

Die sprechende Glocke
Terenten

Auf den Grundmauern eines alten Mithrastempels war eine Kirche erbaut worden. Doch als die Glocken auf den Turm hochgezogen werden sollten, erschien plötzlich – so wird erzählt – ein Stier, der mit seinen Hörnern eine große Glocke aus dem Boden ausgrub. Diese Glocke wurde „die Alte" genannt und auf dem Glockenturm angebracht. Doch es kamen harte Zeiten, die Bevölkerung litt großen Hunger, und so wurde beschlossen, die Glocke vom Turm zu holen und zu verkaufen. Aber im gleichen Moment begann „die Alte" zu sprechen: Sie drohte den Einheimischen, wieder ein Hochwasser auszulösen, verheerend wie die Überschwemmung, bei der die alte Kirche zerstört worden war; denn sie war auf einem heidnischen, dem Stier gewidmeten Tempel errichtet worden – einem Stier, der sie in einer Art Synkretismus ausgegraben hatte. Ein Beweis für diese Legende? Die Glocke trägt die Jahreszahl 1555, und in eben diesem Jahr war es zu der folgenschweren Überschwemmung gekommen, bei der das Dorf und die alte Kirche vernichtet worden waren.

Der Hexer Oberleitner und das Zauberbuch
Terenten

Oberleitner, ein Hexenmeister, besaß ein Buch mit vielen magischen Formeln und Zaubersprüchen. Darunter waren auch einige, mit denen er die Menschen, die Natur und die wilden Tiere verzaubern konnte. Es wird erzählt, dass dieser Hexer allmorgendlich, bevor er auf die Jagd ging, ein besonderes Brot verzehrte, das er aus Mehl und Lammblut zubereitete und das ihn unsichtbar machte. Er konnte im Herzen der Leute lesen und war so hellseherisch, dass er immer wusste, was eine bestimmte Person tat, auch wenn sie hinter den Bergen lebte. Dieser Hexer hatte auch einen Gehilfen, der aber niemals mit seinem Meister wetteifern konnte, obwohl der alles daran gesetzt hatte, ihn in der Zauberkunst zu unterrichten. Als Oberleitner den Tod nahen fühlte, rief er seinen Gehilfen und sagte zu ihm: „Da du nicht gelernt hast, die magischen Formeln dieses Buchs anzuwenden, befehle ich dir, es nach meinem Tod in den Fluss zu werfen." Der Gehilfe tat, wie Oberleitner ihm angeordnet hatte. Aber der Fluss erschrak über so große Macht und spuckte das Buch etwas weiter talwärts am Ufer wieder aus. Wer mag Oberleitners Zauberbuch gefunden haben?

Ansicht von Terenten

Der Hexenstein
Terenten

Der Hexenstein in Terenten wird von Bauern sowie Hirten gefürchtet, da sie glauben, dass die Hexen dort die Sommersonnenwende feiern. Bei Ausgrabungen sind verkohlte Reste ans Tageslicht gekommen und ganz in der Nähe befindet sich ein Schalenstein. Diese Steinplatten mit napfförmigen Vertiefungen stehen mit Feuerkulten oder Initiationsritualen in Zusammenhang, mit ekstatischen Tänzen, Exorzismen und Beschwörungen. Auf den Schalensteinen wurde auch den Waldgottheiten geopfert, wobei Wasser, Milch oder Käsestücke in die Vertiefungen gegeben wurden. Manchmal finden sich auf den Schalensteinen auch Fußabdrücke. Sie werden als Beweise für die Beschwörung eines Heiligen und das Ende der heidnischen Rituale angesehen.

Terner Sagenwege: Wer sich die sagenumwobenen Orte rund um den Hexer Oberleitner oder den Hexenstein genauer ansehen möchte, der kann sich diese erwandern. Vom Dorfzentrum aus führen mehrere Wanderwege zu den mystischen Plätzen. An den Orten selbst sind Schautafeln zu den jeweiligen Sagen aufgestellt. Nähere Informationen zu den Sagenwegen gibt es im Tourismusbüro Terenten.

Weitere Informationen

Tourismusverein Terenten: St.-Georgs-Straße 1, 39030 Terenten, Tel. +39 0472 546140, www.terenten.com

Kiens

Römische Meilensteine
Kiens

Die durch Südtirol verlaufenden ehemaligen Römerstraßen sind - wie die archäologischen Funde – geschichtliche Zeugen der Präsenz und Herrschaft der Römer, und ihr Verlauf kann auch anhand von Meilensteinen rekonstruiert werden.
Am östlichen Ortsrand von Kiens steht ein Meilenstein, der um 282–283 von Kaiser Aurelius Carus aufgestellt worden ist. Die auf dem Stein angegebene Entfernung – 57 Meilen von Aguntum (bei Lienz in Osttirol) – entspricht auch der heutigen Distanz.

Der Ehrenburger Meilenstein

Der Ehrenburger Meilenstein befindet sich westlich von Ehrenburg. Der 1927 geborgene Stein wurde im Jahr 201 von Kaiser Septimius Severus und dessen Söhnen Caracalla und Geta aufgestellt. Der Name Getas wurde getilgt, als Caracalla Kaiser geworden war und seinen Halbbruder ermordet hatte.
Die Römer sind für ihre Präzision beim Straßenbau und ihre strategischen Taktiken bekannt – weshalb es umso mehr verwundert, dass die Angaben auf diesem Meilenstein nicht korrekt sind. Da er sich nicht, wie angeführt, 67 Meilen (99 Kilometer) *ab Agunto* entfernt befindet, ist anzunehmen, dass er ursprünglich an einem anderen Ort gestanden hat, wahrscheinlich an der Mühlbacher Klause, wo die Grenze zwischen Noricum und Raetia verlief. Die Inschrift auf dem fast zwei Meter hohen Meilenstein gleicht der auf dem in Oberolang, der ebenfalls Septimius Severus und seinen Söhnen gewidmet war.
Der **Ehrenburger Meilenstein** der römischen Kaiser Septimius Severus, Caracalla und Geta wurde im Jahre 1927, westlich von Ehrenburg am Fuße des Hinterbichls in die Basis einer Wegmauer eingemauert, aufgefunden. Er besteht aus Quarzphylit und seine Gesamthöhe beträgt 1,95 Meter.

Weitere Informationen
Tourismusverein Kiens: Kiener Dorfweg 4b, 39030 Kiens, Tel. +39 0474 565245, www.kiens.info

Pfalzen

Freskenzyklus der Zehn Gebote
Pfalzen

Von Kiens führt eine Straße ins nahe gelegene, liebliche Dorf Pfalzen und in den Ortsteil Greinwalden, wo sich die spätgotische Valentinskirche erhebt. Der Südtiroler Maler Friedrich Pacher (um 1435–1508) hat im Kircheninneren einen Freskenzyklus mit Szenen der Passion Christi und einer seltenen Darstellung der Zehn Gebote hinterlassen, die eingehalten und gebrochen werden. Neben der Übergabe der Gesetzestafeln an Moses sind hier auch Bilder mit der Verehrung der Sonne und des Mondes zu sehen. Neben der Interpretation des zweiten Gebots mit der Feiertagsheiligung sind einige Karten spielende Männer in einem Wirtshaus abgebildet, neben einer Hochzeit eine amouröse Begegnung. Die Fachleute haben lange über diese Vermischung von Religion und Alltagsleben diskutiert.

Valentinskirche: Das Feldheiligtum wurde 1434 geweiht und diente als Pilgerstätte der Pfalzner an Bitttagen und beim Erntedank. Im 16. Jahrhundert kamen das Gewölbe, der Chor und der aus Granitquadern gefügte Spitzturm hinzu. Sehenswert sind neben dem Freskenzyklus von Friedrich Pacher, das Sterngratgewölbe in der Sakristei, der Hochaltar im barocken Stil, das Altarbild des bekannten Fleimstaler Malers Franz Unterberger, das Wandgemälde an der Außenseite sowie eine Holzskulptur des Heiligen Valentin aus der Mitte des 15. Jahrhunderts.

Weitere Informationen

Informationsbüro Pfalzen: Rathausplatz 1, 39030 Pfalzen, Tel. +39 0474 528159, www.pfalzen.info

Die spätgotische Valentinskirche

St. Lorenzen

Die Römerstation Sebatum
St. Lorenzen

Die Römerstation Sebatum wird im Itinerarium des Antoninus an der Strecke nach Augusta Vindicorum (Augsburg) erwähnt. Die Kaiserstraße durch das Pustertal verband Aquileja mit dem oberen Eisacktal und dem Brennerpass und führte dann weiter bis an den Limes an der Donau. Das römische Militärlager entstand, wie bei archäologischen Ausgrabungen im Jahr 1940 nachgewiesen wurde, an der Abzweigung der Straße ins Gadertal. Sebatum, das sich an beiden Rienz-Ufern ausdehnte, war mit Sicherheit auch ein Handelsund Handwerkszentrum. Der Name könnte mit dem rätischen Stamm der Saevates in Verbindung stehen, die sich hier niedergelassen hatten.

Das **Museum Mansio Sebatum** befindet sich in den Räumlichkeiten des „alten Rathauses" und beherbergt auf drei Stockwerken Informationen und Funde rund um das Volk der Saevates, um die römische „mansio" sowie um Glauben, Religion, Totenkult und Zerfall des römischen Verwaltungsbezirks Sebatum. Der Besuch im Museum kann auch mit einer Rundwanderung entlang des archäologischen Panoramaweges um den Sonnenburger Kopf verbunden werden (Josef-Renzler-Straße 9, 39030 St. Lorenzen, Tel. +39 0474 474092, www.mansio-sebatum.it).

Blick ins Museum Mansio Sebatum

Judith von Welsberg und der Hofnarr
St. Lorenzen

In der Nähe von St. Lorenzen ragt die Ruine der Michelsburg auf. Sie war im Jahr 1091 erbaut worden und gehörte zuerst den Pustertaler Grafen, um dann in den Besitz der Brixner Bischöfe überzugehen, die das Bauwerk ihren Ministerialen als Wohnsitz überließen. Die Burg erzählt von bewegten Zeiten, als die katholische Kirche eine tiefe Krise durchlebte und das Wiedertäufertum und der Adventismus um sich griffen und viele Anhänger hatten. Großen Widerhall fanden in dieser Gegend die Wiedertäufer, die nach dem einheimischen Prediger Jakob Hutter als Hutterer bezeichnet werden. Die Bevölkerung, die von König Ferdinand I. von Habsburg (1503–1564) unterdrückt wurde, war auf der Suche nach Sicherheit.

In diesem düsteren Klima spielt sich auch die tragische Geschichte der Judith von Welsberg ab, der Gemahlin des Burgherrn, die – als Anhängerin der Wiedertäufer erkannt – in den Burgturm eingeschlossen wurde. Doch auch die mit jedem Tag schrecklichere Kerkerhaft konnte ihren tiefen Glauben nicht erschüttern, ja dieser gab ihr die Kraft, die harte Probe gelassen auf sich zu nehmen. Sicher wäre Judith zu Tode gefoltert worden, wenn ihr nicht ein anderes Geschick vorbehalten gewesen wäre. Das Leben auf der Burg, das einst von Judiths Frohsinn geprägt war, wurde immer düsterer. Selbst der Hofnarr hatte keine witzigen Einfälle mehr und wollte sterben. Doch da fiel ihm ein, dass das Leben vielleicht doch noch lebenswert sein konnte: Er beschloss, die schöne Gräfin aus dem Kerker zu befreien. So brachte er heimlich die Schlüssel des Turms an sich, befreite Judith und führte sie durch einen Geheimgang ins Freie. Angeblich sollen sich die beiden den Hutterern angeschlossen haben, mit denen sie bis zu ihrem Tod von Dorf zu Dorf zogen.

Südlich von St. Lorenzen gelegen ist die **Michelsburg** zwar nicht die älteste, wohl aber die bedeutendste Burg des westlichen Pustertales. Im 15. Jahrhundert war die Burg Sitz des Gerichtes von Michelsburg. Nach der Gründung der Stadt Bruneck erfuhren die Michelsburg und die Ortschaft St. Lorenzen eine Förderung durch die Grafen von Görz. Diese wollten ein gewisses Gleichgewicht zur Stadt Bruneck herstellen, welche um diese Zeit stark im Aufschwung war. Im Jahre 1678 ging das Schloss samt Gericht an die Künigl von Ehrenburg über - in deren Besitz blieb die Burg bis in das Jahr 1955. Die Burganlage befindet sich heute in Privatbesitz und kann nicht besichtigt werden.

Weitere Informationen
Tourismusverein St. Lorenzen: Josef-Renzler-Straße 9, 39030 St. Lorenzen, Tel. +39 0474 474092, www.st-lorenzen.com

Die Michelsburg bei St. Lorenzen

Die Hutterer

Es grenzt ans Unglaubliche: Die kanadischen Hutterer haben über mehr als 400 Jahre hinweg bis auf den heutigen Tag das Brauchtum, die Kleidung und die Sprache ihrer Tiroler Vorfahren des 16. Jahrhunderts bewahrt.

Die Hutterer-Bewegung entstand um 1529 in Mähren, und als ihr Namensgeber gilt der Pustertaler Jakob Hutter (oder Huter), der sein Wiedertäufertum mit dem Tode bezahlen musste. Die Hutterer wurden über einen langen Zeitraum hinweg sowohl von Katholiken als auch von Protestanten verfolgt und daher gezwungen, in Böhmen, in Siebenbürgen und in der Ukraine Zuflucht zu suchen.

Als die Hutterer 1874 infolge der Einführung der Wehrpflicht das zaristische Russland verlassen mussten, fanden sie in Nordamerika eine neue Heimat. Anfangs ließen sie sich in North Dakota, Montana, Washington und Minnesota nieder und in den kanadischen Provinzen Alberta, Manitoba und Saskatchewan. Heute leben noch rund 22.000 Hutterer auf sogenannten Bruderhöfen, die jeweils 60 bis maximal 123 Personen aufnehmen. Als eine „Arche im Meer der Sünde" bezeichnen die Hutterer ihre Agrargemeinschaften. Das Leben der Hutererbrüder wird von Arbeit und Gebet geprägt, und besondere Bedeutung wird auch der Bibellektüre beigemessen. Sie haben kaum Kontakte zur Umwelt, leben zurückgezogen auf riesigen Ländereien in den südlichen Provinzen Kanadas und hüten eifrig ihre Abgeschiedenheit, die es ihnen ermöglicht, ihre Lehre und ihre Glaubenspraxis zu bewahren. „Und alle, die gläubig geworden waren", heißt es in der Apostelgeschichte (2,44–45), „bildeten eine Gemeinschaft und hatten alles gemeinsam. Sie verkauften Hab und Gut und gaben davon allen, jedem so viel, wie er nötig hatte". Alle müssen arbeiten, Männer und Frauen, Groß und Klein. Haupteinnahmequelle ist die Landwirtschaft, aber viele Hutterer widmen sich auch der Viehzucht und dem Handwerk. Jede Kolonie ist auf diese Weise hinsichtlich der Grundbedürfnisse eigenständig. Das einzige Zugeständnis, das die Hutterer der Technik machen, ist der Einsatz von modernen Maschinen und Geräten in Landwirtschaft und Viehzucht. Die Männer sind auf den Feldern und im Stall tätig, Aufgaben der Frauen sind das Kochen, die Krankenpflege, die Gartenarbeit, das Spinnen und Weben und die Herstellung der Kleidung. Die Huttererbrüder haben das Brauchtum und die Sprache ihrer Vorfahren fast unverändert bis heute bewahrt, sie lehnen das Radio, das Fernsehen und alle Konsumgüter ab. Die relativ hohen Gewinne, die in den Bruderhöfen erreicht werden, dienen dem Unterhalt der einzelnen Gruppen. Die höchste Autorität ist der Prediger, der über das Wohl der Gemeinschaft entscheidet und Arbeiten und Aufgaben gleichmäßig verteilt. Die Frauen sind für die große Gemeinschaftsküche und die Aufbewahrung der Lebensmittel verantwortlich. Die Mahlzeiten werden gemeinsam in einem Speisesaal eingenommen, wo die Männer aber getrennt von Frauen und Kindern sitzen. Die Kleidung der Hutterer hat sich im Laufe der Jahrhunderte nur wenig verändert. Die Männer tragen breitkrempige schwarze Hüte und schwarze Anzüge mit breiten Hosenträgern. Sie haben „Patriarchenbärte" (für Verheiratete obligatorisch), aber keinen Schnurrbart, da er als militärisch gilt. Die Frauen tragen knöchellange, weite Röcke, immer eine Schürze und ein Kopftuch oder eine Haube. Die Haare müssen verdeckt werden, da sie als sündig gelten. Schmuck ist untersagt, eine einzige Ausnahme macht die Brille.

Das gleiche Schlichtheitsprinzip gilt auch für die Wohnhäuser, in denen es weder Spiegel noch Bilder gibt, weder Radio noch Fernsehen, und es darf nicht musiziert, getanzt und geraucht werden, weil dies alles als Werkzeug des Teufels gilt. Nur die noch nicht getauften Hutterer dürfen sich fotografieren lassen und Auto fahren. In der Freizeit gehen die Huttererbrüder die benachbarten Gemeinschaften besuchen, um Erfahrungen über die Ernte auszutauschen, Ehen zu arrangieren und zu beten. Es werden keine Bankette abgehalten, da jede Form irdischen Genusses, auch das Essen, als sündhaft gilt. Ein Vertreter der Gemeinschaft kümmert sich um den Warenaustausch. Jungen und Mädchen können diesen Bruder bei seinen Fahrten in die nahen Städte begleiten, um einen Blick in die als hässlich und sittenlos wahrgenommene Welt zu tun, das für die Gemeinschaft Lebensnotwendige zu kaufen oder zum Arzt zu gehen. Auf einem Bruderhof leben gewöhnlich bis zu 125 Menschen. Sobald diese Zahl erreicht ist, erfolgt die Teilung der Gemeinde. Der Bruderhof kauft neues Land an, und das ganze Inventar – Maschinen und Geräte, Tiere und Vorräte – wird geteilt, um eine „neue Arche im Meer der Sünde" zu gründen: sechs Wohnbauten im Westen und Osten, die Gemeinschaftsküche im Süden, die Schule im Norden. Auf eine Tafel werden die Namen der miteinander verwandten Personen geschrieben. Sobald zwei etwa gleich große neue Gemeinschaften entstanden sind, entscheidet das Los, wer bleibt und wer zu gehen hat. Nach dieser Zeremonie knien die Hutterer nieder, danken Gott und feiern mit Kaffee, Kuchen und Tränen. Angesichts der überdurchschnittlich hohen Geburtenrate der Hutterer kommt es alle 15 bis 20 Jahre zu einer solchen Neugründung, und nicht wenige von ihnen haben in Neugründungen dreimal von vorne angefangen. Doch die Hutterer nehmen es mit Gleichmut hin: Im Laufe ihrer 450-jährigen Geschichte haben sie in zwölf Ländern und zwei Kontinenten gelebt.

Bruneck

Der mehrmals gesprengte „Kapuzinerwastl" Bruneck

Am Kapuzinerplatz in Bruneck fällt der Blick auf ein Denkmal mit explosiver Vergangenheit. Der grob behauene Stein bildet die Gesichtszüge und den Torso eines Alpino (Mitglied der italienischen Gebirgsjäger; leicht erkennbar am typischen spitzen Hut mit Feder). Die Geschichte dieser Statue hängt eng mit der politischen Vergangenheit Südtirols zusammen und hat das Denkmal Rumpf, Arme und Beine gekostet. Das Standbild, das von der einheimischen Bevölkerung wegen seines Standortes und seiner Kapuze als „Kapuzinerwastl" bezeichnet wird, wurde 1938 von Benito Mussolini in Auftrag gegeben. Er wollte damit einerseits des Einsatzes der Alpini im Abessinenkrieg (1935–1936) gedenken, andererseits den Südtirolern vor Augen halten, dass sie nun zum italienischen Staat gehörten. Dies verwickelte den Kapuzinerwastl von Anfang an in die ideologische Auseinandersetzung zwischen der deutschsprachigen und italienischsprachigen Bevölkerung in Südtirol. 1944 wird das Denkmal beim Einmarsch der deutschen Wehrmacht ein erstes Mal vom Sockel gezerrt. Nach Kriegsende wird der „Wastl" von den Behörden wieder aufgestellt, doch die Mitglieder des BAS (Befreiungsausschuss Südtirol), die für eine Loslösung Südtirols von Italien kämpfen, sprengen die Statue 1966. Es blieben nur mehr Brocken übrig. Der Attentäter wird bald darauf verhaftet und eingesperrt. Dennoch lässt die italienische Regierung nicht locker: Das Denkmal wird völlig neu errichtet und die Geschichte wiederholt sich. Die Wiederrichtung wird von den deutschen Südtirolern als Provokation empfunden, wozu auch die Kranzniederlegungen vor der Statue vonseiten der Alpini beitragen. 1979 kommt es schließlich zu einem erneuten Anschlag. Die separatistische Organisation „Ein Tirol" legt einen Sprengsatz, der nur Torso und Kopf des Kapuzinerwastls übrig lässt. In dieser Form ruht das Denkmal noch heute auf dem Sockel. Ein Zeichen für Konflikte, die heutzutage zum Glück weniger explosiv ausgetragen werden.

Der **Kapuzinerwastl** steht auf dem Kapuzinerplatz, der an der Kreuzung von Andreas-Hofer-Straße und Dante-Alighieri-Straße in Bruneck liegt. Zur Zeit der Recherche plante der Gemeinderat Bruneck, Erklärungstafeln vor dem Denkmal aufzustellen.

Brunecker Altstadt

Der Bauernführer Peter Pässler
Bruneck

Als Bauer lebt es sich in Südtirol heutzutage meist nicht schlecht, was auch die Tatsache beweist, dass acht Prozent der Südtiroler noch in der Landwirtschaft beschäftigt sind. Das war jedoch nicht immer so. Besonders Anfang des 16. Jahrhunderts war der Unmut unter den Bauern groß, nicht nur in Tirol, sondern im gesamten süddeutschen Raum. Grund dafür waren die hohen Abgaben, die die Bauern an ihre Lehensherren entrichten mussten, und ihr schwacher rechtlicher Status gegenüber Adel und Klerus. Diese Unzufriedenheit entlud sich in zahlreichen Aufständen zwischen 1523 und 1526, die als Deutsche Bauernkriege in die Geschichte eingingen. Auch Südtirol war dabei Schauplatz zahlreicher Schlachten und kleinerer Auseinandersetzungen, wie der nun folgenden, die sich im Bruneck des Jahres 1524 zutrug.

Am Morgen des 14. Juli erklärte dort ein gewisser Peter Pässler der ganzen Stadt Bruneck die Fehde. Dies war umso erstaunlicher, da er ein gewöhnlicher Fischer war und das Recht, jemandem die Fehde zu erklären nur sozial Höhergestellten zukam. Dieser Erklärung war ein Streit Pässlers mit dem Landesherrn, dem Bischof von Brixen, vorangegangen. Letzterer hatte Pässlers Onkel, der bis dahin die bischöflichen Fischereirechte innegehabt hatte, dieses Privileg aus nicht genannten Gründen entzogen und sie einem anderen Fischer verliehen. Pässler gab sich damit nicht zufrieden und sabotierte den neuen Fischer, wo er konnte. So kam es, dass der Bischof ihm den Prozess machte, zu dem

Pässler aber nicht erschien. Stattdessen tauchte er unter und begann, Unheil zu stiften. Er zündete mit einem Gefährten drei volle Getreidespeicher an, was einer Provokation der Brunecker Bürger gleichkam. Damit und mit der Erklärung der Fehde wurde nun auch die Stadt Bruneck in die Sache verwickelt und begann Pässler zu jagen. Es gelang den Bürgern schließlich, ihn gefangen zu nehmen. Pässler wurde zum Tode verurteilt. Am Tag seiner Hinrichtung jedoch – sein Gefährte war bereits hingerichtet worden – geschah etwas Unvorhergesehenes. Als Pässler zum Richtplatz schritt, strömten von allen Seiten Bauern mit gezogenen Waffen auf den Platz und befreiten ihn. Nach seiner Befreiung entwickelte er sich unter Michael Gaismair, dem Anführer des Tiroler Bauernaufstandes, zu einem der wichtigsten Bauernführer, wurde aber 1527 von einem Freund, der das Kopfgeld kassieren wollte, ermordet.

Hutmacher und Kappenstricker
Bruneck

Im Brunecker Heimatbuch von Paul Tschurtschenthaler (1928) wird von Huter und Kappenstricker als traditionsreiche Berufe in Bruneck gesprochen, die um 1900 eine gewichtige Rolle im Stadtleben des Pustertaler Hauptortes spielten. Es heißt: „Und dann kam der Kappenstricker, ein Männchen so schmal wie sein Häuschen, das auch nur aus ein oder zwei Fenstern bestand. Wie ein Wettermännchen stand er bei Sonnenschein vor seiner Ladentüre und guckte bei Regen hinter den Scheiben heraus. Er sprach nicht viel, sondern ließ seine Ware reden, die schönen Pelzkappen, die man damals so liebte, und dann die goldgestickten Käppchen, die mancher Bürger am Kopfe trug und erst abends ablegte, wenn er seine Schlafhaube über die Ohren zog. Kein Mensch konnte sich den alten Grampenmuch oder Vater Harrasser ohne solche Kappe mit Goldtrottel, die schmuck an den Ohren herabhing, denken, ebenso wenig wie den Posthausknecht oder den alten Agarter ohne den blauen Fuhrmannskittel oder den Landrichter und Grafen ohne Bratenrock und Ischiasstock. [...] Wollen wir noch beim alten Vater Unterrainer eine Prise nehmen, dem freundlichen Manne, der durch Jahrzehnte mit seinem Samtkäppchen am Kopfe vor dem Tore saß und jedem, der es nur hören wollte, von seinen Wanderjahren durch deutsche Lande mit dem Berliner auf dem Rücken geschnallt und dem steifen Hut am Kopfe erzählte. Hinter ihm auf Brettern lagen die Hutmodel zum Trocknen aufgestellt und aus der dunkeln Erdhöhle, so damals noch Werkstätte, guckte manchmal der wackere Altgeselle und schlug dann wieder den Spannbogen, dass es weithin schallte und nur vom Hammerlärm der Bindergesellen beim Bindertoni übertönt wurde."

Das Volkskundemuseum in Dietenheim
Bruneck

Südtirol besitzt heute neun Landesmuseen, die sich mit den unterschiedlichsten Themen wie der Archäologie, der Naturkunde, dem Bergbau, der Volkskunde, der Jagd und Fischerei, dem Weinbau, der Geschichte und Kultur der Ladiner sowie der Entwicklung des Tourismus befassen. Das älteste unter diesen Museen ist das Volkskundemuseum in Dietenheim, das bereits 1976 aus der Taufe gehoben und 1980 eröffnet wurde. Das Museumskonzept verfolgt eine sozialgeschichtliche Ausrichtung, die auf die unterschiedlichen Lebens-, Wohn- und Wirtschaftsweisen von Landadel, Bauern, Kleinhäuslern und ländlichen Handwerkern eingeht. Mittelpunkt ist der barocke Ansitz Mair am Hof mit den herrschaftlichen Räumen und den volkskundlichen Sammlungen. Im dazugehörigen Wirtschaftsgebäude finden sich landwirtschaftliche Geräte und Gefährte. Daran angrenzend erstreckt sich ein vier Hektar großes Freigelände, auf dem man Geschichte nicht nur erlernen, sondern vor allem erleben kann. Auf dem Gelände stehen alte Bauernhäuser und Wirtschaftsgebäude, die in ganz Südtirol abgebaut, nach Dietenheim verfrachtet und dort originalgetreu wieder aufgebaut und wiederbelebt wurden: Zahlreiche Haus- und Nutztiere tummeln sich auf den Wegen, Bauern zeigen, wie man früher Brot buk und Schafe schor, und der Lärm von Handwerkern ertönt, die den Besuchern alte Handwerksarten vorführen.

Landesmuseum für Volkskunde Dietenheim: Herzog-Diet-Straße 24, 39031 Dietenheim/ Bruneck, Tel. +39 0474 552087, www.volkskundemuseum.it

Das Volkskundemuseum in Dietenheim

Bruneck und das Bier
Bruneck

Wenngleich die Brauerei Forst in Algund, von der später noch die Rede sein wird, heutzutage das größte Brauhaus der Provinz darstellt, ist die Südtiroler Biertradition nicht dort geboren. Die Biergeschichte des Landes beginnt Aufzeichnungen zufolge im Olang des Jahres 985 nach Christus. Ein Hof dieses Ortes im Pustertal, der damals noch Ôlaga hieß, musste dem Hochstift in Brixen neben Wein auch noch 240 Liter *cervesie*, also Bier, entrichten. Die dokumentierte Geschichte des Bieres im Pustertal beginnt demnach kurz vor jener der ältesten heute noch be-

Plakat der Kirchberger Brauerei

stehenden Brauerei der Welt im Kloster Weihenstephan in Bayern, die 1040 begründet wurde. In diesem Tal gedieh der im übrigen Südtirol angebaute Wein aufgrund des raueren Klimas nicht mehr. Und dort, wo der Weinbau aufhörte, fing der Anbau von Hopfen an. Es ist also nicht verwunderlich, dass im Hauptort des Pustertals die Bierkultur bald blühte. Bereits 1511 soll in Bruneck eine Brauerei bestanden haben und Trinkstuben erfreuten sich großer Beliebtheit. Die größte Brauerei der Stadt, der Kirchberger, entstand nach der großen Brandkatastrophe von 1723, erzeugte 1913/1914 sogar über 2.800 Hektoliter Bier, wurde aber bald nach Ende des Ersten Weltkrieges geschlossen. Im Jahr 2006 hat die Brunecker Stadtverwaltung den berühmten kirchbergschen Bierkeller wiederbelebt, der sich in den folgenden Jahren zu einem wichtigen kulturellen Treffpunkt entwickelt hat.

Die **Bierkultur in Bruneck** ist heute so lebendig wie nie zuvor. Das relativ neue und doch schon preisgekrönte „Rienzbräu" ist über die Landesgrenzen hinaus bekannt. Außerdem haben sich zahlreiche Betriebe in der Pustertaler Stadt auf das edle Gebräu spezialisiert. Vor allem der Getränkeladen „harpf" in der Stadtgasse lohnt einen Besuch. Neben zahlreichen Weinen und Spirituosen findet sich hier eine große Auswahl an Bieren: Englische *Stouts* und *Ales* reihen sich an amerikanische, belgische und einheimische Biermarken, die täglich verkostet werden können.

Weitere Informationen

Tourismusverein Bruneck: Rathausplatz 7, 39031 Bruneck, Tel. +39 0474 555722, www.bruneck.com

Tauferer Ahrntal

Das Felsgesicht am Bach
Mühlwaldertal

An einer hoch über dem Mühlwalder Bach aufragenden Felswand ist am Ausgang einer wilden Schlucht das Profil eines markanten bärtigen Gesichts zu sehen. Die Augen und die Nase dieses Felskopfs sind gut zu erkennen, während das Kinn nicht mehr gut erhalten ist. Es handelt sich einer Legende nach um das Haupt eines Götzen, dem in alten Zeiten Opfer dargebracht wurden. Diese Legende ist auf den Wasserkult zurückzuführen, der bei den germanischen Völkern, als Teil der Verehrung der Großen Mutter Erde, weit verbreitet war. Das Wasser hatte magische Eigenschaften, konnte Krankheiten heilen und die Felder fruchtbar machen. Quellen, Seen und Flüsse wurden verehrt, forderten aber alljährlich Opfer, da sie günstig gestimmt werden mussten: Hähne, reich verzierte Kleider oder Nahrung für die Wasserfeen, die Behüterinnen von Quellen und Wasserläufen.

Themenweg „Kraft des Wassers": Im Mühlwaldertal gibt es vier Wanderwege, welche sich mit dem Thema Wasser auseinandersetzen. Sie starten entweder im Dorf Mühlwald oder im Dorf Lappach und führen rund um den Mühlwalder Stausee, nach Innermühlwald, in die Lappacher Klamm und zum hochalpinen Neves-Stausee. Nähere Informationen zu den Wanderwegen gibt es im Tourismusbüro Mühlwald-Lappach. In Lappach selbst gibt es auch ein Museum, welches ebenfalls unter dem Motto „Magie des Wassers" steht.

Bächlein im Mühlwaldertal

Die Legende der schönen Margarethe
Sand in Taufers

Die Burg Taufers in Sand in
Taufers ist der Schauplatz der
tragischen Geschichte der
Margarethe von Taufers, die
im ausgehenden 15. Jahrhundert lebte. Sie verliebte sich in
den Hauptmann der Burgwa
che, aber da sie die letzte Er-
bin der Familie war, widersetzte sich ihr Onkel, der
Bischof von Brixen, der Hei-

Burg Taufers

rat; er hoffte nämlich, den ansehnlichen Familienbesitz an sich zu bringen.
Margarethe schien ihren Willen durchgesetzt zu haben, doch als das Paar vor
dem Traualtar stand, wurde der Bräutigam von einem vergifteten Pfeil getötet.
Die Braut wurde vor Schmerz wahnsinnig und schloss sich in einen Raum ein,
wo sie weltabgeschieden 15 Jahre lang lebte, bis zu ihrem Tod. Das Gespenst
der unglücklichen Gräfin geistert bis heute durch die Burg und ist vor allem in
dem Raum zu hören, den Margarethe sich zum eigenen Kerker erwählt hatte.

Um 1220 von den Herren von Taufers erbaut, gilt **Burg Taufers** als eine der bedeutendsten
Dynastenburgen des Mittelalters. Die Wohngebäude stammen aus dem 16. Jahrhundert, die
Wehranlagen um den Torturm aus dem 15. Jahrhundert. Im Inneren der Burganlage sind vor
allem die gotischen Fresken der Kapelle mit einer seltenen Deesis und die vielen holzvertäfel-
ten und wohnlich ausgestatteten Räume sehenswert. Im 19. und 20. Jahrhundert wurde die
Burg behutsam restauriert und ist heute im Besitz des Südtiroler Burgeninstitutes (39032
Sand in Taufers, Tel. +39 0474 678053, www.burgeninstitut.com).

Geheimnisvolles um Gruben und Bergknappen
Prettau

In der Nähe vom Rötbach in Prettau wurde wahrscheinlich schon zur Bronze-
zeit Kupfer abgebaut. Die erste geschichtliche Erwähnung der Bergbautätig-
keit geht auf das 15. Jahrhundert zurück, als die Gewerken des Bergwerks
Schwaz (Nordtirol) im Jahr 1471 den Abbau und die Anlage der Stollen in die
Wege leiteten. Das Prettauer Bergwerk ging an verschiedene Besitzer über.
Unter ihnen war auch der Landesherr Sigmund, der gemeinsam mit dem
Brixner Bischof und den Honoratioren des Tauferer Tals und aus Bruneck

eine neue bergbauliche Genossenschaft ins Leben rief. Das Prettauer Bergwerk wurde angesichts der Konkurrenz des amerikanischen Kupfers im Jahr 1893 geschlossen. Das in Prettau geförderte Kupfer war sehr rein und wurde zum Glockenguss und für Bronzestatuen verwendet.

Auf einer alten Grubenbahn können die Besucher in den St.-Ignaz-Stollen einfahren, den jüngsten Stollen des Bergwerks, der im Jahr 1761 vorgetrieben worden war.

Aber wie fanden die Menschen damals das wertvolle Erz in der Erde? In den Sagen ist immer von Goldgruben die Rede, obwohl dieses Mineral in Südtirol sehr rar war. Um eine Antwort zu finden, muss man weit in die Vergangenheit zurückgehen und sich auf schi ferne Mythen beziehen.

Weithin bekannt ist die Geschichte vom Goldenen Vlies, aber nur wenige wissen, dass auch bei uns gerade die Schaffelle zur Goldsuche in den Bergbächen benutzt wurden. Und eben in den Sagen vom Gebirge finden sich, wenn auch metaphorisch und mythisch verkleidet, Hinweise auf den Bergbau in den Urzeiten. Im Übrigen sind die alten Grubenzwerge nicht nur in der nordischen Sagenwelt anzutreffen. Es handelte sich, was man sich gut vorstellen kann, um kleine, kräftige Bergleute, die vor mehr als 4.000 Jahren in der Metallzeit lebten, einem an magisch-religiösen Zeichen reichen Zeitalter. Bergleute tauchen schon in der Jungsteinzeit neben den Töpfern auf, die fähig sind, ein inertes Material wie Ton durch ihre Kenntnisse um die Wirkung des Feuers in etwas Neues und Wunderbares zu verwandeln. Die Bergknappen gehen noch weiter: Sie verletzen den Schoß der Erde und bergen aus ihm Schätze. Die Beziehung zur Mutter Erde ist heikel und gefährlich, denn sie kann den Menschen ihre Schätze überlassen oder auch nicht, erwartet in jedem Fall aber Opfergaben für ihre Geschenke. Schwierig ist auch die Beziehung zum Feuer. Das Leben des Bergmanns wird von tiefer Frömmigkeit geprägt, er gibt sich voll und ganz seiner Kunst hin, was er aber oft teuer bezahlen muss, auch mit seinem Aussehen: Hephäst, der Gott des Feuers und der Schmiede, ist klein, hässlich und lahm. Doch dank seiner magischen Künste gewinnt er Aphrodite zur Frau. Der Vergleich zum Zwergenkönig liegt wohl sehr nahe. Auch die entsprechende Gottheit aus der nordischen Mythologie, Odin oder Wodan, wird als hässlich und schieläugig beschrieben, ist aber der mächtige Herr des Feuers. Bei der Christianisierung der germanischen Welt wird Odin, der Schmied, mit dem Teufel gleichgestellt, dem Herrn des Feuers und der Unterwelt.

Aber jetzt zum Namen dieses Zwergenkönigs: Laurin. Das Wort enthält den lateinischen Begriff *aurum* für Gold. Überall im Gebirge findet man Erzählungen und Sagen zu Knappen und Bergwerken, vor allem von Goldgruben, die allerdings im Land nicht leicht auszumachen sind. Laurin ist also *l'Aurino*, der König einer Goldgrube. Wenn man sich eine mögliche Verbindung

Das Bergwerk von Prettau

zwischen dem *aurum*, König Laurin und der Goldgrube Aurona, von der in den Sagen um die Fanes die Rede ist, vor Augen hält, fällt zugleich auf, dass es Ortsnamen mit einer ähnlichen Wurzel auch außerhalb der Südtiroler Dolomiten gibt: Da ist der Monte Aurin bei Feltre, die Forcella Aurina südlich von Agordo, die Ortschaft Auronzo im Cadore und das Valle Aurina (Ahrntal) in Südtirol. Aurinia war zur Etruskerzeit der Name der heutigen Ortschaft Saturnia im hügeligen Hinterland von Grosseto (Toskana), die ihren Namen wiederum dem Gott Saturn verdankt, dem Symbol des mythischen Goldenen Zeitalters. Weiter im Süden liegen zwischen Latium und Kampanien, im Hinterland von Circeo und Gaeta, die Monti Aurunci, und weiters findet man die Ausonia Tellus, wie die italische Halbinsel in der Äneis bezeichnet wurde. Diese Bemerkungen sind vielleicht nichts anderes als eine Reise durch das Goldene Zeitalter; denn in den Bergwerken auf Südtiroler Gebiet ist – wie schon gesagt – nur wenig Gold gefunden worden. Eher dürfte es sich um Kupfer gehandelt haben, das im klassischen Latein *cuprum* genannt wird, im späten Latein aber *auramen*. Kupfer wird auch als „rotes Gold" bezeichnet, und der Zwergenkönig Laurin scheint eine Rüstung aus diesem roten Gold getragen zu haben. In den Dolomiten, die aus organischem und Sedimentgestein bestehen, gibt es keine Goldgruben, die umliegenden Gebirge vulkanischen Ursprungs dagegen sind recht reich an diesem Mineral. Der große vulkanische Schild in Südtirol, einige Gegenden im Trentino und Teile des

Agordino weisen Erzvorkommen auf, die schon von den Menschen der Metallzeit abgebaut wurden. Das nördlich der Dolomiten und des Pustertals gelegene Ahrntal besaß mehrere Kupfergruben. Um Auronzo gab es mit Sicherheit Silber- und Bleigruben, während an der Forcella Aurina im Agordino Kupferbergwerke bestanden haben. Und beginnt man einmal diese „glottologischen" Recherchen, kann man von den Völkern der Aurona zu den *Tyrrhenoi* übergehen (wie die Etrusker von den Altgriechen bezeichnet wurden), den „Völkern des Alauns", dieses schwefelsauren Doppelsalzes aus Kalium und Aluminium, das sich in Vulkan- und Thermalgebieten herausbildet. Schon in der Antike wurde Alaun zum Ledergerben und zum Entfetten der Wolle verwendet. Die Völker, die das Gebiet der heutigen Toskana bewohnten, förderten aus den Bergwerken im Gebiet von Grosseto und von Siena, auf der Insel Elba und um den Monte Amiata Eisenerz und Quecksilbersulfid, das auch im Zinnober enthalten ist. Der hellrote Zinnober, der im Mittelmeerraum recht selten auftritt, war schon bei den alten Griechen und Römern als wertvoller Farbstoff gefragt, und seine Geschichte bringt uns zu den Argonauten, zu ihrem Anführer Jason und zum Goldenen Vlies. Die ersten Reisenden auf dem Schiff Argo (daher die Argonauten) waren die *Mini*, das Zinnobervolk. Sie folgen der Reiseroute der Helden, die aus der Kolchis am Schwarzen Meer durch Thrakien wieder ins Abendland zurückkehren, auf der Donau nach Mitteleuropa gelangen, um dann die obere Adria zu durchqueren und dem Po bis zur Quelle zu folgen. Sie überqueren die Alpen, erreichen am Rhoneufer entlang das Mittelmeer, landen auf der Insel Elba, legen am mythischen Palast der Circe an der Küste von Latium einen Halt ein, bevor sie ihre Fahrt über Sizilien und Libyen bis nach Kreta fortsetzen, der letzten Etappe vor ihrer Rückkehr nach Thessalien. Dies sind die Bezüge zum Goldenen Vlies und zur Reise Jasons und der Argonauten.

Das Bergbaumuseum im Kornkasten in Steinhaus

Schaubergwerk Prettau: Seit den 1990er-Jahren ist der St.-Ignaz-Erbstollen ein Schaustollen. Noch heute wird dort mit Hilfe von Bakterien Zementkupfer gewonnen. Eine Grubenbahn bringt die Besucher über einen Kilometer in den Stollen. Das Schaubergwerk Prettau gehört zum Südtiroler Bergbaumuseum (Hörmanngasse 38/A, 39030 Prettau, Tel. +39 0474 654298, www.bergbaumuseum.it). Im Ahrntal befindet sich außerdem der **Klimastollen Prettau** und das **Bergbaumuseum Kornkasten**.

Der Bergbau und die „Venedigermandln"

Auf das Engste mit dem Bergwesen verbunden sind sonderbare fremde Wesen, die in deutschsprachigen Quellen als „Venediger" oder „Venedigermandln" bezeichnet werden und bald in die Sagen eingehen – nicht nur im Ahrntal, sondern in allen Gegenden, in denen Erzgruben bestanden. Sie gelten als zauberkundig und kennen sich mit Heilkräutern aus. In vielen Ahrntaler Dörfern werden am Johannistag Sträuße zum Segnen in die Kirche gebracht, die aus sieben Kräutern bestehen: Herzblume, Johanniskraut, Weihrauch, Kamille, Rittersporn, Arnika und Blauer Eisenhut. Diese gesegneten Kräuter werden dann zum Haussegen an Dreikönig in einer Kohlenpfanne verbrannt (siehe Caspar, Melchior und Balthasar).

Sagen zu den Venedigern sind in den deutschsprachigen Zentralalpen verbreitet, vor allem im venetisch-illyrischen Siedlungsgebiet im Osten. Die meisten Venedigersagen finden sich in den ehemaligen Bergbaugebieten um den Großvenediger, das heißt, in den Hohen Tauern und den von diesem Gebirge ausgehenden Tälern. Bei den Venedigermandln handelte es sich zweifellos um Goldsucher, die sich auch mit Edelsteinen auskannten und wahrscheinlich von den (historischen) Venedigern zum Goldwaschen in den vielen Tiroler Bächen ins Land gerufen worden waren. Sie werden als unförmige Wesen beschrieben, die angeblich aus Venedig kamen, aber auch aus Trient oder Mailand. Sie tragen eine graue Lodenjacke, eine Zipfelmütze und einen Lederschurz (also die typische Knappenkleidung). Wenn die Venedigermandln ins Gebirge kommen, stellen sie sich arm, während sie in Wirklichkeit in den Städten reiche, prächtige Paläste besitzen. Sie bringen ihr Arbeitsgerät mit, das sie aber vor Fremden verstecken. Sie sind viele Jahrhunderte alt und altern nie. Sie sind zauberkundig und finden die Erzadern mithilfe eines Spiegels und einer Kugel. Sie sind den Menschen nicht feindlich gesinnt, wenden sich an sie aber in einer unverständlichen Sprache. Wenn sie freundlich aufgenommen werden, zeigen sie sich ihren Gastgebern gegenüber sehr großzügig: Vielen sollen sie die Geheimnisse der Erzadern und der Metallverarbeitung enthüllt haben.

Die Ahrntaler Bergwelt bei Kasern

Die Tauernträger
Kasern

Das Ahrntal, das auf beiden Seiten von Dreitausendern eingeschlossen wird, endet an der Glockenkarspitze, dem nördlichsten Punkt des italienischen Staatsgebiets. Die Talstraße führt bis Kasern, wo sich ein altes Wirtshaus befindet, in dem man einst Mäntel, Handschuhe und Bergschuhe zum Überschreiten der Hohen Tauern ausleihen konnte. Die ausgeliehenen Kleidungsstücke wurden in einem Gasthaus jenseits des Passes abgegeben und konnten beim Rückweg gegebenenfalls wieder benutzt werden.

Viele Einheimische verdienten sich ihren Lebensunterhalt mit dem Transport von Waren, die sie in schwer beladenen Rückenkörben ins Zillertal, in den Pinzgau und in die Tauerntäler beförderten, weshalb sie als „Tauernträger" bezeichnet wurden.

Weitere Informationen

Tourismusverein Mühlwald-Lappach: Hauptort 18/A, 39030 Mühlwald, Tel. +39 0474 653220, www.muehlwald.it

Tourismusverein Sand in Taufers: Josef-Jungmann-Straße 8, 39032 Sand in Taufers, Tel. +39 0474 678076, www.taufers.com

Tourismusverein Ahrntal: Kasern 6, 39030 Prettau/Ahrntal, Tel. +39 0474 654188, www.ahrntal.it

Olang

Die Kurbäder Schartl und Bergfall
Olang

Am Übergang von Olang nach Reischach liegt Bad Schartl, ein Bauernbad, das im 19. Jahrhundert ein viel besuchtes Heilbad war. Der österreichische Schriftsteller Hermann von Gilm (1812–1864) verfasste hier 1843 die in der Tiroler Literatur bekannten „Schartl-Lieder".

Bad Bergfall, dessen heilkräftige Schwefelquellen schon den Römern bekannt waren (es wurden Ringe und Münzen aus der Römerzeit entdeckt), ist eines der ältesten Bäder Südtirols. Auf dem Altarbild der Badkapelle sind die Kirchenpatrone Rochus und Sebastian abgebildet, die eine Tafel mit einem Verzeichnis der hier in Bad Bergfall heilbaren Leiden in den Händen halten: Es sind unter anderem „Gliedersucht, Hüfftwehe, Ischiatica, Kreutz- und Seitenwehe, versalzenes Geblueth, weibliche Zuständ".

Bad Schartl liegt am Übergang, nahe der „Scharte", zwischen Olang und Reischach. Von daher stammt auch der Name. Seine Blütezeit erlebte das Bad vom 19. Jahrhundert bis zum Beginn der 1960er-Jahre. Der Quelle wurde eine heilsame Wirkung gegen Magenleiden und Hautausschläge zugeschrieben. Heute befindet sich das Bauernbad in Privatbesitz und ist nicht für die Öffentlichkeit zugänglich.

Blick auf die Ortschaft Olang

Die Geschichte der Bäder

Im Pustertaler Gebiet soll es im ausgehenden 19. Jahrhundert nicht weniger als 80 Bäder gegeben haben, die alljährlich von rund 10.000 Gästen aus der Umgebung und von 2.000 Fremden besucht wurden. Südtirol hatte damals 206.731 Einwohner – was bedeutet, dass jeder zwanzigste Landesbewohner ein Heilbad aufsuchte.

Die Bäder, die zur Vorbeugung der Pestepidemien schon im 13. und 14. Jahrhundert zur körperlichen Reinigung aufgesucht wurden, waren nicht nur den Wohlhabenden vorbehalten, sondern auch für das Volk zugänglich. In Städten und größeren Ortschaften wurden öffentliche Bäder eingerichtet. Im Gebirge dagegen legten die Bergbauern neben ihrem Hof eine „Badestube" an, in der sich ein Heizofen und Wannen befanden, die anfangs aus Holz bestanden, später dann überwiegend aus Zink. Gebadet wurde einmal in der Woche. An den anderen Wochentagen diente die Badestube als Waschküche, als Abstellraum und, da schließlich schon ein Ofen vorhanden war, als Räucherkammer für Fleisch und Speck. Damit war es aber im 15. Jahrhundert zu Ende, als Geschlechtskrankheiten wie Syphilis sich zu verbreiten begannen und die Ärzte dem „übermäßig häufigen Baden" und der in den Bädern herrschenden Promiskuität die Schuld an der Übertragung dieser Krankheit gaben. Die Gegenreformation tat ein Übriges: Die öffentlichen Bäder wurden geschlossen und verschwanden im 17. Jahrhundert ganz. Die Heilbäder allerdings blieben weiterhin in Mode. Da Südtirol vom Dreißigjährigen Krieg verschont geblieben war, herrschte im Land ein gewisser Wohlstand, sodass alle – von den Adeligen über die Kaufleute bis zu den Bauern und zum einfachen Volk – sich „Ferien" leisten konnten. In bestimmten Gegenden, wie zum Beispiel im Burggrafenamt, hatten die Knechte Anrecht auf einen einwöchigen Kuraufenthalt in einem Heilbad. Neben den Bädern für die Reichen mit Hotel und privatem Bad gab es auch die für die weniger Bemittelten: Sie bestanden aus großen Gemeinschaftsschlafräumen, Abstellkammern zum Aufbewahren der Nahrung, die sie allein oder gemeinsam zu sich nehmen konnten, und großen Badebecken. Die Heilbäder waren entsprechend den Eigenschaften des Heilwassers klassifiziert, und den Gästen wurden Broschüren mit Badeanweisungen, ärztlichen Ratschlägen und diätetischen Tipps zur Verfügung gestellt. Eines der ältesten „Badebücher" stammt aus dem Jahr 1608 und ist dem Brennerbad gewidmet.

Gelegen auf 1.331 Metern Meereshöhe am Fuße der Olanger Dolomiten ist **Bad Bergfall** eines der ältesten Bäder des Landes. Das alte Badwirtshaus wurde im Jahre 1720 vom Grafen Guidobald von Welsberg erbaut, Badebetrieb gab es aber mit Sicherheit auch schon vorher. Seit den 1980er-Jahren ist Bad Bergfall ein Gasthaus, seit dem Jahr 2002 werden auch wieder Schwefelbäder angeboten. Bad Bergfall ist von Olang aus in einer Stunde Gehzeit entlang des Furkelbaches erreichbar (Bad-Bergfall-Weg 5, 39030 Olang, Tel. +39 0474 592084, www.badbergfall.com).

Weitere Informationen

Tourismusverein Olang: Florianiplatz 19, 39030 Olang, Tel. +39 0474 496277, www.olang.info

Antholzer Tal

 ## Antholz, ein Kaleidoskop der Geschichte
Antholzer Tal

Die Dörfer Nieder- und Oberrasen liegen am Eingang zum Antholzer Tal. An der Einmündung des Antholzer Bachs in die Rienz ist auf einer natürlichen Terrasse eine bedeutende eisenzeitliche Nekropole mit 80 Gräbern entdeckt worden. Die Aschenreste der Toten befanden sich in Tonvasen, die mit einem Stein verschlossen waren und auch Grabbeigaben enthielten. An Ort und Stelle sind Bronzegegenstände, Ringe, Beile, Messer und Gefäßscherben ans Tageslicht gekommen.

Das Antholzer Tal zweigt bei Olang vom Pustertal ab und schiebt sich 20 Kilometer lang nach Norden bis zum Staller Sattel an der italienisch-österreichischen Grenze vor. Bei Rasen dehnt sich ein 35 Hektar großes Torfmoor aus, das das naturkundlich interessante Biotop Rasen-Antholz bildet. Das Wort „Rasen" ist übrigens keltischen Ursprungs und heißt so viel wie Sumpf.

Beim Antholzer See handelt es sich um den tiefsten See auf Südtiroler Boden und den drittgrößten Natursee des Landes. Nach dem Zweiten Weltkrieg erwarb der italienische Großindustrielle Enrico Mattei den See und das zugehörige Jagdrevier. Als Mattei 1962 mit dem Flugzeug abstürzte, besannen sich viele auf einen Fluch, der auf allen liegt, die den Antholzer See und seine Tiefe ausloten.

Seit etlichen Jahren ist Antholz auch der Winteraufenthaltsort des italienischen Schriftstellers Claudio Magris und einer Gruppe von Intellektuellen, die hier die Zeit zwischen Weihnachten und Neujahr verbringen. Magris geht in seinem „Mikrokosmos" auf Antholz ein und beschreibt diesen magischen Ort als ein geheimnisvolles Auge, ein Kaleidoskop der Geschichte: „Die Annalen von Antholz sind große Geschichte, denn mehr als von Einzelpersonen oder Völkern erzählen sie von Gattungen, zu denen auch die umliegende Landschaft gehört. In den Annalen ist von einem russischen Gefangenen zu lesen, der in Niedertal tot aufgefunden worden ist, und von den Heimkehrern des Zweiten Weltkriegs, aber auch von den Zeichen, die Schlechtwetter ankündigen. Der letzte, 1790 getötete Bär, der letzte, 1812 abgeschossene Wolf, der letzte, vielleicht 1824 umgelegte Luchs, 25 Kilo schwere Forellen im See, der Hagelschlag im Jahr 1828 und das Hochwasser 1879, die vielen, am 13. Mai 1908 vom Priester Galler gesammelten Eier, um sie aufzuschlagen und auf die Brandwunden des Köhlers Konrad De Colli zu geben. Der Einmarsch der italienischen Truppen 1919 und der verheerende Schneefall im selben Jahr."

Biotop Rasen-Antholz

Eisenzeitliches Gräberfeld in der Windschnur: Das Urnengräberfeld in der Windschnur wurde 1962 von Bauarbeitern der italienischen Energie-Firma „Indel" entdeckt. Der Fund sollte verheimlicht werden, um die Bauarbeiten nicht zu beeinträchtigen, gelangte dann aber doch an die Öffentlichkeit. Heute gehört dieses Gräberfeld zu den bedeutendsten eisenzeitlichen Friedhöfen des südlichen Alpenraums.

Das **Biotop Rasen-Antholz** ist mit zahlreichen Lehrpfaden ausgestattet. Die Schilder entlang der Naturlehrpfade bieten Erklärungen zu den naturwissenschaftlichen Sehenswürdigkeiten des Moorgebiets. Von Niederrasen und Oberrasen aus kann man das Biotop zu Fuß erreichen.

Das „Weiberbad" Salomonsbrunn
Rasen

Eines der wenigen bis heute noch offenen, traditionsreichen Kurbäder in Südtirol ist Bad Salomonsbrunn, das seit dem 15. Jahrhundert als „Weiberbad" bezeugt wird, aber sicher älter ist. Zur Anwendung kommt hier ein radioaktives Eisenwasser. Hinter dem Gasthaus liegt am Waldrand eine 1725 von Peter Josef von Walther, dem damaligen Badbesitzer, errichtete und 1776 von Paul Hellweger ausgebaute Kapelle. In vergangenen Zeiten befand sich neben den Badeanstalten immer auch eine Kapelle: Heilwasser und Gebete zur Gesundung von Leib und Seele.

Heute ist **Bad Salomonsbrunn** ein Hotel, in welchem Bäder und Anwendungen mit dem radonhaltigen Mineralwasser angeboten werden (Hotel Bad Salomonsbrunn, Antholzer Straße 1, 39030 Rasen Antholz, Tel. +39 0474 492199, www.badsalomonsbrunn.com).

Weitere Informationen

Tourismusverein Antholzertal: Mittertal 81, 39030 Antholz, Tel. +39 0474 492116, www.antholz.com

Welsberg

Emerentias Flucht vor dem Kloster
Welsberg

Als Graf Albert II. von Görz im Jahr 1304 auf seinem Schloss in Lienz (Ost-tirol) starb, hinterließ er zwei Söhne und eine Tochter namens Emerentia. Um das Erbe nicht mit ihr teilen zu müssen, wollten die Brüder sie in ein Kloster in Florenz einschließen. Auf der Fahrt in die toskanische Hauptstadt wurde sie von dem Adeligen Bartholomäus von Welsberg begleitet.

Die Reise begann im Frühjahr 1305 mit einer Pferdekutsche, die, da die Stra-ßen auch durch das Pustertal unwegsam und unsicher waren, von einer be-waffneten Eskorte bewacht wurde. Die junge Gräfin bewunderte unterwegs die Sextner Dolomiten, die im Ahrntal aufleuchtenden Gletscher, die üppigen Felder und die blühenden Kirsch- und Mandelbäume im Etschtal. Sie fuhren über Trient und Rovereto nach Riva del Garda, dann am Gardasee entlang über Torbole nach Verona und legten unterwegs mehrere Halte ein.

In Verona dann erneut eine Überraschung, die weite, sonnige Poebene. Doch die Gräfin wandte sich traurig an ihren Begleiter: „Was habe ich von dieser Schönheit, wenn ich mein Leben hinter Klostermauern verbringen muss?" Die Worte der schönen Gräfin brachen ihrem adeligen Begleiter das Herz, ihre Schönheit ließ ihn nicht ungerührt. Und auch Emerentia war seinen freundlichen Worten und Gesten gegenüber nicht unempfänglich.

Sie waren schon vor den Stadtmauern von Florenz angelangt, als Bartholo-mäus der jungen Gräfin seine Liebe gestand, die auch von ihr erwidert wurde. In einer kleinen Kirche wurden sie von einem Priester, der mit ihnen reiste, getraut.

Dann die Heimreise: Sie besuchten Ravenna und Venedig, erreichten auf der Strada d'Alemagna Cortina und schließlich Toblach, wo sie bei Bauern Unter-kunft fanden. Die Kutscher kehrten nach Lienz zurück und berichteten den Grafen von Görz, was sich unterwegs zugetragen hatte. Die Grafen geboten Bartholomäus, ihnen ihre Schwester zurückzugeben, doch das junge Paar fand beim Benediktinerabt in Innichen Zuflucht. Der Abt brach für die bei-den eine Lanze bei den Grafen von Görz, die ihrer Schwester verziehen. Als der Abt mit der guten Nachricht zurückkehrte, soll Bartholomäus zu seiner geliebten Emerentia gesagt haben: „Mein Engel, jetzt ist alle Gefahr vorbei!" Auf Schloss Welsperg fand ein großer Empfang statt, an dem auch die Grafen von Görz teilnahmen. Emerentia ließ in Welsberg aus Dank die Kirche Unsere Liebe Frau auf dem Rain errichten, an deren Chorgewölbe die Wappen von

Schloss Welsperg

Tirol, von Görz und von Welsberg zu erkennen sind. Das Bauernhaus in Toblach, in das sich die Brautleute geflüchtet hatten, wurde von den Grafen von Görz zum Edelsitz Englös ausgebaut. Die jetzigen Besitzer, die Freiherren Winkelhofen, tragen noch heute das Adelsprädikat „von Englös", und auf ihrem Familienwappen ist ein auf einem Helm thronender Engel zu sehen.

Um 1140 von den Herren von Welsperg errichtet, stellt **Schloss Welsperg** eine ungewöhnliche und selten anzutreffende Burganlage dar, eine sogenannte Kernburg. Sehenswert ist vor allem der hohe Bergfried aus dem 12. Jahrhundert. Im 15. und 16. Jahrhundert wurde die ursprüngliche Burg Welsperg erweitert und umgebaut. Im Jahr 1765 zerstörte ein Brand den Großteil des Palas und des Wirtschaftsgebäudes. In der Folge wurde das oberste Stockwerk des Palas abgetragen und der Dachstuhl auf die heutige Höhe herabgesetzt. In den Sommermonaten finden im Schloss Ausstellungen und Konzerte statt (39035 Welsberg, Tel. +39 0474 944118, www.schlosswelsperg.com).

Weitere Informationen

Tourismusbüro Welsberg: Pustertaler Straße 16, 39035 Welsberg, Tel. +39 0474 944118, www.welsberg.com

Niederdorf

Tourismuspionierin Emma Hellenstainer
Niederdorf

Schon im Mittelalter war Niederdorf ein Halt an der Strada d'Alemagna, die durch das Pustertal nach Venedig führte. In der zweiten Hälfte des 19. Jahrhunderts wurde es ein beliebter Luftkurort. Zwischen 1858 und 1887 logierten Gäste aus aller Welt im Hotel Zum Schwarzen Adler von Emma Hellenstainer, der aus St. Johann in Tirol stammenden Emerentia Hausbacher, die hier den Postmeisterssohn Josef Hellenstainer geheiratet hatte und zu einer geradezu legendären Gestalt der touristischen Entwicklung im Pustertal wurde.

Fremdenverkehrsmuseum Hochpustertal: Dem Tourismus Ende des 18. Jahrhunderts ist auch das Fremdenverkehrsmuseum Niederdorf im Haus Wassermann gewidmet. Das Haus wurde wahrscheinlich von Jakob von Kurz erbaut, Mitglied einer der einflussreichsten Familien der Gegend, die sich 1474 in Niederdorf niedergelassen hatte. Das Museum besitzt eine große Sammlung historischer Gegenstände, die die Entwicklung des Tourismus verdeutlichen, und ist in verschiedene Themenbereiche eingeteilt, die unter anderem das Badwesen, den Alpintourismus, die Bahn sowie Hotels und Gasthäuser thematisieren.

Bad Maistatt
Niederdorf

Bad Maistatt, das heute kein Heilbad mehr ist, war schon seit dem 15. Jahrhundert bekannt, verzeichnete seine Blütezeit aber im 18. Jahrhundert. 1890 wurde hier die Tafel-

Historische Aufnahme von Bad Maistatt

runde „Gsießia" gegründet, deren habsburgtreue Mitglieder sich hier einmal im Jahr zu geselligem Beisammensein trafen, wobei die Badekur nur ein Vorwand war.

Bad Maistatt liegt oberhalb von Niederdorf. Es wurde anfangs als Sommerresidenz für Theologiestudenten genutzt und dient heute als Ferien- und Erholungsziel für viele Familien und Jugendgruppen.

Weitere Informationen
Tourismusverein Niederdorf, Bahnhofstraße 3, 39039 Niederdorf,
Tel. +39 0474 745136, www.niederdorf.info

Prags

SS-Geiseln am Pragser Wildsee
Prags

Einer alten Überlieferung nach soll im Pragser Wildsee der Schatz der Fanes versteckt sein, dieses sagenhaften uralten Dolomitenvolks. Doch gegen Ende des Zweiten Weltkriegs war der See auch Schauplatz eines sonderbaren Begebnisses.

Am 28. April 1945 trafen im Pustertaler Ort Niederdorf fünf Busse mit ganz besonderen Insassen ein: 139 von der SS eskortierte KZ-Häftlinge, die 17 verschiedenen Nationen angehörten. Es handelte sich um prominente Häftlinge, die von der SS im Notfall als „Tauschware" eingesetzt werden sollten. Unter diesen Personen befanden sich neben anderen der ehemalige österreichische Bundeskanzler Kurt von Schuschnigg mit Frau und Kindern, der ehemalige französische Premierminister Léon Blum mit seiner Frau, der evangelische Theologe Martin Niemöller, der ehemalige deutsche Reichsbankpräsident Hjalmar Schacht, der Industrielle Fritz Thyssen, der Oberbefehlshaber der

Die befreiten Geiseln vor dem Hotel Pragser Wildsee, 1945

Der Pragser Wildsee

griechischen Streitkräfte Alexandros Papagos, Angehörige der Familie Stauffenberg, jugoslawische und ungarische Offiziere, der Sohn von Badoglio und mehrere Polizeichefs der Republik von Salò: allesamt Gegner des NS-Regimes oder Verwandte der Attentäter vom Juli 1944.

SS-Angehörige hatten diese Häftlinge, die aus verschiedenen Konzentrationslagern kamen, zuerst in Dachau und dann in Innsbruck inhaftiert und sie dann ins Pustertal befördert. Sie hofften, durch die Übergabe dieser Geiseln einen Separatfrieden mit den Angloamerikanern schließen und den Krieg gegen die Sowjetunion fortsetzen zu können.

Doch am 30. April, zwei Tage nach ihrer Ankunft in Niederdorf, wurden die Bewacher der Inhaftierten durch einen ungewöhnlichen Handstreich der Wehrmacht entwaffnet und die Häftlinge in fünf Bussen an den Pragser Wildsee und ins dortige Hotel gebracht. Sie waren frei und willkommene Gäste der Hotelbesitzerin Emma Heiss-Hellenstainer, die sie drei Wochen lang versorgte, bevor sie von den Amerikanern übernommen und endgültig befreit wurden. Im Hotel Pragser Wildsee befindet sich heute das Zeitgeschichtsarchiv Pragser Wildsee, das an die Ereignisse im April und Mai 1945 erinnern soll.

Das **Hotel Pragser Wildsee** liegt im Naturpark Fannes-Sennes-Prags und wurde in den Jahren 1897–1899 anstelle eines Wirtshauses direkt am Seeufer errichtet. Bauherr war Eduard Hellenstainer, der älteste Sohn der berühmten Tiroler Wirtin Emma Hellenstainer. Die Pläne zum Bau dieses Grandhotels stammten vom Wiener Architekten Otto Schmid. Im Hotel befindet sich seit 2006 außerdem das Zeitgeschichtsarchiv Pragser Wildsee, welches sich folgenden zeitgeschichtlichen Themen widmet: dem frühen Tourismus im Hochpustertal, der mit der Familie Hellenstainer eng verbunden ist, dem Beginn des Alpinismus in den Pragser Dolomiten, der Dolomitenfront im Ersten Weltkrieg, die in der Nähe des Hotels verlief und dem Transport der Sippen- und Sonderhäftlinge aus dem KZ Dachau, die nach ihrer Befreiung im Hotel Aufnahme fanden. Dem Archiv ist außerdem eine Präsenzbibliothek angeschlossen (Hotel Pragser Wildsee, St. Veit 27, 39030 Prags, Tel. +39 0474 748602, www.lagodibraies.com).

Der Seekofel und die Königin der Fanes
Prags

Prags und sein See liegen in eine faszinierende Bergwelt eingebettet. Hoch über der Gegend ragt der Seekofel (2.810 Meter über dem Meer) auf, der im Mittelpunkt vieler schöner Sagen um die Fanes steht. Am Fuß des Seekofels, so heißt es in einer dieser Geschichten, befindet sich der Eingang zum mythischen Reich der Auronen, von denen im Fanes-Epos die Rede ist. Und jedes Jahr, in der ersten Neumondnacht im Herbst, erscheint die Königin der Fanes auf ihrem Boot und überquert gemeinsam mit ihrer Zwillingsschwester Lujanta den See. In Erwartung der gelobten Zeit, in der alles wieder so wird, wie es einmal war.

Die Heilung der Gräfin von Görz
Prags

Bad Altprags genoss schon im Mittelalter weiten Ruf und es wurde in den Reiseaufzeichnungen der Gräfin von Görz, Paola Gonzaga, erwähnt, die hier von ihren Gliederschmerzen geheilt wurde. Als Dank für die Heilung stiftete sie die Kirche Maria Magdalena in Moos bei Niederdorf.

Der Ursprung von **Bad Altprags** lässt sich bis in das Jahr 1490 zurückverfolgen. Damals wurde die erste Badestube errichtet. Der Badbesitzer Simon Moosburger erhielt 1565 von Erzherzog Ferdinand II. eine fürstliche Freiung für eine Badehütte. Bad Altprags erlebte seine Blütezeit um die Jahrhundertwende vom 19. zum 20. Jahrhundert. Nach den Weltkriegen verfiel das Bad langsam.

Bad Altprags ist über die Straße ins Pragser Tal zu erreichen, welche zwischen Welsberg und Niederdorf von der Pustertaler Staatsstraße abzweigt. Nach 2,5 Kilometern kommt man zu einer Kreuzung, die rechts zum Pragser Wildsee und links nach Altprags führt. Nach 2 Kilometern folgt die Abzweigung einer schmalen Straße nach links zum ehemaligen Badkomplex Altprags.

Weitere Informationen
Tourismusverein Pragser Tal: Außerprags 78, 39030 Prags, Tel. +39 0474 748660, www.hochpustertal.info

Toblach

Das Komponierhäuschen von Gustav Mahler
Toblach

Der berühmte Komponist Gustav Mahler (1860–1911) schrieb in Toblach die Neunte und die (unvollendete) Zehnte Symphonie. In den Jahren 1908–1910 hatte Mahler den Sommer im Trenkerhof in Altschluderbach verbracht. Im letzten der sechs Teile des sinfonischen Liederzyklus „Das Lied von der Erde", den Mahler 1908–1909 komponierte und der als eines seiner Meisterwerke gilt, heißt es: „Wohin ich geh'? Ich geh', ich wand're in die Berge. / Ich suche Ruhe für mein einsam Herz!" – Worte, denen man eine autobiografische Deutung unterlegen könnte; denn bei seinen Ferienaufenthalten in Toblach scheint Mahler die Ruhe und den Frieden gefunden zu haben, die sein Privatleben und die Ränkespiele des Wiener Ambientes ihm genommen hatten. In Toblach hielt sich eine Zeit lang auch seine Frau Alma Mahler auf – die nach Mahler noch Walter Gropius und Franz Werfel heiratete und zwischendurch etliche Liebhaber hatte.

Das Komponierhäuschen

Das Grand Hotel Toblach

Die Biografen vertreten die Ansicht, dass Gustav Mahler, Almas erster Mann, an zu großer Liebe zu ihr starb, dass der expressionistische Maler Oskar Kokoschka niemals über ihren Verlust hinwegkam, dass der Architekt Walter Gropius, der Gründer des Bauhauses, in ihren Händen zu einem Spielzeug geworden war, dass der Schriftsteller Franz Werfel sie als „eine der wenigen magischen Frauen" verherrlichte und dass sogar ein Priester, Johannes Hollnsteiner, ihrem Reiz nicht widerstehen konnte. Diese Frau, die bezaubernd wie ein Mythus und freizügig wie wenige war, hat einige der Großen der Kultur des 20. Jahrhunderts zu ihren Werken inspiriert: Supermänner, namhafte, große Künstler haben für Alma den Kopf verloren, sind von ihr bezaubert und zerstört, verführt und zurückgewiesen, genommen und verlassen worden, in einem ständigen frenetischen Spiel. Mahler selbst hatte, als ihre Ehe schon in Krise geraten war und er an der Zehnten Symphonie arbeitete, auf Almas Nachttisch folgenden Brief zurückgelassen: „Mein Liebling, mein Saitenspiel / Komm, banne die finstern Geister, sie umklammern mich, sie schleudern mich zu Boden. Bleib bei mir, mein Stab, komm bald heute, damit ich mich erheben kann. Ich liege darnieder und warte, und frage stumm, ob ich noch erlöst werden kann, oder ob ich verdammt bin." Er küsste tausendmal ihr „Pantöffelchen", aus Sorge, dass „die Fußerln ganz feucht werden könnten", er liebkost sie als „Almschilitzili", um dann festzustellen: „Du hast dich meiner erbarmt."

Die Gemeinde Toblach organisiert zum Gedenken an diesen illustren Gast alljährlich im Juli die Gustav-Mahler-Musikwochen.

Das **Komponierhäuschen** befindet sich im Wildpark in Altschluderbach, in unmittelbarer Nähe des ehemaligen Trenkerhofes, in welchem Gustav Mahler mit seiner Frau Alma von 1908 bis 1910 die Sommermonate verbrachte. Der Wildpark kann per Auto oder zu Fuß von Toblach aus erreicht werden. Im 1878 eröffneten **Grand Hotel Toblach** befindet sich der Gustav Mahler gewidmete Musiksaal mit 460 Sitzplätzen und seiner ausgezeichneten Akustik. Jährlich finden hier die Gustav-Mahler-Musikwochen, die Südtiroler Festspiele sowie die sogenannten Toblacher Gespräche statt, eine renommierte internationale Tagung im Umweltbereich.

Der heilige Wolfgang und der Teufel
Toblach

Der heilige Wolfgang wollte diese Gegend christianisieren, aber es gab noch keine Straße. Was sollte er machen? Sollte er eine Straße anlegen oder umkehren? Doch plötzlich präsentierte sich ihm der Teufel, der vorgab, ihm helfen zu wollen, es in Wirklichkeit aber auf seine Seele abgesehen hatte. Sie schlossen einen Pakt. Der Teufel sollte Wolfgang beim Straßenbau helfen, Wolfgang versprach ihm seine Seele. Sie machten sich an die Arbeit. Es war ein schöner Tag in einer noch schöneren Gegend. Der Teufel war gut gelaunt und sagte zu Wolfgang: „Weißt du was? Ich will nichts für meine Arbeit haben, wenn es dir gelingt, längere Sprünge als ich zu machen." Der Teufel machte riesige Sätze, während der heilige Wolfgang über seine Kutte stolperte, zu Boden fiel und mit Händen und Knien Abdrücke hinterließ, die bis heute zu sehen sind.

Auf einmal aber war es auch mit der Geduld des Heiligen zu Ende und er rief aus: „Mein Gott, ich kann nicht mehr!" Als der Name Gottes fiel, lief der Teufel davon. Aber die Straße gibt es immer noch.

Weitere Informationen

Tourismusverein Toblach: Dolomitenstraße 3, 39034 Toblach, Tel. +39 0474 972132, www.toblach.info

Innichen

Die Riesenrippe in der Stiftskirche Innichen

Im Schatten der Stiftskirche in Innichen steht das Kapitelhaus, das als eines der ältesten Bauwerke im oberen Pustertal gilt und heute das Stiftsmuseum beherbergt. Das Innichner Kloster wurde im 8. Jahrhundert vom Bayernherzog Tassilo III. gegründet, während der wiederhergestellte romanische Bau im 13. Jahrhundert geweiht wurde. Der Legende nach wollten die Benediktinermönche, die das Gebiet besiedelt hatten, eine prachtvolle Kirche errichten, mit einem sehr hohen Glockenturm und einem weit nach Osten leuchtenden Kreuz. Sie beauftragten die Steinmetze aus Sexten mit der Arbeit, die aber nicht wussten, wie sie das Baumaterial zur Baustelle verfrachten und den Bau errichten sollten. Auf den umliegenden Bergen lebte der Riese Haunold, der seine Hilfe anbot. Als Gegenleistung verlangte er nichts weiter als täglich eine Mahlzeit. Der Bau ging rasch voran, aber die Mönche und die Bauern taten sich immer schwerer, den Hunger des Riesen zu stillen; denn zu jeder Mahlzeit verschlang er ein Kalb und einen Sack Bohnen. So beschlossen die Ein-

Sagenhafte und wirkliche Riesen

In Legenden aus Nord- und Südtirol wie aus dem Trentino ist oft von Riesen die Rede. Massimo Centini erzählt, dass bei der Pfarrkirche St. Peter im Ahrntal viele Riesen begraben wurden. Dies die Sage – aber ungewöhnlich große Personen werden in vielen Dokumenten erwähnt.

Am 28. Februar 1879 wurde im Ridnauntal Maria Faßnauer geboren, die „Riesin von Ridnaun". Sie war 2,27 Meter groß und bereiste in Begleitung ihrer Schwestern als Jahrmarktattraktion ganz Europa. Die damaligen Zeitungen berichteten von ihr und ihren Abenteuern. Sie starb 1917 in Ridnaun. Eine weitere Riesin namens Theresia, „Tresl", die an der Mutspitze bei Meran geboren war, ist in eine legendäre Geschichte eingegangen. Im Alter von sieben Jahren war sie 1,70 Meter groß und sehr stark. Als sie eines Tages vom Berg herab Bauern bei der Arbeit sah, griff sie die Leute samt ihrem Karren auf, um mit ihnen zu spielen. Ihr Vater, ebenfalls ein Riese, schimpfte sie aus und befahl ihr, Bauern und Karren wieder auf ihre Plätze zurückzustellen.

Sage und Geschichte vermischen sich in den Erzählungen um den Riesen Grimm, der am Weißhorn beziehungsweise am Jochgrimm hauste. Hier wird der Riese, wie in vielen anderen Legenden, zum Drachentöter. Er trug zwar den Sieg davon, aber der Kampfplatz wurde vom Feuer speienden Drachen verbrannt: das Brantental.

heimischen, den Riesen aus dem Weg zu schaffen. Zwanzig Bogenschützen töteten ihn mit zwanzig Pfeilen. Doch bald bereuten es die Menschen, den Riesen ermordet zu haben, und dachten oft an seine guten Taten. So benannten sie einen der umliegenden Berge „Haunold" und hängten eine seiner Rippen innen über dem Eingang zur Vorhalle der Kirche auf. Dieser riesige Knochen, der sich bis heute an Ort und Stelle befindet, ist allerdings nicht die Rippe eines Riesen, sondern eines vorgeschichtlichen Sauriers, die der Innichner Pilger Georg Paprion in Jerusalem erworben, ins heimatliche Pustertal gebracht und im Jahr 1650 der Kirche vermacht hatte.

Stiftskirche: Das im 8. Jahrhundert gegründete Benediktinerkloster zum Heiligen Candidus wurde um 1143 in ein Kollegiatstift umgewandelt. Sehenswert sind das monumentale romanische Kuppelfresko, die besondere Kreuzigungsgruppe und die symbolträchtige Krypta.

Stiftsmuseum: Der östliche Teil des Baus stammt aus dem 10. Jahrhundert, der Rest ist seit dem 16. Jahrhundert unverändert. Sehenswert sind die Ziermalereien um die Fenster, welche die Maler der Brixner Schule um 1550 schufen. Das Museum beherbergt sieben Schauräume sowie ein Archiv und die Bibliothek des Stiftes.

Weitere Informationen

Tourismusverein Innichen, Pflegplatz 1, 39038 Innichen, Tel. +39 0474 913149, www.innichen.it

In Hafling lebte der immer durstige Riese Schwarzegg, der ein Wasserfass mit einem Schluck austrank. Eines Tages füllten die Bauern Grappa statt Wasser in das Fass: Der Riese fiel betrunken um und wurde getötet.

Am Wiener Hof des österreichischen Kaisers lebte ein Riese, der sich sehr anmaßend gab. Als der Kaiser eines Tages in den Latemarwäldern auf Jagd war, begegnete er einem riesigen, bärenstarken Mann namens Tschigg und bat ihn, nach Wien zu kommen und seinen gewalttätigen Riesen zu bekämpfen. Am Brenner angelangt, baute sich Tschigg aus entwurzelten Bäumen ein Floß, fuhr auf dem Inn und der Donau nach Wien und besiegte den bösen Riesen. Der Kaiser

Die Riesin von Ridnaun

wollte ihm ein hübsches Edelfräulein zur Frau geben. Aber Tschigg lehnte ab: In den Tiroler Tälern gäbe es bessere Frauen als die kleinen, dünnen Wienerinnen …

Im Innsbrucker Stadtteil Wilten sind zwei Riesen abgebildet: Haymon und Thyrsus. Haymon soll eine Höhle an der Rheinquelle bewohnt haben, dann aber an den Inn gekommen sein, wo er den Riesen Thyrsus bekämpfte und erschlug. Die mit Thyrsus befreundeten Einheimischen zwangen Haymon daraufhin, einen Drachen zu töten und dann das Kloster in Wilten zu erbauen.

Wann bist du das letzte Mal deinen eigenen Weg gegangen?

Eine Reise nach Südtirol ist immer der Anfang von etwas Besonderem. Ob Entspannung oder Inspiration, hier findet jeder seinen ganz eigenen Weg Urlaub zu machen.

www.suedtirol.info

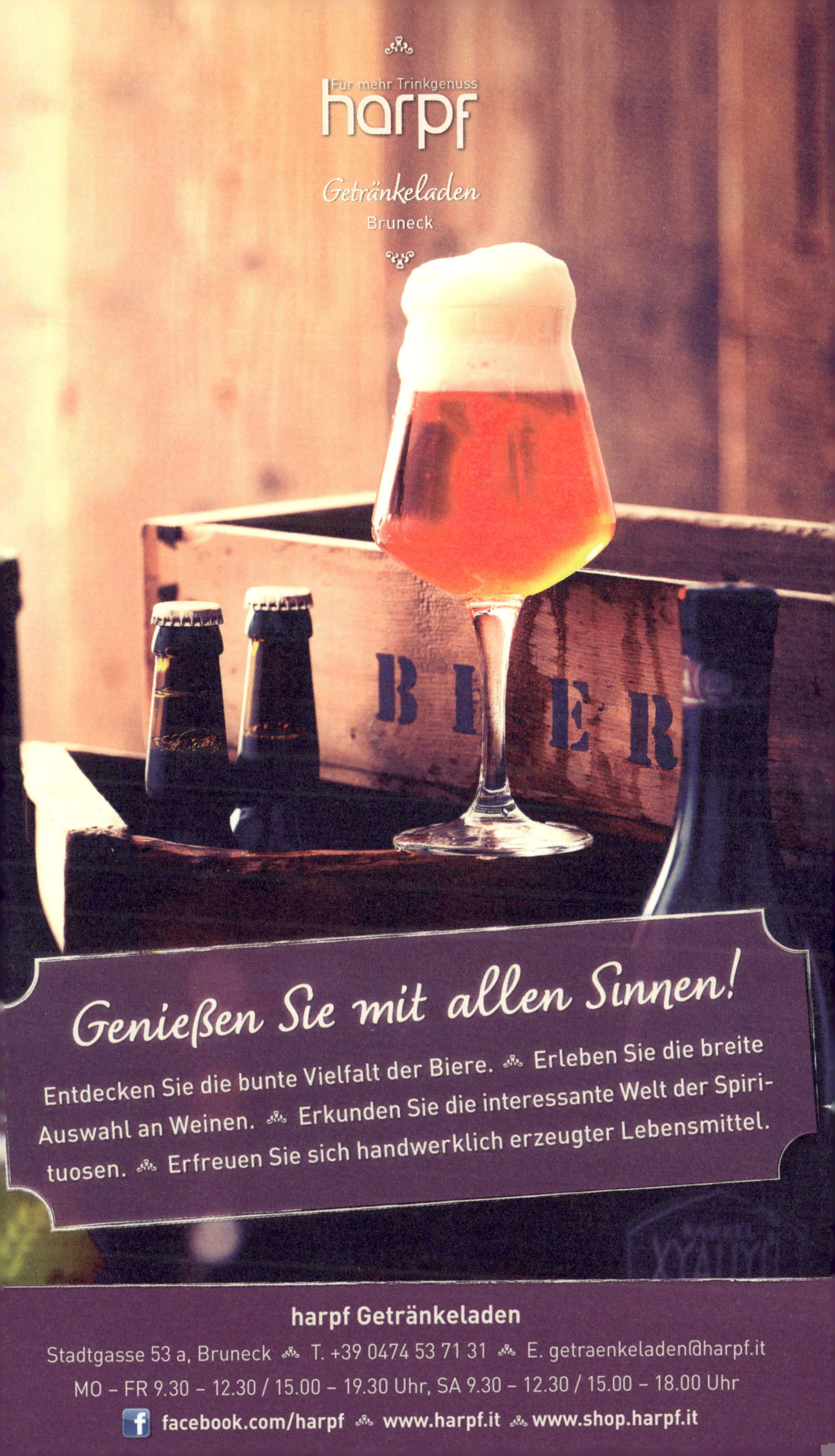
Für mehr Trinkgenuss
harpf
Getränkeladen
Bruneck
BIER
Genießen Sie mit allen Sinnen!
Entdecken Sie die bunte Vielfalt der Biere. Erleben Sie die breite Auswahl an Weinen. Erkunden Sie die interessante Welt der Spirituosen. Erfreuen Sie sich handwerklich erzeugter Lebensmittel.
harpf Getränkeladen
Stadtgasse 53 a, Bruneck T. +39 0474 53 71 31 E. getraenkeladen@harpf.it
MO – FR 9.30 – 12.30 / 15.00 – 19.30 Uhr, SA 9.30 – 12.30 / 15.00 – 18.00 Uhr
facebook.com/harpf www.harpf.it www.shop.harpf.it

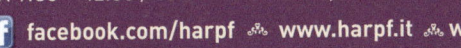

4. Ladinien

Gröden/Gherdëina

Die Geschichte der Grödner Bahn
Gröden

Um im Ersten Weltkrieg den Nachschub für die an der Dolomitenfront liegenden Soldaten zu sichern, die alte Straße von Waidbruck ins Grödner Tal aber nicht mehr ausreichte, beschloss die k.u.k. Heeresleitung den Bau einer Schmalspurbahn von Klausen nach Gröden. Hauptakteure dieser Anlage waren 4.000 russische Kriegsgefangene, die im Sommer 1915 in Gröden angelangt waren: Sie mussten die Straßen erweitern, eine Gondelbahn von Plan auf das Grödner Joch errichten und die Eisenbahn bauen. Die Arbeiten begannen im September 1915, und schon am 8. Februar 1916 fuhr der erste Zug dampfend und schnaufend durch das Tal. 10.000 Männer hatten Tag und Nacht gearbeitet, davon 6.000 Kriegsgefangene, die meisten von ihnen Russen. Sie waren schlecht ernährt und schlecht gekleidet, mussten aber härteste Arbeit verrichten und erregten oft das Mitleid der einheimischen Bevölkerung.

Der Grödner Albert Moroder konnte sich an Russen erinnern, die zu den Bauern betteln kamen: „Da war ein riesengroßer Russe, der kam zu uns in die Stube und erzählte, dass er zu Hause zehn Kinder hatte. ‚Tacoi, tacoi, tacoi' waren seine Worte, wenn er mit einer Hand zeigte, wie groß seine Kinder

Historische Aufnahme der Grödnerbahn

waren. Als meine Mutter ihm ein Stück Brot gab, kniete er vor ihr nieder und küsste ihre Füße. Es waren gutmütige, fromme Männer, arme, hungrige Bauern fern der Heimat."

Der Betrieb der **Grödner Bahn** wurde am 28. Mai 1960 eingestellt. Die Trasse ist teilweise noch vorhanden und wird vorwiegend als Rad- und Wanderweg verwendet. Vereinzelt sind Bahnhöfe und Kunstbauten erhalten. Die letzte Dampflokomotive ist als Denkmal in St. Ulrich zu bewundern. Auf dem Gemeindegebiet von St. Christina wurde auf der Trasse ein Planetenweg angelegt.

Die neunäugigen Fische der Fischburg Wolkenstein

Das Schloss am Waldrand unter dem Langkofel zwischen Wolkenstein und St. Christina fällt durch seine quadratischen Türme auf. Es weist keine Mauern und keine Außenbauten auf und wirkt dadurch nicht wie eine Festung, sondern wie ein Edelsitz – was es in der Tat ist. Es wurde zwischen 1622 und 1641 von Engelhard Dietrich von Wolkenstein-Trostburg errichtet, einem Bruder des Historikers Marx Sittich von Wolkenstein, der hier seiner Leidenschaft für Natur und Naturkunde nachgehen wollte. In mehreren Teichen wurden die unterschiedlichsten Fischarten gezüchtet, weshalb das Bauwerk als Fischburg bekannt ist.

Die Fischburg

Unter den Aufzeichnungen von Engelhard von Wolkenstein wurde folgende Anmerkung gefunden: „Der neunäugige Fisch ist das beschwerliche Ergebnis von vielen Generationen von Kreuzungen. Ein einäugiger Fisch und ein zweiäugiger Fisch bringen dreiäugige Fische hervor. Dreiäugige Fische und zweiäugige Fische bringen fünfäugige Fische hervor. Fünfäugige Fische und die üblichen zweiäugigen Fische bringen siebenäugige Fische hervor. Aber hier beginnt das Rätsel. Neunäugige, siebenäugige, fünfäugige, dreiäugige und ein- oder zweiäugige Fische bringen immer Fische mit nur zwei Augen hervor."

Die **Fischburg** liegt an der Grenze zwischen Wolkenstein und St. Christina und wurde 1863 von Leopold Graf von Wolkenstein-Trostburg der Gemeinde St. Christina zur Einrichtung eines Alters- und Armenhauses geschenkt. Seit 1926 ist die Fischburg in Besitz des venezianischen Barons Carlo Franchetti und für die Öffentlichkeit nicht zugänglich.

Der Pilger und die Hahnenlegende
St. Ulrich

Die Verehrung für den heiligen Jakob von Compostela ist im Alpenraum weit verbreitet, und vielerorts sind Legenden um diesen Heiligen und seine Wundertaten entstanden. Sie werden an der Jakobskirche bei St. Jakob (Sacun) in Gröden dargestellt, aber auch in St. Jakob in Kastellaz bei Tramin. In der in Gröden überlieferten Fassung spielt der Ritter Gebhard von Stetteneck die Hauptrolle. Dieser Herr, der im 13. Jahrhundert lebte, Richter in Gufidaun und Ministeriale des Brixner Hochstifts war, begab sich eines Tages, so wird erzählt, mit seiner Frau und seinem Sohn Jakob auf Pilgerfahrt nach Santiago de Compostela. Unterwegs legten sie einen Halt bei den Herren von Galizien ein. Die Tochter des Hausherrn verliebte sich in Jakob, der sie aber zurückwies. Aus Rache versteckte das junge Mädchen im Gepäck des Jakob von Stetteneck einen wertvollen Kelch. Der Herr von Galizien schöpfte Verdacht und hielt den jungen Stetteneck zurück, während seine Eltern, die sich seiner Unschuld sicher waren, ihre Pilgerreise fortsetzten. Jakob von Stetteneck aber wurde in Galizien zum Tod durch den Strang verurteilt. Doch der heilige Jakobus wirkte Wunder: Der Strang, an dem der junge Adelige hing, riss, ein gebratener Hahn, der dem Herrn von Galizien vorgesetzt worden war, begann zu fliegen und zu krähen. Die Tochter des Herrn von Galizien gestand ihre Missetat, Jakob von Stetteneck verzieh ihr und kehrte nach Gröden zurück, wo er aus Dank für die Rettung die Jakobskirche in Sacun stiftete.

Diese Legende erinnert an vielen Stellen an die „*Legenda Aurea*" des Jakobus de Voragine, in der ein deutscher Adeliger sich 1020 auf Pilgerfahrt nach San-

Die Kirche St. Jakob

tiago de Compostela begibt, in Toulouse einen Halt einlegt, wo sein Sohn …
und so weiter und so fort.

Die **St.-Jakobs-Kirche**, der Überlieferung nach die älteste Kirche des Tales, liegt oberhalb
von St. Ulrich und ist nur zu Fuß zu erreichen. Der Ursprung der St.-Jakobs-Kirche reicht in
das 12. Jahrhundert zurück. Kunsthistorischen Wert besitzen die gotischen Fresken im Presby-
terium aus dem späten 15. Jahrhundert und die Wandgemälde neben der Kanzel aus dem
16. Jahrhundert. Ebenso der reich geschnitzte Hochaltar mit geschwungenen Säulen und ver-
goldeten Figuren von Kirchenfürsten, Aposteln und Engeln aus dem 18. Jahrhundert. Die Kirche kann besichtigt werden. Es werden auch Führungen angeboten. Nähere Informationen
bietet der Tourismusverein St. Ulrich.

Weitere Informationen

Tourismusverein Wolkenstein: Mëisulesstraße 213, 39048 Wolkenstein,
Tel. +39 0471 777900, www.valgardena.it
Tourismusverein St. Ulrich: Reziastraße 1, 39046 St. Ulrich,
Tel. +39 0471 777600, www.valgardena.it

Gadertal/Val Badia

Die Fanes und das Rätsel um ihren Untergang
Gadertal

In den Dolomitensagen spiegelt sich die Erinnerung an uralte geschichtliche Begebenheiten wider, sie erzählen vom unwiderstehlichen Zauber der Berge, die mächtig sind und zugleich sanfte Farben tragen. Es sind poetische Darlegungen zur freien, ungebundenen Interpretation der Landschaft. Die Dolomitensagen werden heutzutage oft touristisch-folkloristisch verbrämt und von den jeweils herrschenden Ideologien beeinflusst und in ihrer Ausdruckskraft abgeschwächt. Man denke dabei nur an die romantischen Ideologien des 19. Jahrhunderts oder an psychologisch-pantheistische Interpretationen des 20. Jahrhunderts. Diese Sagen, in denen von Zwergen und verborgenen Schätzen erzählt wird, von Wasserfeen, Waldgeistern, Hexen und kriegerischen Königinnen, sind meist sehr vielschichtig und lassen sich nicht einfach nach Kategorien ordnen. Sie dringen – was oft schmerzlich ist – in das Schicksal eines Volkes ein, das dazu verurteilt ist, immer besiegt zu werden, das von Feinden überrannt und überwältigt worden ist, aber auf seinen Weidegründen widerstanden hat, auf blühenden Wiesen und hohen Berggipfeln. In den Sagen kommt das verborgene Antlitz der Dolomiten zum Ausdruck, sie erinnern an historische Begebenheiten, die von den Rätern und den keltischen und etruskischen Einflüssen zu den Römern und dem Untergang des römischen Imperiums reichen. Schwindelerregende Visionen, die aus dem „unvergesslichen Meer" auftauchen, das die Geschichte der Dolomiten in sich trägt. Ein tiefes Geheimnis umhüllt das Geschick der Fanes, eines mythischen Volks, das im oberen Gadertal beheimatet war, aber in Wirklichkeit über das weite Gebiet herrschte, das als Ladinien bekannt ist, einen großen Teil der Alpen einnahm und von Graubünden bis zu den „sieben Sümpfen am Ende der Welt" reichte, das heißt, bis zum Meer bei Aquileja. Die Könige, ja die Königinnen der Fanes lebten auf einer Conturines genannten Burg, von der herab sie in Frieden über ihr Volk herrschten. Eines Tages aber heiratete ein kriegerischer, anmaßender König die Königin der Fanes, sodass das uralte Matriarchat zu Ende ging. Das Totemtier der Fanes war das Murmeltier, in dem sich alle Tugenden der Königinnen verkörperten. Der aus der Fremde gekommene König ersetzte das Murmeltier durch den Adler, ein hoch und weit fliegendes Tier, und er besiegelte damit einen anderen Lauf der Geschichte dieses Alpenreichs. Das Fanesreich soll, so wird erzählt, auch zwei Zwillingsprinzessinnen gehabt haben, die wie der Mond glänzende Luianta und die wie die Sonne

Die sagenhafte Landschaft der Fanes

leuchtende Dolasilla. Einer alten Übereinkunft mit den Murmeltieren gemäß wurde Luianta den Verbündeten übergeben. Dolasilla dagegen wurde eine Furcht einflößende Kriegerin, die Seite an Seite mit ihrem Vater kämpfte, das Schlachtfeld mit einer silbernen Rüstung angetan betrat und aus einem ebenfalls silbernen Bogen treffsichere, da verhexte Pfeile auf die Gegner abschoss. Doch alle umliegenden Dörfer lehnten sich, vom hinterlistigen Berggeist Spina de Mul angeführt, gegen die Fanes auf, und Dolasilla wurde besiegt, obwohl sie von ihrem getreuen Knappen Ei de net verteidigt wurde. Die wenigen Überlebenden flüchteten mit der betagten Königinmutter und Luianta in das Innere der Erde, wo sie auf die gelobte Zeit warten, zu der alles so sein soll wie früher einmal. Bei dieser Sage handelt es sich eindeutig um eine poetisch-legendäre Auslegung der Geschichte der Bergvölker, die sich nach der Ankunft fremder Herrscher in ihrem Wesen änderten und neue Sitten und Bräuche übernahmen. Geheimnisvoll ist das Überleben der Ladiner, der dritten Sprachgruppe in Südtirol, die – was auch für ihre Brüder im Fassatal (Trentino) und in Buchenstein und Cortina (Provinz Belluno) gilt – im Gader- und im Grödental bis heute ihre sprachliche Einheit und gemeinsames Brauchtum bewahrt haben.

Die Viles im Gadertal
Gadertal

Über die Berghänge des Gadertals liegen die *viles* verstreut, urtümliche, nicht große Siedlungen, die aus nicht mehr als zehn Bauernhöfen und somit 20 aneinandergedrängten Bauten bestehen. Aus der Ferne wirken einige dieser *viles* wie kleine, uneinnehmbare Festungen. Erst beim Näherkommen erkennt man Feldwege und Durchgänge, Gassen und winzige Plätze, die sich – mit Brunnen, Brotofen und als Wintervorrat aufgeschlichtetem Holz – vor den Häusern und den Heustadeln auftun und auf denen sich das gemeinschaftliche Leben abspielt.

Gadertaler viles

Die Winddeuterin von Schloss Thurn
St. Martin in Thurn

Schloss Thurn galt in vergangenen Zeiten als magischer, ja verzauberter Ort, und die Alten erzählen noch folgende Geschichte: Auf Schloss Thurn lebt eine Frau, die Karten lesen und den Wind deuten kann. Sie spricht nicht, geht nur vorbei und wirft keinen Schatten. Punkt zwölf zeigt sie sich am Fenster, als wolle sie der Welt verkünden, dass die Zeit der Ewigkeit vorüber ist. In der blauen Stunde steigt sie vom Dach auf, schafft Nebel und im Nebel drei Reiter. Das Wildschwein des Morgens, den Pfau der Dämmerung und das weiße Pferd des abnehmenden Monds.

Museum Ladin Ciastel de Tor:
Die Südtiroler Landesverwaltung hat Schloss Thurn im Jahr 1996 erworben, um es in ein Landesmuseum zur Geschichte und zum Brauchtum der ladinischen Bevölkerung zu machen. Denn die Geschichte der Burg, die im 12. Jahrhundert beginnt, verläuft parallel zum Geschick der Ladiner, einer sprachlichen Minderheit, die in Südtirol im Gadertal

Das Museum Ladin Ciastel de Tor

und in Gröden lebt, im Trentino im Fassatal, in der Provinz Belluno in Livinallongo (Buchenstein) und im Gebiet um Cortina. 2001 wurde das Museum eröffnet. Es beschäftigt sich mit Geschichte, Sprache, Kultur, Sagenwelt, Archäologie, Geologie, Tourismus und Handwerk Ladiniens (Torstraße 65, 39030 St. Martin in Thurn, Tel. +39 0474 524020, www.museumladin.it).

Der Heilige Josef Freinademetz
Abtei

Aus den Alpengegenden stammen viele Geistliche, die als Missionare tätig waren. So auch der katholische Ordensmann und Chinamissionar Josef Freinademetz. Er wurde 1852 in Abtei geboren. Im Jahre 1879 erhielt er das Missionskreuz und machte sich auf dem Seeweg nach China, wo er bis zu seinem Tode 1908 wirkte. Josef Freinademetz erlebte den berühmten Boxeraufstand gegen Ausländer und auch gegen die katholische Mission in China im Juni 1900 mit. Viele Christen wurden ihrer Habe beraubt und ermordet. Pater Freinademetz aber blieb auf seiner Missionsstation: „Ich war des Märtyrertods nicht würdig wie viele andere", bemerkt er. „Es wurden vier Bischöfe, rund 40 Missionare und an die 20 bis 30 Tausend Christen getötet."
Am 19. Oktober 1975 wurde Josef Freinademetz durch Papst Paul VI. seliggesprochen. Als Grund wurde angeführt, dass er während seiner Missionstätigkeit in China „große Liebe und Opfergeist" an den Tag gelegt und sich „in Schwierigkeiten und Problemen als christliche Festung" erwiesen hatte. Das für die spätere Heiligsprechung von Josef Freinademetz erforderliche Wunder war die Heilung eines 24-jährigen Japaners namens Yun Yumada, der am 16. Februar 1987 mit verschiedenen Beschwerden ins Krankenhaus Nagoya (Japan) eingeliefert wurde. Diagnose: akute Leukämie. Als sich der Zustand des jungen Mannes erheblich verschlechtert hatte, rief ein Geistlicher der

Die Wallfahrtskirche Heilig Kreuz bei Abtei

Gesellschaft des Göttlichen Wortes am 13. März den Seligen Josef Freinademetz an und bat ihn, den Kranken zu heilen. Am 19. März begann sich der Zustand des jungen Mannes zu bessern, und am 10. April war die Leukämie völlig ausgeheilt. Angesichts dieser Wunderheilung leitete die Kurie Nagoya eine bischöfliche Untersuchung ein, und in der Folge wurde – wie es die Praxis vorschreibt – ein vollständiger Bericht über diese Wunderheilung durch Fürbitte des Seligen Freinademetz an Papst Johannes Paul II. weitergeleitet, der die Abstimmung der *Congregatio de Causis Sanctorum* bestätigte und veröffentlichen ließ. Nach dieser „Überprüfung" wurde Josef Freinademetz am 5. Oktober 2003 in Rom von Papst Johannes Paul II. heiliggesprochen.

Ebenfalls aus dem Gadertal und als Missionare tätig wie Josef Freinademetz waren der Kapuzinerpater Ilarione Valentin, der zwischen 1890 und 1913 Apostolischer Präfekt in Indien war, und Pater Girardi, der Biograf des heiligen Josef Freinademetz.

Abtei, der Geburtsort von Josef Freinademetz, liegt am Fuß des Sas dla Cruz, wie die Ladiner den Heiligkreuzkofel nennen. Auf diesem Berg erhebt sich die Wallfahrtskirche Heilig Kreuz, eine Symbolstätte der tiefen Religiosität der Einheimischen. In dieser Bergkirche wird die Kirchenfahne aufbewahrt, die bei der Ladinerwallfahrt zum Kloster Säben (siehe Klausen) mitgenommen wird.

Das Geburtshaus von Josef Freinademetz in Oies

Auf dem Kreuzkofel spielte sich auch eine Heldentat ab, die in die ladinische Sagenwelt eingegangen ist: Der Ritter Brack, genannt der *„Gran Bracun"*, tötete hier einen bösen Drachen, der die einheimische Bevölkerung in Angst und Schrecken versetzt hatte.

Das **Geburtshaus des Heiligen Josef Freinademetz** liegt auf 1.500 Metern Meereshöhe im kleinen Weiler Oies, den man sowohl zu Fuß als auch mit dem Auto einfach von Abtei aus erreichen kann. Seit dem Tod des Heiligen, vor allem aber nach seiner Selig- und Heiligsprechung kommen jährlich Tausende Pilger zu seinem Geburtshaus, das eigens für sie eingerichtet wurde, um dort zu beten und um Beistand zu bitten.

Die auf 2.045 Metern Meereshöhe bei Abtei gelegene **Wallfahrtskirche Heilig Kreuz** ist bereits seit Langem ein bekannter Wallfahrtsort. Sie wurde im Jahr 1484 geweiht und im 17. und 18. Jahrhundert unter anderem um eine Gaststätte erweitert, die auch heute noch geöffnet ist. Die Gemeinde Abtei organisiert jährlich sechs Mal eine Prozession zur Kirche.

Weitere Informationen

Tourismusverein St. Martin in Thurn: Torstraße 18c, 39030 St. Martin in Thurn, Tel. +39 0474 523175, www.sanmartin.it

Tourismusverband Alta Badia: Col-Alt-Straße 36, 39033 Corvara, Tel. +39 0471 836176, www.altabadia.org

Tourismusverein Abtei: Colzstraße 75, 39036 Abtei, Tel. +39 0471 847037

5. Von Brixen nach Bozen: Unteres Eisacktal

Feldthurns

Der Hirschgarten des Schlosses Feldthurns

Schloss Velthurns, das bis 1803 als Sommersitz der Brixner Bischöfe, besonders von Johann Thomas Spaur, diente, war für seinen sogenannten Hirschgarten bekannt. Zu dieser Anlage gehörten einem Lustschloss ähnlich auch eine riesige, von Kardinal Andreas von Österreich (1558–1600) angelegte und mit einem Zaun aus Messingdraht umspannte Voliere für Vögel aller Art und ein wunderschöner Fischteich.

Die Innenausstattung aus der Renaissance mit Täfelungen, Einlegearbeiten, geschnitzten Portalen, Öfen und Fresken gilt als besondere Sehenswürdigkeit von **Schloss Velthurns**, ebenso wie eine archäologische Sammlung und die Sammlung Südtiroler Kunstwerke des 15. bis 20. Jahrhunderts. Letztere wurde in der Zwischenkriegszeit vom staatlichen Denkmalamt beschlagnahmt oder gekauft und 1990 dem Land Südtirol zurückgegeben. Ebenfalls auf Schloss Velthurns, nämlich im sogenannten Schreiberhaus, befindet sich das Heimatmuseum Feldthurns mit einer Sammlung bäuerlicher und handwerklicher Gebrauchsgegenstände (Dorf 1, Feldthurns, Tel. +39 0472 855525, Besichtigung nur mit Führung).

Weitere Informationen

Tourismusverein Feldthurns: Simon-Rieder-Platz 2, 39040 Feldthurns, Tel. +39 0472 855290, www.feldthurns.info

Schloss Velthurns

Villnößtal

Die Teiser Kugeln
Teis

Bei den Teiser Kugeln handelt es sich um Geoden und Achatmandeln, die einen Durchmesser bis zu 20 Zentimeter erreichen können. Diese Kristalle sind in ein Muttergestein aus Porphyr und Tuff eingebettet, das sie mit einer rötlichen Kruste umschließt. Es können bis zu sieben verschiedene Mineralien in einer Teiser Kugel vorkommen. Das ist weltweit einzigartig. Es sind vor allem Quarze, Kalzite, Datolithe, aber auch kostbare Prehnitkristalle und Amethysten. Diese Kristalle bilden sich in den Drusen genannten Hohlräumen, die durch vulkanische Prozesse entstanden sind: dies die wissenschaftliche Erklärung dieser Kristallgeheimnisse, die von der volkstümlichen Überlieferung anders interpretiert werden. Es soll sich um die Eier einer magischen Schlange handeln, die einst in diesem Gebiet lebte. Und dem Finder dieser Eier wird ein langes, glückliches Leben prophezeit.

Teiser Kugel

Das **Mineralienmuseum Teis** zeigt die Sammlung von Geoden und Achatmandeln des Villnösser Sammlers Paul Fischnaller. Daneben beinhaltet die Ausstellung auch Mineralienfunde aus anderen alpinen Regionen, in denen der Mineraliensammler schürfte, so zum Beispiel aus der Schweiz, dem Aostatal und dem Mont-Blanc-Gebiet sowie aus Idar-Oberstein in Rheinland-Pfalz (Vereinshaus 16, 39040 Villnöß, Tel. +39 0472 844522, www.mineralienmuseum-teis.it).

Der Ranuihof und die Geschichte der Jagd
St. Magdalena

Der im hinteren Villnößtal gelegene Ranuihof ist ein magischer Ort. Der schon 1370 als „Rumenuye" erwähnte Ansitz wurde zwischen 1665 und 1774 vom Adeligen Joseph Anton Jenner zu einem Jagdschlösschen ausgebaut und mit Wandmalereien versehen, zu denen auch originelle Jagdszenen in barockem Stil gehören. Neben Tieren, die in den Villnösser Wäldern lebten, sind hier auch Löwen und Leoparden zu sehen. Die recht getreue Wiedergabe dieser Bestien zeigt, dass der Maler zur Dokumentation damalige Schriften und Stiche herangezogen hatte.

Das Kirchlein St. Johann in Ranui

Geheimnisvoll sind dagegen die Bestimmungen, die in vergangenen Zeiten die Jagd reglementierten und die sich teilweise noch bis auf den heutigen Tag erhalten haben. In der Vergangenheit war die Jagd den Adeligen vorbehalten (was unter den Merowingern sowie den Karolingern wohlbekannt war), und sie wurde in wilden und waldigen Gegenden abgehalten, wo die Herren ein Jagdschloss besaßen. Die Salierkaiser verbrachten in diesen Jagdresidenzen mindestens vier Monate im Jahr, und Gleiches galt bis zum Ende des Mittelalters auch für alle anderen hohen wie niedrigen Adeligen. Sogar hohe Geistliche, Bischöfe, Äbte und Pröpste, denen auf der Synode von Agde (Südfrankreich) im Jahr 506 die Jagd untersagt worden war, gaben sich über das ganze Mittelalter hinweg diesem „Sport" hin – was den immer neuen Verboten zu entnehmen ist. Auf dem Konzil von Montpellier im Jahr 1215 wurde den geistlichen Würdenträgern verboten, „Falken auf ihren Armen zu tragen" und sich der Jagd mit Falken zu widmen, während die „lärmende Jagd" mit Hundemeuten und Jagdhörnern erlaubt war. Jahrhundertelang mussten die Bauern den jagenden Landesherren das Jagdzeug herrichten, Wagen und Pferde stellen, als Treiber und Boten fungieren; vor allem aber hatten sie die Pflicht, die Jäger zu ernähren, „Jägerablage" oder „Jägeratzung" hieß dieser Service in Deutschland, *gistum canum, brenagium* und *branaticum* in lateinischen Jagdordnungen in Frankreich, *psare* und *psiarski* in Polen. Erste Hinweise auf die Pflicht, den Jägern Unterkunft zu gewähren, finden sich in dem von Karl dem

Großen erlassenen Edikt „*Capitulare de villis*", der Landgüterverordnung zur Verwaltung der Krongüter und zur Reformierung und Vereinheitlichung der Landwirtschaft. Interessant sind in dieser Verordnung auch einige Aussagen zur Forstorganisation und zum Forstrecht. Die königlichen Amtmänner, an die diese Verordnung gerichtet ist, sind verpflichtet, den Wildbestand in den Wäldern gut zu hegen und Jagdfalken und Sperber abzurichten. Erst sehr viel später wurde die Jagd auch zu einem Zeitvertreib für Bauern und andere Nichtadelige, die während der Bauernkriege das Jagdrecht auch in den „Wäldern der Landesherren" an sich brachten. Die Literatur ist reich an volkstümlichen Gestalten, die von Robin Hood bis zu Jagdfrevlern reichen. Das Jagdrecht unterstand und untersteht auch heute noch strengen Verordnungen, die für das Wild sowie für die Jäger gelten. Voraussetzung zur Ausübung der Jagd ist der Jagdschein, und heutzutage bestehen sehr viele Bestimmungen, die das Erlegen und den Schutz des Wilds reglementieren und die Einrichtung von Naturschutzgebieten zum Schutz und zur Pflege der Tier- und Pflanzenwelt festsetzen.

Ansitz Ranuihof: Heutzutage bietet der Ranuihof Urlaub auf dem Bauernhof an. Sehenswert ist auch das Kirchlein ganz in der Nähe des Ansitzes, St. Johann in Ranui, das mit sehr schönen Malereien außen und einem barocken Altar im Inneren geschmückt ist.

Die Riesen von Pitscheföört
St. Magdalena

Über dem Pitscheföört-Gebiet, auf einem Berg oberhalb von St. Magdalena in Villnöß, lebten auf einem großen Hochplateau einst Riesen ohne Köpfe. Der größte von ihnen hatte nicht nur einen, sondern gleich drei Köpfe und dazu Augen, die so groß wie Mühlenräder waren. Er konnte das Wetter immer mit allergrößter Genauigkeit voraussagen, und in jedem Frühjahr kam er vom Hügel herab und rief den Bauern zu: „Jetzt ist Zeit zum Pflügen!"

Was immer auch geschehen sein mochte – in einem Jahr zeigte er sich nicht, und nach langem Warten begannen die Bauern zu pflügen und zu säen. Als der Riese schließlich herabkam und sah, dass die Bauern die Feldarbeiten schon erledigt hatten, wurde er sehr zornig und rief aus, dass er sich nie mehr sehen lassen würde. In der Tat verschwand er auf Nimmerwiedersehen, und in dem Jahr reifte nicht eine einzige Ähre.

Weitere Informationen
Tourismusverein Villnösser Tal: St. Peter 11, 39040 Villnösser Tal, Tel. +39 0472 840180, www.villnoess.com

Klausen

Walther und der Vogelweider-Hof
Lajen

Walther von der Vogelweide (um 1170 – um 1230) gilt als bedeutendster deutschsprachiger Lyriker des Mittelalters, und einige Germanisten vertreten die Ansicht, dass er aus Südtirol stammen könnte. Im Jahr 1876 wurde in Lajen eine Urkunde mit der Erwähnung eines Vogelweider-Hofs im Lajener Ried entdeckt. Mehrere deutsche und österreichische Schriftsteller bildeten daraufhin in Klausen zur Verbreitung der waltherschen Dichtung einen Literatenkreis, dem sich in der Folge auch Künstler aus anderen Disziplinen anschlossen. So wurde Klausen zwischen 1880 und 1914 zum Aufenthaltsort von mehr als 70 Dichtern und Künstlern, die der Stadt zu kulturellem Aufschwung und den Gasthäusern zu touristischem Zustrom verhalfen. Im Mittelpunkt ihrer Debatten und Diskussionen stand schon damals die Frage nach der Herkunft Walthers von der Vogelweide, der von Bozen als größter einheimischer Dichter verherrlicht wird. Auf dem Hauptplatz von Bozen, dem heutigen Waltherplatz, steht eine entsprechende, 1889 von Heinrich Natter geschaffene Marmorstatue.

Doch das Rätsel um die Herkunft Walthers hat bis heute nicht gelöst werden können. Mehrere Orte erheben den Anspruch, die Heimat des bedeutenden Minnesängers zu sein, wie zum Beispiel Frankfurt am Main, Feuchtwangen, Würzburg und Dux (Böhmen). Mehrere Fürsprecher einer Südtiroler Herkunft des Lyrikers führen einen Hof bei Waidbruck als mögliche Geburtsstätte an, Franz Pfeiffer vermutet seine Heimat in der Nähe von Sterzing, während Zingerle und Friedmann die Ansicht vertreten, dass Walther vom Vogelweider-Hof in Lajen stammt, wo im Jahr 1887 eine Gedenktafel angebracht wurde.

Dem um 1170 vielleicht in Tirol geborenen Walther wurde eine ritterliche Erziehung zuteil. Er lebte zuerst am Hof des Babenberger Herzogs Friedrich IV. von Österreich in Wien, anschließend beim staufischen Thronkandidaten Philipp von Schwaben, um 1202 wieder nach Wien zurückzukehren; einiges ist auch über seinen Aufenthalt am Hof von Landgraf Hermann von Thüringen bekannt. Als Philipp am 4. Oktober 1209 ermordet und der Welfe Otto von Braunschweig als Otto IV. zum Kaiser gekrönt wurde, ließ Walther sich die Gelegenheit zur dichterischen „Beweihräucherung" nicht entgehen. Als Ottos Gegner, der Staufer Friedrich II., am 9. Dezember 1212 in Mainz zum Kaiser gekrönt wurde, nahm Walther für den neuen Herrscher Partei, griff

Friedrichs Widersacher, Papst Innozenz III., heftig an und befürwortete den Kreuzzug des Jahres 1228. Vom Stauferkaiser bekam er ein Lehen in der Nähe von Würzburg, dem er, nunmehr alt und müde, bis zu seinem Tode verbunden blieb. Er starb wahrscheinlich um 1229–1230, als Kaiser Friedrich II., wiewohl vom Hass Gregors IX. verfolgt, die Stadt Jerusalem an sich brachte. In einem alten Manuskript findet sich der Hinweis, dass Walther in einem Würzburger Kloster begraben wurde: „Herr Walther von der Vogelweide begraben zu den Nuswenmunster in dem grasehove". In der Lebensgeschichte Walthers vermischen sich Legenden und wissenschaft-

Walther von der Vogelweide

liche Recherchen zu den möglichen Herkunftsorten des Minnesängers. Einer dieser rätselhaften 20 Orte soll Lajen sein. Johann Haller, der damalige Pfarrer von Lajen und spätere Salzburger Fürstbischof, soll 1876 einen Artikel veröffentlicht haben, in dem er darauf hinwies, dass im Gebiet um Lajen gleich zwei Vogelweider-Höfe lagen – was er als Beweis für die Südtiroler Abstammung Walthers ansah. Aber die Frage ist bis heute noch offen.

Der **Vogelweider-Hof in Lajen** ist angeblich das Geburtshaus des Minnesängers Walther von der Vogelweide. Besichtigung nur nach Voranmeldung: Familie Mair, Tel. +39 0471 655712 oder im Tourismusverein Lajen.

Tirols Akropolis
Klausen

Der Klosterkomplex Säben, der hoch über dem Eisacktal aufragt, wird auch „Akropolis von Tirol" genannt: Der Name spielt auf die Lage des Klosters an, das einer uneinnehmbaren Festung gleicht, aber auch auf die verschiedenen Bauwerke, die im Laufe der Jahrhunderte auf diesem Felsen entstanden sind. Heute drängen sich auf dem Felsenhügel das Benediktinerinnenkloster mit der Klosterkirche, die Heiligkreuzkirche und der Kassiansturm mit Kapelle zusammen, während auf halber Höhe die Liebfrauenkirche und die Marienkirche liegen. Vom 6. Jahrhundert an war Säben Bischofssitz, aber auf dem Felsenhügel traten bei Ausgrabungen Funde aus der frühen Bronzezeit zutage. Von der zweiten Hälfte des 8. Jahrhunderts an finden sich in den Urkunden ununterbrochen Hinweise auf die Diözese Säben, die auf Verlangen von Karl

Blick auf Klausen mit Kloster Säben, Ende 19. Jahrhundert

dem Großen vom Patriarchat Aquileja getrennt und der Erzdiözese Salzburg zugeordnet wurde. Die Säbener Bischöfe hatten auch die weltliche Macht in ihrer Diözese, die von Klausen, an der Grenze zum Bistum Trient, bis an den Inn reichte und somit dem Kaiser einen sicheren Weg durch das Tiroler Gebiet und über den Brenner garantieren konnte. Einer Überlieferung zufolge sollen während des Zweiten Weltkriegs auf Säben auch mehrere Soldaten angelangt sein, die den Nonnen Gewalt antun wollten. Um nicht missbraucht zu werden, sollen mehrere Nonnen sich vom Felsen in die Tiefe gestürzt haben. Wahrheit oder Erfindung? Es ist ein Rätsel geblieben.

Das Kloster Säben ist bis heute auch als Ziel einer Wallfahrt bekannt, die alle drei Jahre stattfindet und aus dem ladinischen Gadertal bis auf den Felsen führt: zu Fuß anderthalb Tage aus dem Gadertal nach Säben, dann weitere anderthalb Tage von Säben ins Gadertal zurück. Die Pilger treten die Wallfahrt getrennt aus den Dörfern des oberen und des unteren Gadertals an, um sich dann in St. Magdalena Villnöß zu treffen. Unterwegs schließen sich immer wieder neue Pilgergruppen an, jede von einem Kruzifix angeführt: Es wird Ladinisch, Deutsch und Italienisch gebetet. Bei ihrer Ankunft in Klausen werden die Wallfahrer von Glockengeläut empfangen, bevor sie auf dem alten Kreuzweg zum Kloster Säben ansteigen. Die Äbtissin, die an diesem Tag die Klausur verlässt, empfängt die Pilger und übergibt ihnen Blumensträuße, mit denen die Kreuze für den Rückweg geschmückt werden. Diese Wallfahrt dauert seit 500 Jahren an.

Kloster Säben ist heute noch von Nonnen bewohnt und daher für Besucher nicht zugänglich. Wohl aber sind die Liebfrauenkirche, die Klosterkirche und die Heiligkreuzkirche öffentlich zugänglich. Von Klausen ausgehend, gelangt man entweder auf der **Säbener Promenade** (ungefähr 45 Gehminuten) oder auf dem **Kreuzweg** (ungefähr 30 Gehminuten) zum Klosterkomplex (Säbener Aufgang, 39043 Klausen, Tel. +39 0472 847587). Den Weg säumen das **Schloss Branzoll** (privat, nicht zugänglich) sowie die **Gnadenkapelle**, ein Marienwallfahrtsort, welcher täglich besichtigt werden kann. Für kunsthistorisch Interessierte bietet der Tourismusverein Klausen Führungen an.

Der Loretoschatz
Klausen

In der Nähe des Kapuzinerklosters befindet sich das Geburtshaus von Pater Gabriel Pontifeser (1653–1706), dem Beichtvater von Königin Maria Anna von Spanien (1667–1740). Die Königin hatte es zusammen mit dem umliegenden Park erworben, um die Loretokapelle zu erbauen. Der hier aufbewahrte Loretoschatz besteht aus prachtvollen kirchlichen Gewändern, die im 16. und 17. Jahrhundert von italienischen und spanischen Künstlern und Handwerkern angefertigt worden sind. Ein besonders wertvolles Stück dieser Sammlung ist ein Feldaltar, der Maria Annas Gemahl, König Karl II. von Spanien, gehörte.

Stadtmuseum Klausen: Der berühmte Loretoschatz bildet den bedeutendsten Teil des Stadtmuseums, welches im Juni 1992 wieder eröffnet wurde. Daneben gibt das Museum Einblick in die kunsthistorische Entwicklung vom 15. bis zum 19. Jahrhundert sowie zum Themenbereich Kunst und Künstler in und um Klausen (Auf der Frag 1, 39043 Klausen, Tel. +39 0472 846148, www.museen-suedtirol.it).

Der Loretoschatz

Weitere Informationen
Tourismusverein Klausen: Marktplatz 1, 39043 Klausen, Tel. +39 0472 847424, www.klausen.it
Tourismusverein Lajen: Walther-von-der-Vogelweide-Straße 30b, 39040 Lajen, Tel. +39 0471 655633, www.lajen.info

Villanders

Grabkreuze am Fußende
Villanders

Auf dem Friedhof in Villanders sind kunstvolle schmiedeeiserne Grabkreuze zu sehen. Eine Besonderheit aber ist die Tatsache, dass die Toten mit nach Südwesten gerichtetem Kopf begraben werden und sich die Grabkreuze nicht an der Kopfseite, sondern am Fußende des Sargs befinden.

Wegen der besonderen Gräber, die nicht nur alle schmiedeeiserne Grabkreuze, sondern auch dieselbe Größe besitzen, ist der Friedhof der **Pfarrkirche St. Stephan** einen Besuch wert. Die ungewöhnliche Ausrichtung der Gräber könnte auf eine alte Bestattungsform zurückgehen.

Weitere Informationen

Infobüro Villanders: Franz-von-Defregger-Gasse 6, 39040 Villanders, Tel. +39 0472 843121, www.villanders.info

Barbian

Reste der römischen Kaiserstraße
Saubach

Als sich in vergangenen Zeiten in den Tälern große Sümpfe ausdehnten, führten die Fernstraßen über die Berghänge. In Saubach in der Gemeinde Barbian hat sich in der Nähe der Kirche St. Ingenuin und Albuin noch ein Stück einer alten, von hohen Steinmauern eingeschlossenen Straße erhalten: Es war die Kaiserstraße, die Bozen über das Rittner Plateau mit Kollmann verband. Dieser schon zu vorgeschichtlicher Zeit begangene Weg wurde bis zur römischen Kaiserzeit benutzt, um dann im Mittelalter wieder in Mode zu kommen: als „Krönungsstraße", auf der sich die Kaiser zur Krönung durch den Papst nach Rom und anschließend wieder zurück in ihre deutschen Besitzungen begaben. An der Straße, die mit der Anlage des Kuntersswegs an Bedeutung verlor, wurden nach 1220 in Lengmoos am Rittner Plateau ein Hospiz und eine Kommende des Deutschen Ordens gegründet. Das noch heute bestehende Bauwerk trägt die Geschichte und das Geheimnis der Deutschen Ordensritter in sich, die der im Jahr 1307 vom französischen König Philipp IV. gegen die Tempelritter eingeleiteten Verhaftungswelle entgehen konnten.

Kirche St. Ingenuin und Albuin: Die Dorfkirche von Saubach wurde 1398 zum ersten Mal in einer Urkunde erwähnt. Die Wahl der Patrone jedoch lässt auf ein höheres Alter schließen. Die heutige gotische Kirche wurde im 15. Jahrhundert erbaut. Der Schlüssel für die Kirche kann nebenan beim Gasserhof ausgeliehen werden, Tel. +39 0471 654166.

Saubach bei Barbian

Der Deutschritterorden in Tirol

Während der Kreuzzüge kam es im christlichen Abendland zur Gründung von geistlichen Ritterorden, deren Geschichte schon in mittelalterliche Chroniken einging, während die teils geheimnisvollen Riten und Begebnisse dieser Ordensgemeinschaften im Laufe der Jahrhunderte den Stoff zu abenteuerlichen Romanen lieferten. Einer der bekanntesten geistlichen Ritterorden war der Tempelorden, der am 22. März 1312 mit der von Clemens V. auf dem Konzil von Vienne vorgelegten Bulle *„Vox in excelso"* aufgehoben wurde, während der Großmeister Jacques de Molay am 18. März 1314 in Paris auf dem Scheiterhaufen starb.

Nicht weniger bedeutungsvoll war, zumindest für die Tiroler Geschichte, der Deutschherrenorden *Ordo fratrum domus Sanctae Mariae Teutonicorum Ierosolimitanorum*, der 1190 während des dritten Kreuzzugs, der unter Führung des englischen Königs Richard Löwenherz stand, bei der Belagerung der Stadt Akkon im Heiligen Land gegründet wurde. Angesichts der vielen Toten und Verletzten, die es bei der Belagerung gegeben hatte, gründeten deutsche Kreuzfahrer unter dem Segel einer Kogge ein Feldspital. Dieses wurde nach dem Ende der Belagerung in die Stadt verlegt und als St.-Marien-Hospital der Deutschen zu Jerusalem von dort dienenden Brüdern betreut und von deutschen Rittern verteidigt: Der Deutsche Orden, auch Deutschherren- oder Deutschritterorden benannt, war entstanden. In Jerusalem bestanden zu dieser Zeit schon der Johanniterorden und der Tempelorden. Papst Cölestin III. erhob die Spitalgemeinschaft zu einem eigenständigen geistlichen Ritterorden, dem Papst Innozenz III. im Jahr 1191 mit einer eigenen Bulle das Wappen mit dem schwarzen Kreuz auf weißem Feld verlieh.

Als Jerusalem im Jahr 1192 vom Sultan Saladin zurückerobert wurde, verließen die Deutschen Ordensritter das Heilige Land.

Als Vermittler zwischen Kaiser und Papst verbreitete sich der Orden immer stärker in Europa. Er bestand aus Ritter- und Priesterbrüdern, die sich der Armenfürsorge und der Krankenpflege widmeten. Der Orden legte seine Kommenden vor allem an den Reichsgrenzen an, wo sie bei Kriegen und im Sanitätswesen Hilfe leisteten. Der Hochmeister verlegte seine Residenz aus Venedig in die Marienburg an der Nogat in Preußen (heute Polen), das somit das Haupthaus des Ordensstaates war. Die dem Orden gehörigen Burgen und Kommenden boten den aus Jerusalem zurückkehrenden Kreuzrittern Schutz und Obdach. Zur Reformationszeit wurde der Orden trikonfessionell organisiert und besaß katholische, lutherische und reformierte Balleien. Infolge der Französischen Revolution und der Säkularisation verlor der Deutsche Orden die meisten seiner Besitztümer. Er wurde 1809 von Napoleon aufgelöst, 1834 aber vom Habsburgerkaiser Franz I. in seinen Rechten bestätigt. Balleien bestanden aber nur noch in Österreich, Böhmen, Mähren und Tirol.

Hauptsitz des Ordens, dem 100 Priester, 200 Schwestern und 700 Familiare angehören und der 50 Pfarren, 17 Schulen und neun Krankenhäuser besitzt, ist heute Wien, während er sich in Utrecht als protestantische Adelskongregation erhalten hat.

In Südtirol besaß der Deutsche Orden eigene Kommenden in Sterzing und Siebeneich, auf dem Ritten, in Schlanders, Bozen und Lana, wo sich heute das Priorat für die Ordensprovinz Südtirol befindet.

Straßenbau und Mord im Mittelalter
Kollmann

In den Bozner Chroniken ist zu lesen, dass der Bozner Bürger Heinrich Kunter im Jahr 1314 die Genehmigung erhielt, einen Weg durch die enge, düstere Eisackschlucht anzulegen. Dieser nach seinem Erbauer benannte Kuntersweg wurde um 1480 durch Sprengungen so ausgebaut, dass er auch von Fuhrwerken befahren werden konnte.

Bis zur Anlage des Kunterswegs führte der Verkehrsweg vom Brenner nach Bozen über den Ritten, da die düstere Porphyrschlucht nicht gangbar war. Die Reisenden mussten sie auf der Straße über den Ritten umgehen und hatten dabei beachtliche Höhenunterschiede zu überwinden: 900 Höhenmeter im Anstieg von Bozen bis Lengmoos (1.164 Meter) und dann wieder fast 700 Höhenmeter abwärts vom Ritten bis Kollmann (490 Meter). Am 22. September 1314 bekamen der Bozner Heinrich Kunter und dessen Frau Kathrein vom Landesfürsten Heinrich von Tirol die Erlaubnis, einen Saumweg durch die Eisackschlucht bis Kollmann anzulegen, hier Zoll zu erheben und auch zwei „Tafernen" zu eröffnen.

Heinrich Kunter selbst konnte sich nur wenige Jahre an diesem Weg und den Einkünften erfreuen: Er starb auf rätselhafte Weise schon im Oktober 1317, und im Volk wurde gemunkelt, dass Kathrein selbst ihren Mann umgebracht habe, da er zu schwach und nachgiebig war, um ein solches Unternehmen voranzutreiben. In der Geschichte gibt es im Übrigen etliche Beispiele dafür, dass vor allem geschickte und geschäftstüchtige Frauen bezichtigt wurden, ihre Ehegatten getötet zu haben.

Alle Rechte am Kuntersweg gingen am 25. November 1317 auf landesfürstlichen Entscheid an Kunters Witwe Kathrein über, eine clevere Unternehmerin, die kommerzielle Beziehungen zu den bedeutendsten Kaufleuten ihrer Zeit, die auf dieser Nord-Süd-Route agierten, unterhielt. Sie organisierte sogar den Salzhandel von Hall nach Norditalien, und auch andere wertvolle Güter wie Seide, Gewürze, Silber, Pech und Kalk wurden auf dem Kuntersweg durch die Eisackschlucht befördert, teils auf Lasttieren und teils auf Karren. Der Kuntersweg behielt seine Bedeutung bis zum Bau der Brennerbahn bei. Vor mehreren Jahren hat die Gemeinde Karneid den Kuntersweg instand gesetzt und zu einem fünf Kilometer langen Wanderweg ausgebaut.

Um 1482 errichtete Erzherzog Sigismund das gotische **Schloss Friedburg** an jener Stelle, an welcher sich früher die Kaiserstraße und der Kuntersweg kreuzten. Bis 1829 diente die Friedburg als Zollstation. Johann Wolfgang von Goethe wurde bei seiner Italienreise vom Zollinhaber persönlich bewirtet. Heute ist die Friedburg ein Gastbetrieb (Kuntersweg 6, 39040 Kollmann, Tel. +39 0471 654364, www.friedburg.it).

Mit Freud auf Urlaub
Dreikirchen

Einer der malerischsten Orte im Gemeindegebiet von Barbian ist die Siedlung Dreikirchen, die sich an der Stelle einer vorgeschichtlichen Kultstätte erhebt und ein Badgasthaus besitzt, dessen Geschichte weit in die Vergangenheit zurückreicht. Der ursprüngliche Ortsname „Wald" wurde nach dem Bau von drei Kirchen am alten Höhenweg, der Bozen über die Rittner Hochebene mit Velthurns, Vahrn und Brixen verband, durch den heutigen Namen ersetzt. Die drei Kirchen wurden zu unterschiedlichen Zeiten von drei Einsiedlern errichtet: St. Gertraud im Jahr 1237, St. Nikolaus 1315 und St. Magdalena 1500. Neben den drei Kirchen liegt das Badgasthaus, in dem sich berühmte Persönlichkeiten wie der deutsche Dichter Christian Morgenstern, der hier 1908 weilte, oder der Begründer der Psychoanalyse Sigmund Freud aufhielten.
In Dreikirchen liegen auch zwei interessante, vom Architekten Lois Welzenbacher entworfene Bauwerke aus den Zwanzigerjahren, die Villa Sartori und die Villa Baldauf, in denen sich der modernistische und der traditionelle Tiroler Stil harmonisch miteinander verbinden.

Dreikirchen

Der Weiler **Bad Dreikirchen** ist nur zu Fuß erreichbar. Das Besondere an den drei kleinen, ineinander verschachtelten Kirchen sind die gotischen Flügelaltäre und reichen Fresken der spätmittelalterlichen Brixner Schule. Den Schlüssel gibt es beim Gasthaus Messner gleich nebenan, Führungen nur nach Voranmeldung (Tel. +39 0471 650059).

Weitere Informationen

Infobüro Barbian: Dorf 10, 39040 Barbian, Tel. +39 0471 654411, www.barbian.it

Schlerngebiet

Oswald von Wolkenstein und Antermoia
Waidbruck

Die Trostburg und die mächtige Adelsfamilie
Wolkenstein sind in viele Sagen und Erzählungen eingegangen. Den meisten Ruhm hat dieser
Burg aber der Sänger, Dichter und Komponist
Oswald von Wolkenstein (um 1377–1445) ein-
gebracht, der hier geboren wurde und seine ersten Lebensjahre verbrachte. Im Alter von zehn
Jahren verließ er sein Elternhaus, um bei einem
adligen Herrn als Knappe zu dienen und, wahrscheinlich im Gefolge eines fahrenden Ritters,
die Welt zu bereisen („Es fügt sich, do ich was
von zehen jaren alt, / ich wolt besehen, wie die
werlt wer gestalt"), von Europa über die Türkei
bis in den Nahen Osten und nach Nordafrika.

Oswald von Wolkenstein, 1432

Man kann seine Reisen folgendermaßen rekonstruieren: Oswald schifft sich
nach England, Schottland und Irland ein, erreicht Brügge und Preußen, anschließend Russland und den Orient. Von der genuesischen Kolonie Tana
am Asowschen Meer aus gelangt er ans Schwarze Meer, in die Türkei, nach
Armenien und auf den Karawanenpisten nach Persien. Er verdingt sich als
Galeerenruderer und befährt die venezianischen Inseln zwischen dem Bosporus und Kreta. In Kreta erfährt er vom Krieg zwischen Sigmund von Ungarn
und dem Sultan Bayezid, genannt „der Blitz", und kämpft auf der Seite des ungarischen Königs. Dann die Endschlacht in Neapel und die Niederlage des
christlichen Heeres, und 1396 ist er erneut an der Donau, kommt über Kons-
tantinopel, Griechenland, Dalmatien und Venedig wieder nach Hause zurück.
Nach 14 abenteuerlichen Jahren kehrt er auf seine Burg zurück, findet aber
auch hier keinen Frieden. Er fährt ins Heilige Land. Er wird auf Schloss Forst
bei Meran von der schönen, geliebten Sabine gefangen gehalten. Im Jahr 1407
wird er vom Brixner Bischof zum Bannerträger der Kirche ernannt. Und mit
seinen Abenteuern, mögen sie wahr oder erfunden sein, geht es weiter. 1445
beschließt er sein Leben in Meran.
Am Fuß des Schlerns und im Wald von Hauenstein liegen die Ruinen der
Burgen Salegg und Hauenstein, die beide auf das 12. Jahrhundert zurückgehen. Über die zur Ruine verfallene Burg Salegg ist wenig bekannt. Hauenstein

dagegen hat sich dank Oswald von Wolkenstein einen Platz in der Südtiroler Kulturgeschichte erworben. Nach einem turbulenten Leben voller Kriege und Anerkennungen zog er sich mit seiner Frau und seinen sieben Kindern auf Burg Hauenstein zurück, die er bis zum Letzten verteidigte. Und er schrieb von diesem Aufenthalt: „Ich blase keine Trübsal mehr, / seit nun der Schnee zu taun beginnt / am Flack und auf der Seiser Alm: / der Moosmaier hat mirs erzählt. / Die Erde fängt nun an zu dampfen, / die Wasserläufe schwellen an / von Kastelruth hinab zum Eisack – / das macht mir gute Laune! / Ich hör die Vögel groß und klein / in meinem Wald um Hauenstein / den Klang melodisch modulieren."

Ein so ruheloses und abenteuerliches Leben musste auch in die Legende eingehen. „Eisenhand" ist der Titel einer dieser Sagen: Bei seinen Ritten durch die Wälder der Seiser Alm und der umliegenden Berge erreicht Oswald eines Tages auch den Antermoiasee im Rosengarten. Dort hört er eine Wasserfee so schön singen und die Zither spielen, dass er sich augenblicks in sie verliebt. Auch er, der Ritter und Krieger, will sich der Musik widmen. Doch sobald er eine Laute in die Hand nimmt, zerbricht das Instrument in seinen Händen: Diese sind auf Wunsch seiner Mutter verhext worden, da sie für ihn als Lautenspieler ein unglückliches Leben vorausgesehen hat. Doch die schöne Fee löst diesen Zauber. Da er aber ihren Namen erfährt – sie heißt Antermoia –, muss sie für immer verschwinden. Oswald wird zu langen Jahren voller Trauer und Leiden verdammt, die ihn schließlich zu Musik und Dichtung führen.

Wer von der bedeutenden Familie der Wolkenstein lebt noch heute fort? Zwei Zweige laufen Gefahr auszusterben. Einer betrifft die Erben von Karl Joseph Wolkenstein und dessen ungarischer Frau Anna Elisabeth, die Schloss Toblino im Trentino zu ihrem Wohnsitz erwählt und auch alte Gemälde und Möbel aus dem Familienbesitz von der Trostburg dorthin gebracht hatten. Anna Elisabeth blieb nach der Scheidung in Toblino wohnen. Die „Schlosskönigin" – so wurde sie genannt – hatte den lokalen Behörden vorgeschlagen, mit den im Schloss vorhandenen Besitztümern (wie Bildern, Büchern, Möbeln, Dokumenten und so weiter) eine Stiftung ins Leben zu rufen und die Gemälde und Wandteppiche restaurieren zu lassen. Doch die Behörden waren mit diesem Vorschlag nicht einverstanden, und Schloss Toblino ist heute, nach dem Tod der schönen Gräfin, in ein Hotel-Restaurant umgestaltet worden.

Noch trister und geheimnisvoller ist vielleicht die zweite Geschichte, die der Brixner Schriftsteller Giorgio Vonmetz Schiano in seinem Buch „L'ultimo dei Wolkenstein" erzählt hat. Im Mittelpunkt steht Julius Bubi Jaworsky, ein Sohn von Maria Wolkenstein-Trostburg und einem polnischen Adeligen: ein junger Aristokrat, der für das Leben des 20. Jahrhunderts vielleicht zu sensibel war. Nach Kriegsende lebte er im Gebiet von Brixen, wurde von seiner Mutter un-

Die Kassettendecke im Rittersaal der Trostburg

terhalten, aber von den einheimischen Adeligen fast ausgegrenzt, bis er beim Hochwasser 1979 unter einem Bergsturz ums Leben kam.

Die oberhalb von Waidbruck gelegene **Trostburg** gehörte fast 600 Jahre lang der Familie Wolkenstein-Trostburg. Errichtet am Ende des 12. Jahrhunderts wurde die Burg im 17. Jahrhundert zu einer widerstandsfähigen Festung umgebaut. Besonders sehenswert ist der prunkvolle Rittersaal mit der wappengezierten Kassettendecke aus der Zeit der Renaissance. Heute ist die Trostburg Sitz des Südtiroler Burgeninstituts. Man erreicht sie von Waidbruck aus in einem 20-minütigen Aufstieg über den mittelalterlichen Rittersteig, der bei der Pfarrkirche Waidbruck beginnt. Eine Besichtigung ist nur im Rahmen einer Führung möglich (Burgfriedenweg 22, 39040 Waidbruck, Tel. +39 0471 654401 oder Südtiroler Burgeninstitut, Tel. +39 0471 982255, www.burgeninstitut.com).

Ruine Salegg und Ruine Hauenstein: Die rechte und damit westlich gelegene der zwei Ruinen ist die Burg Salegg, die von den Herren von Saleck erbaut wurde. Diese bewohnten die Burg im 13. Jahrhundert als Dienstherren des Bischofs von Brixen. Die zweite Burgruine bildet die Burg Hauenstein. Sie wurde im 12. Jahrhundert oberhalb des Dorfes Seis am Schlern erbaut. 1427 nahm Oswald von Wolkenstein sie nach einem langen Erbfolgestreit in Besitz. Im 17. Jahrhundert verfiel sie zur Ruine. Heute sind nur noch Mauerreste übrig, die in letzter Zeit geringfügig saniert wurden. Erreichbar sind die Ruinen von Seis aus über den Wanderweg Nr. 8 in 45 Minuten.

Fronleichnamsprozession und Bauernhochzeit
Kastelruth

Kastelruth ist im Sommer wie im Winter ein viel besuchter Urlaubsort. Dennoch ist es dem Dorf gelungen, sein überliefertes Brauchtum und seine Trachten zu bewahren. Sehenswert ist die Fronleichnamsprozession, bei der man die einheimischen Kirchenfahnen und die typischen Trachten bewundern kann. Am Freitag nach Christi Himmelfahrt findet die traditionelle Pestprozession statt, zur Erinnerung an die Pest des Jahres 1638, die einen großen Teil der Bevölkerung dahingerafft hatte, nach dem Versprechen eines Votivbildes und einer immerwährenden Prozession aber plötzlich zum Erliegen gekommen war.

Traditionell alle zwei Jahre im Januar wird in Kastelruth auch die „Bauernhochzeit" gefeiert: Der Festumzug mit Pferdeschlitten ist Teil eines alten Rituals. Nachdem der junge Mann beim Brautvater oder dem angesehensten Familienmitglied um die Hand des Mädchens angehalten hatte, wurde das Aufgebot gemacht. Am Hochzeitsvorabend machte die Schwester der Braut dem Bräutigam ein selbst gemachtes Hemd zum Geschenk, in das eine kleine Puppe eingenäht war. Der Bräutigam schenkte der Braut ein Paar Schuhe. Am Hochzeitstag, der von Glockenklang eingeläutet wurde, kamen die Braut und der Bräutigam getrennt mit Verwandten und Geladenen zur Kirche. Oft

Kastelruth, 1909

mussten sie unterwegs einige Hindernisse – wie zum Beispiel das „Zaunmachen" – überwinden und dafür eine Geldsumme entrichten. Nach der Trauung formierte sich der Umzug, bei dem die geladenen Gäste die jeweils für ihren gesellschaftlichen Rang vorgeschriebene Tracht trugen. Da die Hochzeit in der kalten Jahreszeit stattfand, bestand der Umzug aus mit Blumen und Bändern geschmückten Pferdeschlitten. Es folgten das Hochzeitsmahl, der Tanz und der vorgetäuschte Brautraub, und später zog sich das Hochzeitspaar, von Scherzen und Liedern begleitet, zurück. Es handelt sich um uralte Bräuche und Riten teils römischen und teils keltischen Ursprungs, deren Bedeutung aber im Laufe der Zeit verloren gegangen ist.

Ein Kuriosum: Die Böllerschüsse, die primitiven Musikinstrumente und die lärmenden Riegel sollten die bösen Geister erschrecken und vertreiben. Dieser Brauch geht auf die Druiden zurück, hohe Kultpersonen der keltischen Religion. Die der Braut vom Bräutigam geschenkten Schuhe dagegen symbolisieren das Schutzrecht, das der künftige Ehemann sich seiner Ehefrau gegenüber erwarb, zugleich aber auch das Recht der Frau, auf eigenen Füßen zu stehen und fortzugehen, wenn das Eheleben ihr zu „eng" wurde.

Die Hexenbänke am Puflatsch
Seiser Alm

Der Schlern, der als Südtiroler Symbolberg gilt, unterscheidet sich durch seine massive Form von anderen Dolomitengruppen. Für Naturwissenschaftler ist der Schlern eine geologische Fundgrube, für die Kräutersammler ein wahres Paradies – wie auch die Seiser Alm, die sich über dem Dorf Seis ausdehnt. Hier gedeihen sonst unbekannte Kräuter und Heilpflanzen, die von den Einheimischen von jeher zur Behandlung von Krankheiten und zur Herstellung von Heil- und Zaubertränken verwendet werden. Im 16. Jahrhundert wurden einige Frauen eben angesichts ihrer Kenntnisse in der Naturheilkunde als Hexen verfolgt und zum Tod auf dem Scheiterhaufen verurteilt. Und am Puflatsch auf der Seiser Alm sind sogenannte Hexenbänke zu sehen. Es handelt sich um eigenartige Felsformationen aus Augitporphyr, die man als stufenartig angeordnete Felsthrone interpretieren kann und denen schwer anzusehen ist, ob sie vom Menschen oder von der Natur geschaffen wurden. Fliegende Hexen, die Nachtvögeln gleichen, Zauberinnen und Sibyllen sind in allen Erdteilen anzutreffen. Aber die Seiser Alm, die ausgedehnteste Hochebene Europas, galt schon in uralten Zeiten als Tummelplatz von Hexen, die sich hier versammelten, um gute Ernten zu bewirken, Unwetter abzuwenden und die Natur zu „zähmen". Erst das Christentum gab diesen Hexen dämonische Züge. Die

*Die Hexen-
bänke*

Rituale wurden nicht mehr als Ausdruck eingehender Kenntnisse der Natur angesehen, sondern als teuflische Erscheinungsformen. Und die Hexen wurden zu teuflischen Wesen. Zur Zeit der Gegenreformation im 16. Jahrhundert begann eine Hexenjagd, die unzählige in Kräuterheilkunde erfahrene Frauen vor Gericht brachte. Allein Schloss Prösels bei Völs am Schlern war der Schauplatz einer Reihe von Prozessen, bei denen acht Frauen zum Tode verurteilt wurden. Die Frauen wurden der Stelldicheins mit dem Teufel und der Zauberei beschuldigt, und sie wurden angeklagt, den Tod von Menschen und Tieren verursacht und das Wetter beeinflusst zu haben. Die bekanntesten Hexensabbatplätze im gesamten Alpenraum sind das Schlernplateau, wo sich angeblich nicht weniger als 1.500 Hexen aus den umliegenden Tälern an den Hexenbänken versammelten, der Sas de le Strie im Fassatal (Trentino) und der Passo di Tonale an der Grenze vom Trentino zur Lombardei.

Der Oswald-von-Wolkenstein-Ritt
Seis am Schlern

Eine der attraktivsten Folkloreveranstaltungen der Dolomiten wird alljährlich im Frühjahr (im Mai oder Juni) im Schlerngebiet ausgetragen: Es handelt sich um ein Reitturnier zu Ehren des mittelalterlichen Dichters Oswald von Wolkenstein, der auf Burg Hauenstein am Schlern einen Teil seines abenteuerlichen Lebens verbrachte. Wolkenstein lebte, so wissen es heutige Biografen, von 1337 bis 1445 in einem gemischtsprachigen Gebiet und einer geschichtli-

Der Oswald-von-Wolkenstein-Ritt

chen Übergangszeit. Am Oswald-von-Wolkenstein-Ritt, der erstmals 1982 ausgetragen wurde, beteiligen sich 36 Mannschaften, und jedes Team besteht aus vier Reitern und Reiterinnen, die vier Turnierspiele zu bewältigen haben. Das dreitägige Spektakel beginnt abwechselnd in Kastelruth, Seis und Völs am Schlern mit einem großen mittelalterlichen Dorffest. Zunächst wird die Reihenfolge der Reiterteams ausgelost. Am Samstag steht der Umzug aller Mannschaften in traditioneller Tracht auf dem Programm. Überall wird aufgespielt, und es werden Gerichte und Getränke „aus Oswalds Zeiten" aufgetischt. Der Samstag endet mit einem Bittgottesdienst.

Der eigentliche Ritt beginnt am Sonntag. Am frühen Morgen ziehen die Reitermannschaften von der Trostburg bei Waidbruck nach Kastelruth, wo das erste Turnierspiel ausgetragen wird, das Ringstechen. In Seis findet anschließend der Ritt durch das Labyrinth statt, am Völser Weiher der Hindernisgalopp und schließlich beim Schloss Prösels der Tor-Ritt.

Der Oswald-von-Wolkenstein-Ritt soll gemäß den Vorstellungen des Organisationskomitees nicht nur eine Touristenattraktion sein, sondern zum Wiederaufleben alter und tief verwurzelter Traditionen beitragen. In diesem Zusammenhang ist zu unterstreichen, dass die Aufzucht von Renn- und Zugpferden in der Südtiroler Wirtschaft schon immer eine große Rolle gespielt hat.

Als Sieger gehen bei diesem Reiterturnier gut eingespielte Mannschaften hervor, die sich mit Engagement auf das Rennen vorbereitet haben. Monatelang üben sie sich beim Ringstechen in Geschicklichkeit, durchreiten immer wieder ein aus Holzstangen gebildetes Labyrinth, überwinden die Hindernisse und trainieren ihre Konzentration, stets in bestem Einvernehmen zwischen Pferd und Reiter. Die Siegermannschaft wird mit einer Standarte ausgezeichnet, in deren Tragstange die Namen der siegreichen Reiterteams eingeritzt werden. Die Mannschaft, die als erste drei Siege davonträgt, darf die Standarte behalten.

Die Kavallerie geht als mittelalterliche Institution auf das 8. Jahrhundert zurück, als die abendländischen Krieger, um den Vormarsch der Muslims nach Westen zu behindern, den tüchtigen arabischen Reitern in Reitergefechten entgegentreten mussten.

Ritter galten als wehrhafte, berittene Krieger, und die Abstammung von adligen, ritterlichen Vorfahren war im Mittelalter auch Voraussetzung für die Aufnahme in den Ritterstand. Ritterliches Verhalten schloss die absolute Treue bestimmten Idealen gegenüber ein, ritterliches Verhalten kam im Kampf, in der Liebe sowie im Tod zum Tragen. Den mittelalterlichen Rittern nach sollte die Liebe wie ein Kampf gelebt werden, der Kampf wie eine Liebe. Dies waren die beispielhaften Werte der Ritter vergangener Zeiten, und von Idealen wird auch das Verhalten der Teilnehmer am Oswald-von-Wolkenstein-Ritt geprägt. Es mögen mehr sportliche als ritterliche Ideale sein, aber in Engagement und Passion stehen sie ihren mittelalterlichen Vorbildern in nichts nach.

Oswald-von-Wolkenstein-Ritt: Bei diesem traditionellen Reitturnier treten Mannschaften aus verschiedenen Dörfern gegeneinander an und ziehen von Turnierspiel zu Turnierspiel. Das Turnier startet alljährlich im Juni von der Trostburg aus und führt über mehrere Ortschaften, um auf Schloss Prösels mit dem Tor-Ritt seinen spannenden Abschluss zu finden. Weitere Informationen unter www.ovwritt.com.

Der goldene Harnisch in New York
Völs am Schlern

Der Landeshauptmann Leonhard von Völs-Colonna (1458–1530) liebte Italien so sehr, dass er eine Verwandtschaft mit der römischen Adelsfamilie der Colonna konstruierte und in seinem Wappen silberne Säulen führte, wie sie auch im Colonna-Wappen zu sehen sind. In der volkstümlichen Überlieferung ist von einem goldenen Harnisch die Rede und von seinem Rappen, der ebenfalls eine goldene Rüstung trug. Nach vielen Jahren geriet das Dorf Völs, das das Schloss Prösels und die Rüstung geerbt hatte, in finanzielle Schwierigkeiten. So wurde der Harnisch an die Stadt Bozen verkauft, die ihn beim Georgifest und dem Fronleichnamsumzug benutzte. Aber auch Bozen hatte finanzielle Probleme und verkaufte den Harnisch an einen gewissen

Loggia von Schloss Prösels

Romanoff, der zur Kur nach Meran kam. Romanoff nahm den Harnisch nach Petersburg mit. Vor einigen Jahren besuchte eine aus Völs am Schlern stammende Südtirolerin, die während des Zweiten Weltkriegs einen Amerikaner kennengelernt und geheiratet hatte, das Metropolitan Museum in New York. Sie wurde von einem goldenen Harnisch besonders angezogen. Und zu ihrer großen Überraschung entdeckte sie, dass auf dem Schild des Ritters das Wappen der Völs-Colonna zu erkennen war.

Nach ersten Aufzeichnungen geht die Geschichte von **Schloss Prösels** auf eine Burg an gleicher Stelle zurück, die bereits im frühen 13. Jahrhundert bestand. Das heutige Erscheinungsbild ist den Freiherren von Völs zu verdanken. Leonhard von Völs war einer der ersten Herren und zugleich derjenige, der die meisten Spuren hinterließ. Das Kuratorium Schloss Prösels organisiert jeden Sommer auf der Burg Konzerte und Theatervorstellungen (Kuratorium Schloss Prösels Genossenschaft, Prösels 21, 39050 Völs am Schlern, Tel. +39 0471 601062, www.schloss-proesels.it). Nach telefonischer Vereinbarung auch Führungen für Gruppen.

Weitere Informationen

Informationsbüro Kastelruth, Krausplatz 2, 39040 Kastelruth,
Tel. +39 0471 706333, www.kastelruth.com
Informationsbüro Seis am Schlern: Schlernstraße 16, 39040 Seis am Schlern,
Tel. +39 0471 707024, www.seis.it
Informationsbüro Völs am Schlern: Bozner Straße 4, 39050 Völs am Schlern,
Tel. +39 0471 725047, www.voels.it

Eggental

 ### Die Kartografen Peter Anich und Blasius Hueber
Steinegg

Peter Anich (1723–1766) und Blasius Hueber (1735–1814) sind wegen ihrer bäuerlichen Herkunft als Tiroler „Bauernkartografen" in die Geschichte eingegangen. Im Jahr 1760 bekommt Anich den Auftrag, einen „*Atlas Tyrolensis*" anzufertigen. Da Nordtirol schon teilweise vermessen und kartiert ist, soll er nun auch den südlichen Teil aufnehmen, wobei ihm Blasius Hueber zur Hand geht.

Sie beginnen ihre Arbeit südlich von Bozen. Es ist ein heißer Juli, die Etschsümpfe machen ihnen zu schaffen, und am 16. Juli erkranken sie bei Lavis an Sumpffieber. Sie retten sich nach Steinegg, wo ein besseres, gesünderes Klima herrscht, und nehmen die Arbeit erst im darauf folgenden Frühjahr wieder auf. Zwischen dem 31. Mai und dem 8. November 1766 vermessen und kartieren sie das Gebiet von Bozen bis Latsch im Vinschgau, das Schnalstal, das Ultental, das Nonstal, das Pejotal, die Judikarien und das Rabbital, anschließend noch einen Teil des Gardasees und das Etschtal bis zur Salurner Klause.

Das Heimatmuseum in Steinegg besitzt heute noch Karten, Skizzen und Geräte von Anich und Hueber, die an den Besuch der beiden illustren Gäste erinnern. Neben den Karten ist auch das Tagebuch von Blasius Hueber einsehbar. In seinen Aufzeichnungen finden sich aufschlussreiche, fast wissenschaftliche Bemerkungen zum Wesen und den Merkmalen der Bevölkerung und zu den Ortschaften, die sie durchreist und vermessen haben. Einem Brief, den Blasius Hueber am 22. Oktober 1767 an seine Eltern richtet, ist zu entnehmen, dass die beiden Kartografen bei ihrer Arbeit in den Gebirgstälern nicht immer freundlich aufgenommen werden, ja dass die Einheimischen ihnen oft Misstrauen entgegenbringen. Hueber beschreibt, dass, als sie sich vom Val di Rabbi nach Pieve di Bon und Condino begeben haben, ihnen dort nichts als Wut und Missgunst entgegenschlug. Die Leute behandeln ihn und seine Begleiter unfreundlich und beinahe schon feindlich, und als sie eines Nachts in einem Gasthaus übernachten, fürchten sie sogar um ihr Leben. Zwei venezianische Kaufleute warnen sie vor üblen Vorhaben der Bewohner, die dann doch nicht eintreffen. Trotzdem nehmen Anich, Hueber und die zwei Vermesser, die die beiden begleiten, am Tag darauf die Beine in die Hand und reisen nach Riva und Arco weiter.

Heimatmuseum Steinegg: Im Zuge des Baus der neuen Pfarrkirche von Steinegg entstand 1986–1988 unterhalb der Kirche ein Heimatmuseum auf drei Etagen. Im gesamten Gemeindegebiet wurden Ausstellungsstücke wie Trachten und religiöse sowie profane Dorfkunst gesammelt, die die Dorfgeschichte anschaulich darstellen (Kirchplatz, 39053 Steinegg, Tel. +39 0471 376537 oder +39 0471 376574).

Historische Aufnahme der Eggentaler Schlucht von Leo Bährendt

Der Karersee

Die Wasserfeen des Karersees
Welschnofen

Im Karersee lebte einst eine wunderschöne Wasserfee. Oft saß sie am Seeufer und flocht ihre blonden Zöpfe. Ein Hexenmeister, der in den umliegenden dichten Wäldern wohnte, verliebte sich in die Nixe und suchte sie zu entführen. Aber sie konnte noch rechtzeitig in den See springen und sich retten.

So bat der Hexenmeister die Hexe Langwerde vom Rosengarten um Hilfe: Sie gab ihm den Rat, alle Latemarjuwelen zu sammeln und damit einen Regenbogen zu zaubern. Die neugierige Wasserfee tauchte aus dem See auf, um den siebenfarbigen Regenbogen zu sehen. Doch als sie bemerkte, dass wieder der Hexenmeister im Spiel war, verschwand sie in der Tiefe des Karersees und wurde nie mehr gesehen. Der Hexenmeister aber wurde so wütend, dass er den Regenbogen vom Himmel riss und alle Juwelen in den See warf. Aus diesem Grund schillert der See noch bis heute in den wunderschönsten Regenbogenfarben und wird von den Ladinern *l' lech de l'ercabuan* genannt: der Regenbogensee.

Das Grand-hotel Carezza

Agatha Christie und Churchill im Grandhotel
Welschnofen

An der Karerpassstraße liegt einen Kilometer nach dem Karersee linker Hand das mächtige Grandhotel Karersee. Im Zusammenhang mit dem wirtschaftlich-touristischen Aufschwung hatte Theodor Christomannos, ein österreichischer Politiker und Fremdenverkehrspionier, die Idee, dieses Hotel zu errichten. Mit dem Bau wurde 1893 begonnen, und am 8. Juli 1896 konnte das vom Meraner Architektenbüro Josef Musch und Carl Lun ausgeführte, imposante Grandhotel Carezza eröffnet werden: als erster Hotelbau in dieser Höhe (1.630 Meter), das mit elektrischem Strom versorgt wurde. Das Haus, zur damaligen Zeit eines der größten Alpenhotels, wurde besonders von Engländern und Gästen aus dem Habsburgerreich besucht. Das Hotel brannte am 15. August 1910 ab, wurde aber bald wieder aufgebaut, allerdings ohne die ursprünglichen hölzernen Strukturen und Dächer. Die Schriftstellerin Agatha Christie, die Gast im Grandhotel Karersee war, siedelte in dieser Gegend den Kriminalroman „Die großen Vier" an. Als das Hotel nach den Wirren des Zweiten Weltkriegs wieder aufleben konnte, verbrachte der englische Premierminister Winston Churchill hier mit seiner Frau einen Urlaub, um zu malen und auf dem höchsten Golfplatz Europas Golf zu spielen. Seit mehreren Jahrzehnten ist das Hotel mit seinen vielen Appartements ein gemeinschaftlicher Immobilienbesitz.

Grandhotel Carezza: Karerseestraße 141, 39056 Karersee, Tel. +39 0471 612127, www.grandhotelcarezza.it

Der Papst in Maria Weißenstein
Petersberg

Maria Weißenstein ist die berühmteste Wallfahrtsstätte Südtirols. Die Anfänge gehen auf das Jahr 1553 zurück, als dem Leonhard Weißensteiner, einem einheimischen Bauern, die Jungfrau Maria erschien und ihn von einer schweren Krankheit heilte. Die Gottesmutter bat den Bauern, ihr als Dank eine Kapelle zu errichten – was Leonhard vergaß. Als er in eine Schlucht stürzte und noch einmal mit dem Leben davonkam, hielt er sein Gelübde und erbaute die sogenannte Ursprungskapelle. Beim Bau fand er ein Gnadenbild, das er auf dem Altar der Kapelle aufstellen ließ. Da der Pilgerzustrom ständig wuchs, wurde im Jahr 1673 nach Plänen von Giovanni Battista Delai eine barocke Kirche aufgeführt, die 1719–1722 umgebaut und erweitert sowie mit Deckengemälden von Josef Adam Mölk ausgeschmückt wurde. Im Zuge der von Kaiser Joseph II. verordneten Kirchenreform wurde das Kloster Weißenstein 1787 aufgehoben und das Inventar versteigert. Das Gnadenbild wurde in der Pfarrkirche von Leifers aufgestellt, wo es sich noch heute befindet. Im Jahr 1836 kam das allmählich wieder aufgebaute Kloster erneut an die Tiroler Servitenprovinz, und am 24. August 1885 wurde das Gnadenbild der Schmerzhaften Muttergottes vom damaligen Bischof von Trient, Giovanni Giacomo della Bona, in einer feierlichen Zeremonie und in Anwesenheit von vielen Priestern und Gläubigen neu gekrönt. Es wurde auch eine eigene Kapelle für die vielen Votivtafeln angelegt (heute besitzt das Kloster mehr als 4.000 Exvotos). Unter den zahlreichen illustren Besuchern des Wallfahrtsorts sind besonders Kaiser Karl I. von Österreich, der spätere Papst Johannes Paul I. als Kardinal und Papst Johannes Paul II. (1988) zu erwähnen.

Maria Weißenstein genießt bis auf den heutigen Tag allergrößte Verehrung im Land, und viele Pilger begeben sich zu Fuß – von Deutschnofen, Auer oder Leifers – zu der Wallfahrtskirche hinauf. Die Pilgerwege werden von vielen Steinhaufen gesäumt: Als greifbares Zeichen ihrer Buße lassen die Gläubigen unterwegs Steine zurück, die sie in der Tasche, ja manchmal in den Schuhen zur Kirche hinaufgetragen haben.

Auch die Herren von Karneid pilgerten nach Maria Weißenstein, sogar nach ihrem Tod: Karneid ist eine der faszinierendsten Südtiroler Burgen. Bekannt ist die Sage von der Geisterprozession, die bei Nacht über Schluchten und Klammen hinweg zum Wallfahrtsort Maria Weißenstein reitet. Die Legende geht auf ein Pestgelübde der Herren von Karneid zurück: In der Tat wurden die Burg und ihre Insassen verschont, während ringsum die Pest wütete. Aber der Herr von Karneid vergaß sein Versprechen. So wurde er dazu verdammt, nach seinem Tod aus dem Eggental bis nach Maria Weißenstein zu reiten: eine

Votivtafeln in Maria Weißenstein

makabre Prozession, an der seine Familienangehörigen, seine Dienstboten und alle Burgbewohner teilnehmen, sogar alle Tiere bis zu den Fliegen hinab. Der düstere Charakter der Burg wird auch von verschiedenen Bauelementen unterstrichen: von den Fenstern in den steil abfallenden Mauern, der Fallgrube, in die unglückselige Verurteilte gestürzt wurden, und vor allem vom großen Wandgemälde mit dem Triumph des Todes, in dem das Thema der spukhaften Totenprozession anzuklingen scheint.

Wallfahrtskirche Maria Weißenstein: Weißenstein 10, 39050 Deutschnofen, Tel. +39 0471 615124, www.weissenstein.it.

Weitere Informationen

Tourismusverein Steinegg: Dorf 97, 39053 Steinegg, Tel. +39 0471 376574, www.steinegg.com

Tourismusverein Welschnofen-Karersee: Karerseestraße 21, 39056 Welschnofen, Tel. +39 0471 613126, www.welschnofen.com

Tourismusverein Eggental: 39050 Deutschnofen, Tel. +39 0471 616567, www.eggental.com

6. Bozen und Umgebung

Bozen

Die Geheimnisse der Lauben
Bozen

Bozen ist für seine Lauben berühmt, unter denen sich von jeher das Handels-
leben abspielt. Die Lauben sind bis heute Wiege und Symbol des Bozner Han-
delsgeistes. Die oberitalienischen und die süddeutschen Kaufleute, die vom
Mittelalter an die Messen und Märkte der Stadt besuchten, hatten hier ihre
Warenlager: in den „welschen Gewölben" auf der Nordseite und den „teut-
schen Gewölben" auf der Südseite. Und die Lauben, halb noch Straße und
halb schon Haus, schützten Kaufleute und Kunden vor Hitze und Kälte, vor
Regen und Schnee. An der 370 Meter langen Laubengasse reihen sich bis heute beiderseits Geschäftshäuser aneinander, die seit Jahrhunderten ihre archi-

tektonische Struktur bewahrt haben: die schmale, hohe Fassade
mit dem Bogengang – eben den
„Lauben" – im Erdgeschoss, dahinter ein lang gestreckter Bau
mit den eigentlichen Läden, die
von zwei oder drei Lichthöfen un-
terbrochen werden und an der
Rückseite bis in die nächsten Par-
allelstraßen reichen, von denen
aus sie mit Waren versorgt werden. Nur die Fahrzeuge für den
Warennachschub haben sich ge-
ändert: An die Stelle der Pferde-
karren sind moderne Lieferautos
getreten. Die Baumeister ließen
ihrer Fantasie an der Fassadenge-
staltung freien Lauf und schmück-
ten sie mit Malereien, Balkons
und Erkern aus.

Die Laubengasse, um 1910

Um die Lauben herum entstanden im 13. Jahrhundert, auf Betreiben der Bischöfe, die umliegenden Gassen und Quartiere wie die Silbergasse und die
Mustergasse, während die Grafen von Tirol die Fleischgasse (heute Museumstraße), die Predigergasse (heute Goethestraße) und die Kapuzinergasse anlegen ließen.

Die Kirchen lagen etwas außerhalb der Ringmauern und der Marktgräben. In den Zufahrtsstraßen zu den Stadttoren durften sich Angehörige des „Dienstleistungssektors" niederlassen: Gastwirte, Fassbinder, Radmacher, Schmiede, Weber, Färber und natürlich auch Adelige, die aber keinen Einfluss auf das Markttreiben hatten. Das Handelszentrum unterstand den Bischöfen, die die Mieten für die Grundstücke, die Handwerkerläden und die Wirtshäuser erhoben. Die „Laubenkönige" oder „Laubenjuden" aber waren und sind die reichen und angeblich auch geizigen Kaufleute, die unter den Lauben Geschäfts- und Wohnhäuser besitzen.

Gehandelt wurde unter den Lauben mit Wein, Stoffen, Gold, Silber, Orangen, Gewürzen, Kastanien und Papier. Die „Italiener", die „Walschen", handelten mit Woll- und Seidenstoffen, Silberwaren, Gewürzen, Öl und Papier, die „Deutschen" auf der anderen Laubenseite mit Gold, Silber und Edelsteinen, Rohleder (Feinleder kam aus Florenz), landwirtschaftlichem Arbeitsgerät und Wein.

Und das Rätsel, das magische Geheimnis? Um reich zu werden – so hieß es in vergangenen Zeiten –, musste man seine Seele dem Teufel verschreiben oder über magische Kräfte verfügen. Und Letzteres wurde immer von den Laubenhändlern gesagt, die zumindest die Alraune oder Mandragora besitzen mussten, aus der sich ein Zaubermittel herstellen ließ.

Die Alraune
Bozen

Das berühmteste Bauwerk unter den Lauben ist der Merkantilpalast, der von der Laubengasse bis auf die parallel verlaufende Silbergasse reicht. Er war Sitz des Merkantilmagistrats, dem seit 1650 die bedeutendsten Vertreter des Bozner Handelsstands angehörten und der so reich war, dass er Päpsten und Kaisern Geld leihen konnte. Erwähnt wird zum Beispiel ein gewisser Johann Gummer, der Kaiser Franz I. auf der Durchreise in Bozen nicht weniger als 200.000 Gulden borgte.

Aber wie kamen die Bozner Kaufleute zu solchem Reichtum? Einer Überlieferung nach wurde im Untergeschoss des Merkantilpalastes ein sonderbarer Handel getrieben. In einem dunklen Raum, dessen Türen sich wie durch Zauberhand auftaten, wurde mit eigenartigen Säckchen gehandelt, die Wurzeln der Alraune enthielten, kleine Talismane in menschlicher Form. Der Preis der Ware hing von den finanziellen Möglichkeiten des Käufers ab, von seinen Verdiensten und seiner Geldgier – aber auch davon, wie oft die Alraune schon ihren Besitzer gewechselt hatte. Wer die Alraune besaß, hatte immer Geld bei sich und konnte alle seine Wünsche erfüllen. Nur eines konnten auch die

Das Merkantilmuseum

Alraunenbesitzer nicht erreichen: das ewige Leben. Wenn der Besitzer eines Alraunensäckchens im Sterben lag, musste er dieses geheime Amulett zum halben Kaufpreis verkaufen. Aus diesem Grund herrscht nachts im Merkantilpalast immer reges Leben: Versteigerer ist der verkleidete Teufel.

Merkantilpalast: Das barocke Gebäude wurde zwischen 1708 und 1727 von den Architekten Giovanni und Giuseppe Delai nach den Plänen des Veroneser Architekten Francesco Perotti erstellt. Heute beherbergt es das **Merkantilmuseum**, in welchem die Wirtschaftsgeschichte Bozens mit Sammlungen von Dokumenten, Gemälden und Einrichtungsgegenständen aus dem 17. und 18. Jahrhundert gezeigt wird (Silbergasse 6/Lauben 39, 39100 Bozen, Tel. +39 0471 945702. Es werden Führungen angeboten).

Vom Mithraskult zum Christentum
Bozen

Pater Ferdinand Troyer berichtet in seiner im 17. Jahrhundert erschienenen „Bozner Chronik" von einer alten Legende: Gott war über die Tötung eines Stiers so erbost, dass er den alten Stadtteil Rentsch überschwemmen und zerstören ließ. Diese Überlieferung bezieht sich wahrscheinlich auf einen Mithraskult, der noch überlebte, als an der Eisackbrücke schon eine frühchristliche Basilika bestand. An die Verehrung dieser altrömischen Gottheit erinnert auch der Mithrasstein aus Sterzing: Auf einem Flachrelief wird das Ritualopfer eines Stiers dargestellt. Ein Hund beißt den Stier, eine Schlange leckt das Blut der Wunde und ein Skorpion kneift mit seinen Zangen in die Hoden des Tieres. Die heidnische Religion und keltische Riten, die in dieser Gegend lange fortbestanden, verschmolzen zu einem heidnisch-christlichen Synkretismus, der in vielen Sagen und Legenden Spuren hinterlassen hat.

Als die Bozner Bevölkerung zunahm und der Handel immer mehr Wohlstand in die Stadt brachte, wurden im Gemeindegebiet viele Kirchen und Klöster errichtet. Zu den ältesten Gotteshäusern gehört die wohl im 12. Jahrhundert erbaute Kapelle der Burg Gries, die im 15. Jahrhundert nach der Verlegung eines Augustinerstifts in die Burg zu einer großen Klosterkirche ausgebaut wurde. Ebenfalls im heutigen Bozner Stadtviertel Gries war im 12. Jahrhundert die alte Pfarrkirche entstanden, die für den 1475 von Michael Pacher geschaffenen gotischen Flügelaltar berühmt ist.

Die Franziskaner ließen sich wahrscheinlich um 1221, also noch zu Lebzeiten des heiligen Franz von Assisi, in Bozen nieder, und etwa 50 Jahre später folgten ihnen die Dominikaner. Die Franziskaner errichteten eine im Laufe der Jahrhunderte mehrmals umgebaute und erweiterte Kirche, die heute besonders für den gotischen Schnitzaltar von Hans Klocker, den gotischen Kreuzgang und die Fresken in der Erhardskapelle bekannt ist. Vom Dominikanerkloster, das im Jahr 1944 schwerste Bombenschäden erlitt, hat sich die Johanneskapelle erhalten, die im 14. Jahrhundert von italienischen Künstlern aus dem Giotto-Kreis ausgeschmückt wurde: Die Begegnung der italienischen Trecento-Malerei mit der örtlichen Malertradition hat Kunstwerke von allerhöchstem Niveau hervorgebracht.

Die Kapuzinerkirche zum Heiligen Antonius von Padua wurde zusammen mit dem angrenzenden Kloster von Marx Sittich von Wolkenstein gestiftet und 1601–1603 auf dem Gelände der ehemaligen Feste Wendelstein der Grafen von Tirol erbaut. Diese Burg lag in der Nähe der damaligen, mit einem Zollposten versehenen Eisackbrücke (der Fluss verlief weiter nördlich als heute), wurde 1277 zerstört, aber zur Regierungszeit von Meinhard II. als Pfandleihe wiederaufgebaut, die als „Wucherhaus" bezeichnet wurde. Die österreichischen Herzöge ließen die Burg, die 1599 den Kapuzinern übergeben und zu einem Konvent ausgebaut wurde, instand setzen, und von ihr sind über der Klosterpforte in der Wolkensteingasse noch heute einige Mauerreste zu sehen. In der Kirche befindet sich – neben anderen wertvollen Werken wie dem vom Veroneser Maler Felice Brusasorci 1600 geschaffenen Gemälde am barocken Holzschnitzaltar – eine Statue der bärtigen heiligen Kümmernis, und die Kirche wurde das Ziel von Frauen, die, um ihre Persönlichkeit zu wahren, bereit waren, sich in einen Mann zu verwandeln.

Die Alte Grieser Pfarrkirche

Bemerkenswert ist auch die Kirche St. Georg in Weggenstein des Deutschen Ordens, der schon 1202 ein Spital am Fuß des Virgls gegründet hatte, das dann aber wegen ständiger Hochwassergefahr in die heutige Weggensteinstraße, die damalige Sarntheinstraße, verlegt wurde.

Die schönste Kirche in Bozen ist neben der alten Pfarrkirche in Gries zweifellos St. Johann im Dorf. Sie wurde 1180 geweiht, dann aber um 1300 in romanisch-gotischem Stil umgestaltet. Die erste der zwei im Inneren einander überlagernden Freskenschichten wird einem deutschen Meister zugeschrieben und auf die Jahre 1330–1340 datiert. Der zweite Freskenzyklus wurde vom florentinischen Notar Boccione de' Rossi gestiftet, der die gesamte Kirche von einem Künstler aus dem Umkreis von Giotto ausmalen ließ.

Auf das 14. Jahrhundert geht auch der Bozner Dom zurück. Auffallend ist die spätgotische Turmspitze, die zwischen 1501 und 1590 vom schwäbischen Baumeister Hans Lutz von Schussenried errichtet wurde. Ein 1509 von Silvester Miller geschaffenes, von einer Inschrift begleitetes Porträt des Baumeisters findet sich heute im Stadtmuseum Bozen. Ein wahrscheinlich dem heiligen Vigilius geweihter Vorgängerbau, der auf die erste Christianisierung in Bozen zurückging, hat sich in Eisacknähe auf dem Gelände eines alten Friedhofs befunden. Einer Überlieferung nach soll sich die Kirche an der Fundstätte einer Marienstatue mit Kind erhoben haben, die noch heute im Domchor verehrt wird und als St. Maria im Moos bezeichnet wird. Der Kirchenbau wurde 1295 von lombardischen Baumeistern in romanischem Stil begonnen und ab 1340 von schwäbischen Baumeistern in gotischem Stil fortgesetzt. Um die Mitte des 18. Jahrhunderts wurde vom Stadtbaumeister Delai die Gnadenkapelle angelegt. Nach den Bombenschäden des Zweiten Weltkriegs wurde der Dom, in dem sich wertvolle Fresken aus dem 14. Jahrhundert befinden, zwischen 1946 und 1959 restauriert.

Bozen verfügt über eine Vielzahl an sakralen Gebäuden, verteilt auf die einzelnen Stadtteile. Rentsch ist zusammen mit dem Ortsteil St. Magdalena bekannt für seine exzellente Weinpro-

duktion. Angebaut wird vor allem die Ver-
natschtraube. Sehenswert ist das im Jahre
1180 erstmals erwähnte **Heiliger-Lau-
rentius-Kirchlein** und das **St.-Magdale-
na-Kirchlein** mit seinen gut erhaltenen
Fresken des Trecento (Besichtigung auf Anfrage). In Gries befindet sich die **Augustin-
Stiftskriche**, das einzige vollständig erhaltene Beispiel spätbarocker Architektur im
Raum Bozen (Stift Muri-Gries, Grieser
Platz, 39100 Bozen, Tel. +39 0471
283089 oder +39 0471 281116). Das Innere der Kirche ist mit Fresken und sieben
Altarbildern des Tiroler Malers Martin Knoller bestückt. Die Außenfassade enthält
klassizistische Elemente und wurde nach
einem Entwurf des Trienter Architekten Antonio Giuseppe Sartori begonnen. Altar und
Kanzel stammen vom Brescianer Architekten Andrea Filippini. Der spätgotische Bau

Der Kreuzgang im Franziskaner-Kloster

der **Alten Pfarrkirche Gries** aus dem beginnenden 15. Jahrhundert birgt neben dem Flügelaltar von Michael Pacher einen weiteren außergewöhnlichen Kunstschatz: ein romanisches
Holzkruzifix aus dem 13. Jahrhundert, welches möglicherweise aus dem nordfranzösischen
Raum stammt. In römischer Zeit befand sich anstelle der heutigen Alten Pfarrkirche eine
Siedlung (Martin-Knoller-Straße, 39100 Bozen, Tel. +39 0471 283089). Im Zentrum befindet
sich das **Franziskanerkloster** samt Kirche. Diese und der angrenzende gotische Kreuzgang
stammen aus dem frühen 14. Jahrhundert. Die berühmte Erhardkapelle wurde dem Volks-
glauben nach vom jungen Franziskus und dessen Vater besucht. Eine Niederlassung der
Franziskaner an der Bozner Stadtmauer ist 1237 urkundlich erwähnt. Im Jahr 1291 wurde
das ursprüngliche Gebäude durch einen Brand zerstört und bis 1322 wieder neu aufgebaut.
1780 errichtete Kaiserin Maria Theresia ein Gymnasium in Bozen und beauftragte die Franziskaner mit der Leitung und dem Unterricht an der Schule (Franziskanerstraße 1, 39100 Bozen). Wo sich heute die **Dominikanerkirche** befindet, stand früher das ehemalige Kloster
der Dominikaner. Nach schweren Bombenschäden aus dem Zweiten Weltkrieg wurde die Kirche in den Jahren 1954 bis 1962 restauriert. Neben der kunsthistorisch relevanten Johanneskapelle ist auch der Kreuzgang mit Fresken von Friedrich Pacher sehenswert (Dominika-
nerplatz, 39100 Bozen). Vom **Kapuzinerkloster** gab der Orden im Jahre 1990 zwei Drittel
des Klostergebäudes und den Garten an die Autonome Provinz Bozen ab, die eine Schule für
Sozialberufe und einen Park für die Allgemeinheit einrichtete. Das restliche Kloster und die
Kirche wurden renoviert (Wolkensteinstraße 1, Tel. +39 0471 971143). Erwähnenswert ist

zudem **St. Georg in Weggenstein**. Gegen Ende des 14. Jahrhunderts wurde der gotische Bau von schwäbischen Handwerkern im Auftrag des Deutschen Ordens errichtet. Sehenswert sind der Altar, die Balustrade und die Kanzel aus rotem Marmor mit weißer Äderung des Brescianer Architekten Andrea Filippini sowie das St.-Georg-Hochaltarbild von Martin Knoller. Ebenso die Schilder und Fähnchen der Mitglieder des Deutschordens auf der linken Wand. Gemeinsam mit der Kommende in Lana ist St. Georg in Weggenstein eines der wenigen Besitztümer, das heute noch von den Liegenschaften des Deutschen Ordens übrig geblieben ist (Weggensteinstraße 10, Tel. +39 0471 973584). Die Kirche **St. Johann im Dorf** kann normalerweise nicht besichtigt werden. Informationen zu Führungen im Informationsbüro des Verkehrsamtes Bozen (St.-Johann-Gasse 23, 39100 Bozen, Tel. +39 0471 978676).

Der nie erbaute Glockenturm
Bozen

Der Baumeister Hans Lutz von Schussenried hatte für die Bozner Stadtpfarrkirche einen doppelten Glockenturm vorgesehen. Doch unglücklicherweise kam der Bruder des Baumeisters bei einem Sturz vom Baugerüst ums Leben. Hans Lutz von Schussenried war so verzweifelt, dass er Bozen unverzüglich verließ und der nicht vollendete Glockenturm abgerissen wurde. Dies ist die offizielle Erklärung. In Wirklichkeit war es wahrscheinlich gerade auf dem Baugerüst zu einem Streit zwischen den zwei Brüdern gekommen: Franz stürzte in die Tiefe und Hans flüchtete deshalb aus der Stadt.

Waltherplatz und Dom in Bozen

Im Erdgeschoss des bereits 1275 als Pfarrwidum erwähnten Propsteigebäudes befindet sich die **Domschatzkammer**. Sie zählt zu den umfangreichsten barocken Kirchenschätzen Tirols. Das Museum präsentiert kostbare liturgische Gewänder und Fahnenbilder sowie erlesene Goldschmiedearbeiten des 18. Jahrhunderts und bietet dem Besucher einen Einblick in den Kanon römisch-katholischer Liturgie sowie in die Geschichte der Pfarrgemeinde (Pfarrplatz 27, 39100 Bozen, Tel. +39 0471 978676).

Das Leitacher Törl
Bozen

Herzog Albrecht von Österreich hatte der Pfarre schon 1387 das Privileg zum alleinigen Weinausschank bei diesem Kirchenportal verliehen. Es handelte sich dabei wahrscheinlich um den Wein aus den Rebgärten in Leitach – im Gegensatz zum „Bischofswein" der Abtei Muri-Gries, die Lagrein produzierte: lokalpatriotische Streitereien zwischen zwei Pfarren und zwei Gemeinden.
Wein wird im Bozner Talkessel schon seit uralten Zeiten angebaut. Auf die Räter, die Holzfässer benutzten, folgten die Römer, denen die Holzbottiche dagegen unbekannt waren. Einer Überlieferung nach soll ein Bozner Bauer namens Potz mehrere Fässer voller Wein auf einem Ochsenkarren nach Rom befördert haben, um sich am römischen Kaiserhof einzuschmeicheln. Der Bozner Wein wurde weithin bekannt, und viele erwarben in der Ebene und auf den Hügeln am Zusammenfluss von Etsch, Eisack und Talfer Grundstücke, die mit Rebstöcken bepflanzt wurden. Auch die Kirche war um unverfälschte, gute Messweine bemüht, weshalb viele Ordensgemeinschaften in dieses Gebiet zogen und hier Klöster und Abteien gründeten. Der Bischof von Freising zum Beispiel besaß bis ins 19. Jahrhundert hinein einen bei der heutigen Rosmini-Schule gelegenen Weinberg. Wein wurde auch bei Festen und Empfängen serviert, und in Hospizen und Spitälern wurde er zu Pflege und Genesung verwendet. Dass sich Weinkultur und Mönchsleben nicht widersprechen, beweist die berühmte Klosterkellerei Muri-Gries, die bis heute einen vorzüglichen Lagrein erzeugt.
Klosterkellerei Muri-Gries: Die Kellerei der Abtei Muri-Gries ist ein klassischer Rotweinbetrieb. Es werden rund 85 Prozent Rotweine und 15 Prozent Weißweine produziert. Am bekanntesten ist der Lagrein, daneben gehören auch Vernatsch, St. Magdalener und Kalterersee Auslese, Blauburgunder und Rosenmuskateller ins Sortiment. Bei den Weißweinen dominieren Weißburgunder, Ruländer, Chardonnay und Gewürztraminer. Verkostung und Detailverkauf in der hauseigenen Vinothek (Grieser Platz 21, 39100 Bozen, Tel. +39 0471 282287, www.muri-gries.com).

Batzenhäusl und Wirtshaustradition
Bozen

Einer der Berufe, die von der Antike über das Mittelalter bis auf den heutigen Tag überlebt haben, ist der des Gastwirts. Schon in der Bozner Stadtordnung aus dem Jahr 1437 finden sich – da Tavernen Stätten zu Aufenthalt, Verpflegung und Begegnung sind und es daher zu Promiskuität kommt – rigorose Bestimmungen zur Ausübung dieses Gewerbes: Die Öffnungszeiten der Lokale und die Ausschankzeiten der Weine waren streng reglementiert, Glücksspiel war bei Nacht verboten, der Wein durfte nicht verdünnt und musste in eigenen, entsprechend geeichten Gläsern und Bechern ausgeschenkt werden.

Eine Bozner Eigentümlichkeit ist die Tatsache, dass schon vom 13. Jahrhundert auch Frauen Wirtshäuser führen durften. Eines der ältesten und interessantesten Wirtshäuser der Stadt ist das Batzenhäusl. Heinrich Noë (1825–1896), ein deutscher Schriftsteller und Bozen-Liebhaber, widmet ihm sogar das Werk „Das Batzenhäusl, das Künstlerheim und der Drachenerker zu Bozen", eine Geschichte des Wirtshauses, aus dem der folgende Ausschnitt stammt:

„Zu der Zeit, als sich Appius am Fuß der Mendel ein Appianum, heute Eppan geheißen, baute und Priscus in feinem Priscianum, heute Prissian geheißen, hauste, gab sich am schattigen Gelände von Nals Sirmius in Sirmianum, heute Sirmian, den Freuden des Landlebens hin. Da, am Fuße des Rittner Berges aber entstand Baudianum, der Wohnsitz des Baudius, woraus der bekannte Zetazismus nach und nach Bauzanum und endlich gar Bozen gemacht hat […]. Aus den Nebeln dieser Vorgeschichte hervortretend finden wir hier im frühen Mittelalter eine dem Orden Deutscher Ritter, der noch jetzt im nahen ehemaligen Schlosse Weggenstein eine Ballei hat, gehörige Schänke […]. Einem Pächter war sie übergeben, der aus den zahlreichen Gründen des Ordens um und bei Bozen den Wein bezog, wie aus einer Urkunde des Jahres 1404 hervorgeht. Der Tropfen war echt und gut, wie jeder andere Bozener Wein, auch der Ort, da er ‚vom Zapfen lief' nicht anders, wie die übrigen, denn nichts Besonderes, was der Aufzeichnung werth gewesen wäre, wissen die Blätter der Ortsgeschichte von dem Ordensschank zu melden […]. Da fiel im August 1756 der Preußenkönig Friedrich in das mit Österreich verbündete Kursachsen. Der dritte schlesische Krieg, der siebenjährige begann. Wenn auch Tirol selbst von feindlichen Einfällen und Kriegsnöthen verschont blieb, so mußte es doch an seinem Theil die schweren Lasten mittragen, die hohen Summen mitaufbringen helfen, die der ‚männermordende Krieg', wie allzeit, so auch damals in gefräßiger Gier verschlang. Truppendurchzüge und Kriegssteuern trafen auch die Stadt Bozen schwer, sodaß der Magistrat sich gleich zu Beginn des Krieges, im Dezember 1756 genöthigt sah, eine neue ‚allgemeine

Das Batzenhäusl, um 1910

Kellerbeschreibung' vorzunehmen und für jede im Kleinen zu verkaufende Ahre (ein Weinmaß von 76 Liter, nach dem die ältere Generation selbst heut noch hie und da zu rechnen pflegt) Wein eine Steuer von 40–45 Kreuzer vorzuschreiben [...]. Das Batzenhäusl war die einzige Schänke, welche damals ihr Weinzeichen nicht abnahm.“
Weiter heißt es, dass das Batzenhäusl seltsamerweise immer gut besucht war, vielleicht aufgrund einer besonnenen Preispolitik, vielleicht aber auch, weil es außerhalb der Stadt stand und daher an Bozen keine horrenden Steuern leisten musste. Vor allem Reisende, Künstler, Dichter und höhergestellte Bürger waren häufig gesehene Gäste im Batzenhäusl. Durch die Mitwirkung zahlreicher Schriftsteller, Künstler und Reisender sammelte das Batzenhäusl in seinen Räumlichkeiten zahlreiche Werke von großer künstlerischer Bedeutung, die heute Teil einer Sammlung sind, die sich auf Schloss Prösels befindet.

Das **Batzenhäusl**, das älteste Wirtshaus der Bozner Altstadt, ist noch immer in Betrieb und bietet neben dem hauseigenen Bier auch regelmäßig kulturelle Veranstaltungen (Andreas-Hofer-Straße 30, 39100 Bozen, Tel. +39 0471 050950, www.batzen.it).

Von alten Gewerben und Straßennamen
Bozen

Interessant sind die Namen der alten Straßen in der Bozner Altstadt, die an handwerkliche Tätigkeiten im ehemaligen Handelsviertel erinnern: Gerbergasse, Silbergasse, Weintraubengasse, Musterplatz und Kornplatz.

Die Handwerker hatten sich in der Vergangenheit je nach Gewerbe zu Zünften mit eigenen Regeln, einem eigenen Verhaltenskodex und auch einer eigenen Sprache zusammengeschlossen, die aber größtenteils verloren gegangen sind.

In der Altstadt lag das alte, berühmte Gasthaus zur Sonne, in dem im späten 18. Jahrhundert unter anderem Goethe, Herder, Kaiser Joseph I. und Giacomo Casanova logierten. Das Gasthaus wurde 1874 abgerissen, um einen Zugang zur Museumstraße zu schaffen.

Das mittelalterliche Stadttor, das sich am Beginn der Laubengasse befunden hatte, wurde zuerst in die Mitte der Museumstraße verlegt (Hurlacher Tor) und dann gegen die Talferbrücke, wo der sogenannte Hundsturm entstand. Da in der heutigen Museumstraße früher mehrere Metzgerläden lagen, wurde sie ursprünglich als Fleischgasse bezeichnet.

An der Museumstraße lag einst ein Museum, das später in den zwischen 1902 und 1905 errichteten Neubau an der Sparkassenstraße verlegt wurde. Das Stadtmuseum, das sich auf dem Gelände des ehemaligen Ansitzes Hurlach erhebt, beherbergt bedeutende Kunstsammlungen und eine reiche Volkskunstabteilung. Der zinnengekrönte Turm wurde während des Faschismus abgetragen, aber nach einem Entwurf des Architekten Marius Amonn wieder aufgebaut. Im Stadtmuseum wurde auch eine Szene des Films „Decameron" von Pier Paolo Pasolini gedreht.

Die Streitergasse hinter den Lauben hat ihren Namen nach Dr. Josef Streiter, der von 1861 bis 1870 Bozner Bürgermeister war. Der östliche Teil trug die vielsagende Bezeichnung Kotgasse, da hier unterirdisch ein Kanal verlief, der die Abfälle wegschwemmte. Bis 1901 wurde sie Karrnergasse genannt, da hier die Karren anfuhren, die die parallel verlaufende Laubengasse mit Waren versorgten. Neben dem Durchgang unter dem großen Saal, der das mittelalterliche Bauwerk mit dem Ölhaus verbindet, liegt das alte Bozner Rathaus. Es war im 15. Jahrhundert von der Gemeinde erworben, im 16. und 17. Jahrhundert aber mehrmals umgebaut worden.

Am Kornplatz erhob sich – auf dem Gelände des heutigen Gasthofs Weißes Kreuz – der ehemalige Sitz der Trentiner Bischöfe, der 1277 vom Tiroler Landesherrn Meinhard II. zerstört wurde. Die schmale Waaggasse verbindet die Lauben mit dem Kornplatz durch ein romanisches Portal, den einstigen Zugang zum Bischofspalast. Auf dem Kornplatz wurde über Jahrhunderte hinweg ein bedeutender Markt abgehalten, und im hier gelegenen Waaghaus befand sich bis 1780 die öffentliche Waage.

An der Silbergasse zog sich der südliche Wallgraben hin, der – wie der nördliche – 1277 nach der Abtragung der Stadtmauern aufgeschüttet worden war. Der Name der Gasse wird auf den Wohnsitz der bischöflichen Ministerialen zurückgeführt, die die Zollabgaben in Silber einforderten. An der Silbergasse liegt auch die Troyburg, ein einst der Roveretaner Familie Troilo gehöriges Palais, das die Gasse durch eine stimmungsvolle Passage mit den Lauben verbindet. Auf die Silbergasse geht auch der mächtige Merkantilpalast.

Obstmarkt (links) und Bindergasse (rechts), um 1915

An der Stelle des Rathauses erhob sich, zum Schutz des östlichen Stadttors und der Bischofsburg, einst der Wangenturm. Das neue Rathaus war 1904–1907 vom Stadtbaumeister Wilhelm Kürschner und vom Münchner Architekten Carl Hocheder errichtet worden. Im Jahr 1913 wurde der Durchgang des Zwölfmalgreiner Tors geschaffen, der das Stadtzentrum mit dem Stadtteil Zwölfmalgreien verbindet.

Die Bindergasse verdankt ihren Namen den Fassbindern, die hier vom 13. Jahrhundert an ihr Handwerk ausübten. Vorher war sie als Wagnergasse bekannt. In der Binder- und der anschließenden Weintraubengasse befanden sich die meisten Gasthäuser des alten Handelszentrums, die an schmiedeeisernen Schildern zu erkennen waren.

Das **Waaghaus** ist ursprünglich im romanischen Baustil erbaut und im 17. und 18. Jahrhundert umgebaut worden. Von der romanischen Anlage des Hauses ist an der östlichen Außenmauer regelmäßiges Mauerwerk erhalten geblieben. In Zukunft soll im Waaghaus das Haus der Fotografie untergebracht werden. An der Fassade der **Troyburg** befinden sich mehrere Schichten mit Malereien aus dem 15., 17. und 18. Jahrhundert und ein schöner Erker, der über zwei Stockwerke reicht und von einem turmartigen Aufsatz abgeschlossen wird (Silbergasse 16, 39100 Bozen).

Das magische Quadrat auf Schloss Maretsch
Bozen

Schloss Maretsch erhebt sich am Nordrand der Altstadt an der Talfer. Es handelt sich um ein sogenanntes Stadtschloss. Bekannt ist die Legende von der einstigen Schlossherrin Klara, die Selbstmord begangen hat und immer wieder als Gespenst erscheint, noch bekannter aber ist das Schloss für das magische Quadrat, ein Palindrom, das sich – rot in eine Wand des Wehrgangs eingekratzt – neben einem Fenster im dritten Stockwerk des alten Turms befindet. Dieses berühmte Sator-Quadrat kann vorwärts wie rückwärts gelesen werden und ergibt horizontal wie vertikal den gleichen Sinn, wie auch die Felder der numerischen magischen Quadrate immer die gleiche Summe ergeben.

SATOR	ROTAS	123456
AREPO	OPERA	78910
TENET	TENET	111213141\5
OPERA	AREPO	16117181920
ROTAS	SATOR	2122232425

Das Sator-Quadrat

Das Sator-Quadrat, das an vielen Orten gefunden worden ist, wird in alten Büchern und Urkunden zitiert und wiedergegeben. Man hielt es für eine mittelalterliche „Erfindung", bis ein solches magisches Quadrat in den römischen Ruinen von Cirencester (dem römischen Corinium) in England ans Tageslicht kam und auf das 3. Jahrhundert datiert wurde. Es wurde auch als *cruces dissimulatae* interpretiert, das heißt, als von den ersten Christen verwendetes „verhülltes Kreuz". Felix Grosser deutete die Formel 1926 als Anagramm und kam infolge einer symmetrischen Verbindung der Buchstaben auf den Satz PATER NOSTER, AO, wobei A und O für die griechischen Buchstaben Alpha und Omega stehen („Vater Unser, Alpha und Omega").

Auch das Wort TENET im Sator-Quadrat bildet ein Kreuz.

Schloss Maretsch

Lange wurde über das Wort AREPO diskutiert, das dann als griechische Bezeichnung *adaroton* für Sämann interpretiert wurde – sodass man folgenden Satz lesen könnte: „Der Sämann (sator) Arepo (Eigenname) hält (tenet) mit Mühe/sorgfältig (opera) den Wagen (rotas, die Räder)" – was ebenfalls eine christliche Bedeutung haben könnte.

Zu weiteren Fragestellungen kam es nach der Entdeckung dieses magischen Quadrats in Pompeji. Die Buchstaben Alpha und Omega sind erst mit der Offenbarung Johannes (1,8 – 21,6 – 22,13: „Ich bin das Alpha und das Omega") in die christliche Symbolik eingegangen. Das Palindrom in Pompeji könnte allerdings auch auf die Zeit um den Vesuvausbruch 79 nach Christus datiert werden – sodass man wieder an eine christliche Interpretation denken könnte: eine Art Geheimkodex, den nur die Christen kannten. In Italien sind Sator-Quadrate außer in Bozen und Pompeji auch in Siena und im Kloster Valvisciolo in Sermoneta (Latium) anzutreffen, wo es eine sonderbare kreisförmige Gestalt annimmt, mit fünf konzentrischen Kreisen, die jeweils in fünf Abschnitte unterteilt sind. Das magische Quadrat findet sich auch in anderen europäischen Ländern: in Frankreich in Rochemaure (Kirche Saint Laurent) und in den Loire-Schlössern Chinon und Jarnac, in Spanien in Santiago de Compostela, in Ungarn in Alt-Buda und ein ähnliches in Quechua-Sprache in Peru. Einige Wissenschaftler vertreten die Ansicht, dass diese magischen

Quadrate von den Tempelrittern verbreitet wurden, denen auch esoterische Kenntnisse zugeschrieben werden.

Im Laufe der Zeit sind verschiedene Versuche zur Deutung dieser Zeichen unternommen worden. Die einen sahen sie als eine erste Form des Vaterunsers an, besonders angesichts des Wortes SATOR, das sich auf ein altes Gebet bezieht. Einer anderen Auslegung nach könnte man aus den einzelnen Buchstaben auf die Stätte schließen, an der die Bundeslade versteckt liegt, ein weiteres großes Rätsel.

Einige Gelehrte vertreten auch die Ansicht, dass der mittlere Buchstabe N, der sich am Schnittpunkt des Kreuzes TENET befindet, als Symbol der Fische und Zeichen des Geistes anzusehen sei. Bei einer numerischen Lektüre der Diagonalen des Quadrats resultiert, wenn man die Zahlen von 1 bis 25 einsetzt, immer die Summe 65. Diese Zahl ergibt – wenn sie wie in der kabbalistischen Numerologie ohne Vokale gelesen wird (aleph = 1, daleph = 4, nem = 50, jod = 10) – den Namen *Adonaj*, Gott.

Ein magisches Quadrat aus Ziffern ist auch auf der „*Melencolia*" zu sehen, einem der Meisterstiche von Albrecht Dürer.

Schloss Maretsch: Ein Haus zu Maretsch wurde bereits um 1237 zum ersten Mal erwähnt. Im 13. und 14. Jahrhundert erfolgten mehrere Ausbauphasen unter verschiedenen Besitzern. Es wurde ein frei stehender Wohnturm errichtet, die Ringmauer auf das heute regelmäßige Viereck erweitert und mit einem Wehrgang und Schwalbenschwanzzinnen ergänzt sowie mit einem größeren Rundbogentor nach Westen ausgestattet. Im 16. Jahrhundert ließ die Familie Römer die Anlage zum Schloss ausbauen und mit bedeutenden Fresken aus der Renaissance schmücken. Aus dieser Zeit stammt auch der Bau der vier runden Außentürme. Heute beherbergt das Schloss ein Tagungszentrum und mehrere Sonderausstellungen und Veranstaltungen (Claudia-de-Medici-Straße 12, 39100 Bozen, Tel. +39 0471 976615, www.maretsch.info).

Der Bozner Pranger: Verbrechen und Urteile
Bozen

Am Schnittpunkt von Lauben, Museumstraße und Obstmarkt, wo heute der Neptunbrunnen steht, befand sich vom 16. Jahrhundert an das sogenannte „Narrenhäusl", der Pranger für die Verurteilten, die in einer Art Eisenkäfig der öffentlichen Ächtung ausgesetzt wurden.

Das häufigste Vergehen war der Diebstahl, der in einer Gesellschaft, die auf dem Eigentum und einer strengen gesellschaftlichen Hierarchie basierte, schwer bestraft wurde. Den an den Pranger gestellten Dieben konnten auch Leibesstrafen auferlegt werden, und in schwereren Fällen konnten sie auch, je nach dem Wert des Diebesguts, mit einem Brandmal versehen und des Landes verwiesen werden. Wer nach dem 18. vollendeten Lebensjahr Beute im Wert von mehr als 25 veronesischen Pfund stahl und rückfällig war, wurde zum Tode verurteilt: Die Männer wurden gehenkt, die Frauen ertränkt. Überhaupt war das Ertränken eine typische Frauenstrafe, die auch bei Ehebruch, Bigamie und Gewalttaten an Minderjährigen verhängt wurde. Die verurteilten Frauen wurden in einen Sack eingenäht ("gesäckt"), ins Wasser geworfen und mit Stangen bis zum Eintreten des Todes unter Wasser gehalten. Den zum Pranger Verurteilten wurde ein Schild umgehängt, auf dem ihre Schuld angeführt war,

Der Neptunbrunnen

und so wurden sie den Schmähungen der Passanten ausgesetzt, ja sie konnten sogar bespuckt und mit Gegenständen beworfen werden. Den Diebinnen wurde oft ein Ohr abgeschnitten, den Meineidigen die Zunge oder die Finger.

Die schwerste Strafe wurde den Frauen für Kindesmord auferlegt. Bei Abtreibung unterschied man zwischen Abtreibung eines belebten und eines unbelebten Fetusses, wobei letztere nicht bestraft wurde, da das *corpus delicti* fehlte: Auch im Mittelalter war man sich nicht einig darüber, wann ein Fetus unbeseelt beziehungsweise beseelt war. Die Gelehrten hatten für männliche Fetusse einen Termin von 40 Tagen nach der Empfängnis festgesetzt, für weibliche Fetusse 80 Tage. In der beginnenden Neuzeit galt die Bewegung als ausschlaggebendes Element: Solange der Fetus sich nicht bewegte, wurde er als unbeseelt angesehen.

Der erste uns bekannte Prozess gegen eine des Kindesmords beschuldigte Frau ging 1505 in Bozen über die Bühne: Eine gewisse Apollonia aus Thaur bei Innsbruck war angeklagt, "ihr eigenes Fleisch und Blut geschändet" zu haben. Die in Tirol im 16. Jahrhundert gültigen Ordnungen, die bis um die Mitte des 18. Jahrhunderts rechtskräftig waren, legten fest, dass Kindesmörderinnen lebendig begraben und nach dem Tod mit einem Eisenpfahl durchbohrt wurden. Nicht selten wurden sie auch enthauptet, da die mit einem Schwert ausgeführte Todesstrafe als „menschlicher" galt. Doch diesem „Gnadenakt" gingen oft fürchterliche Folterungen voraus, bei denen den verurteilten Frauen die Brüste mit glühenden Zangen abgerissen wurden. Apollonia hatte Glück: Sie wurde nur des Landes verwiesen.

Wenig ist dagegen von Opfern männlicher Gewalttaten die Rede; denn Gewalttätigkeit den Frauen oder den Minderjährigen gegenüber wurde zum Beispiel als „legitim" angesehen, wenn der Herr des Hauses sie als „nützlich oder notwendig" betrachtete. Vergehen gegen die Moral wie Verstöße gegen den Anstand wurden nicht bestraft, wenn sie nicht öffentliches Aufsehen erregten.

In den Urkunden wird auch von einer gewissen Ursula Mittelberger berichtet, die im Jahr 1664 des Geschlechtsverkehrs mit 16 verheirateten Männern und einem Witwer beschuldigt wurde. Sie wurde zu folgender Strafe verurteilt: Sie musste „mit einer brennenden Kerze, einer Rute in der Hand und einem Strohkranz auf dem Kopf an drei Sonntagen vor der Bozner Pfarrkirche stehen, sodass alle Kirchgänger sie schmähen konnten". Die gleiche Strafe wurde auch über Männer verhängt, die Inzest begingen, oder junge Mädchen, die mehr als einen Mann beschuldigten, der Vater ihres Kindes zu sein – nach dem Motto *„mater certa, pater nunquam"*.

Die „sexuelle Gastlichkeit" konnte in Bozen jedenfalls auf solide Wurzeln zählen. Schon im Jahr 1472 beschloss der „ehrenwerte und weise" Stadtrat die Einrichtung eines „Hauses", damit den wenig ehrenhaften Fräuleins eine eigene Stätte zugewiesen wurde, um einerseits Skandale zu vermeiden und andererseits die Kaufleute und die Herren, die den Wunsch danach hatten, gastlich aufzunehmen.

Schon im Mittelalter war die Stadtverwaltung darauf bedacht, Bestimmungen und Verordnungen für den immer blühenden Sexmarkt zu erlassen. Die Prostitution wurde reglementiert, um das Dirnenwesen auf der Straße zu unterbinden, das aber doch von armen oder „lasterhaften" Frauen ausgeübt wurde. Das öffentlich zugelassene Dirnenhaus, das den reichen, in der Stadt weilenden Kaufleuten jeden Komfort garantieren sollte, befand sich in der Rauschertorgasse am Stadtrand, auf einem Gelände, das weder dem Landesfürsten noch dem Fürstbischof unterstand.

Für die Bordelle galten – wie auch für die vielen Wirtshäuser in der Stadt – strenge Bestimmungen zu den Öffnungszeiten wie auch zur Herkunft der Freudenmädchen, die von auswärts kamen: Sie mussten noch alle Zähne haben und gesund sein. Diese sogenannten Tirolerinnen wurden alle als „Kurzwarenhändlerinnen" angeführt, vielleicht weil die herumziehenden Frauen, die sich mit Prostitution den Lebensunterhalt verdienten, wohl oft auch Wanderhändlerinnen waren.

Aber dann änderten sich die Zeiten. Die Reformatoren übten an dieser Form der Gastlichkeit heftige Kritik, das Konzil von Trient näherte sich, und so wurde die öffentliche Meinung in eine andere Richtung gelenkt. Auch in Bozen. Das „Haus" wurde im Juni 1540 geschlossen. Der Stadtrat hatte schon im November 1539 eine diesbezügliche Entscheidung getroffen. Doch Katharina, die letzte, unbeugsame Bordellwirtin, war dem Befehl nicht nachgekommen. Nicht einmal die Inhaftierung ihres Ehemanns Wolfgang Am Kreuz konnte den Widerstand der Frau brechen, sodass der Stadtrat strengere Maßnahmen in Aussicht stellte: Ihr Haus sollte innerhalb von drei Tagen geschlossen werden, anderenfalls kämen Katharina und ihre Gefährtinnen ins Gefängnis und würden anschließend des Landes verwiesen. So ging es vor 500 Jahren mit der von den Behörden geduldeten sexuellen Gastlichkeit in Bozen zu Ende. Und das Thema kam lange nicht mehr ins Gespräch.

Sehr viel später wurden die Freudenhäuser aber wieder geöffnet, das letzte in der Gerbergasse. Kurios eine Geschichte aus der Zeit unmittelbar nach Ende des Zweiten Weltkriegs. Die Gemeindeverwaltung musste sparen, und so herrschte strenge Stromsperre: im Sommer um elf und im Winter um zehn Uhr abends. Die Bordellwirtin wandte sich daher mit folgender Eingabe an den Bürgermeister: Vieles könne man im Dunkeln machen, aber zum Zählen des Geldes, das dieses Gewerbe einbrachte, brauche man Licht.

Das **Stadtmuseum Bozen** existiert seit 1884. Seit 1905 ist der Bozner Museumsverein an der Führung beteiligt. Nach jahrelangen Umbauarbeiten stellt das Museum seit 2011 einen Teil seiner Sammlungen in sechs Räumen im ersten Stock und im Turm aus. Es werden rund 200 Werke (8. bis 20. Jahrhundert) gezeigt: Stuckarbeiten, Fresko-Fragmente, Holzaltäre und -statuen, Ölbilder, Goldschmiedearbeiten, Öfen und Ofenkacheln, Trachten, Grafik. Besonders sehenswert ist die berühmte Volkskunstabteilung mit den gotischen Stuben, originalen Volkstrachten und Masken (Sparkassenstraße 14, 39100 Bozen, Tel. +39 0471 997960).

Das **Alte Rathaus:** Von 1455 bis 1907 war das Gebäude der Sitz der Bozner Stadtverwaltung. Es zeichnet sich durch einen suggestiven Wechsel von gotischen und barocken Architekturelementen aus. Besonders interessant sind die ursprünglichen Gewölbe mit spätgotischen Fresken von Konrad Waider, welche sich im Gebäudeteil unter den Lauben befinden. Im Teil Richtung Dr.-Streiter-Gasse befinden sich der alte Ratssaal mit Fresken von Georg Müller aus Bamberg sowie der historische Sitzungssaal des Tiroler Landtags mit einer kunstvoll gearbeiteten Holzdecke mit dem Tiroler Adler. Den Innenhof bildet eine Loggia aus dem 16. Jahrhundert. Nach einer Generalsanierung ist hier heute das Stadtarchiv untergebracht (Lauben 30, 39100 Bozen). Das Gebäude kann nicht besichtigt werden.

Talferbrücke und Siegesdenkmal

Das Siegesdenkmal
Bozen

Die Bozner Altstadt und der Stadtteil Gries werden durch die Talferbrücke miteinander verbunden. Dieses im Jahr 1900 ausgeführte Bauwerk, eine Flachbogenbrücke mit einer Tragkonstruktion aus genieteten Eisenprofilen, war in den Achtzigerjahren des 20. Jahrhunderts vom Abbruch bedroht, konnte dann aber dank einer Bürgerinitiative gerettet werden.

Nach der Talferbrücke erhebt sich am Siegesplatz das nach Entwürfen des Architekten Marcello Piacentini (1881–1960) errichtete Siegesdenkmal, das am 12. Juli 1928 in Anwesenheit von König Viktor Emanuel III. feierlich eingeweiht wurde. Das Denkmal mit seinem 19 Meter breiten Triumphbogen wird von Plastiken der italienischen Bildhauer Adolfo Wildt und Libero Andreotti geschmückt. Es soll an den Sieg der Italiener im Ersten Weltkrieg erinnern und sorgt immer wieder für scharfe Diskussionen und Streit zwischen deutsch- und italienischsprachigen Südtirolern in Bozen.

Nach mehrjährigen Restaurierungen soll das Siegesdenkmal Ende 2013 wieder öffentlich zugänglich sein und als Dokumentationszentrum genutzt werden. Im Souterrain entsteht ein Ausstellungsparcours, in welchem die Geschichte Bozens von 1918 bis 1945 samt der Geschichte des umstrittenen Denkmals dokumentiert werden soll.

Weitere Informationen

Verkehrsamt Bozen: Waltherplatz 8, 39100 Bozen, Tel. +39 0471 307000, www.bolzano-bozen.it

Ritten

Die Sommerfrische der Bozner
Ritten

Bozen war im 17. und 18. Jahrhundert eine wohlhabende Handelsstadt und eine Stätte der Begegnung zwischen Norden und Süden. Das gut situierte Bürgertum und die einheimischen Patrizier pflegten daher den Sommer auf dem Ritten zu verbringen, vor allem in den Orten Oberbozen, Maria Himmelfahrt und Klobenstein. Diese Sommerfrische dauerte von Peter und Paul am 29. Juni bis zu Mariä Geburt am 12. September. Wer auf seinen gesellschaftlichen Rang hielt, durfte hier auf dem Ritten nicht fehlen. So entstanden von weiten Grünflächen umgebene Landhäuser, in denen prächtige bemalte Holzdecken zu finden sind.

Die Schützenscheiben
Oberbozen

Dieselben Künstler, die in den Sommerfrischhäusern der Bozner auf dem Ritten tätig waren, wurden auch zur Bemalung von Schießscheiben herangezogen. Denn ein beliebter Freizeitsport der 1668 gegründeten Adeligen Schützengesellschaft war das Scheibenschießen. Die Zielscheiben, die zu Eheschließungen und Geburten oder bei der Neuaufnahme von Mitgliedern in die Schützengesellschaft eigens angefertigt wurden, sind wahre Kunstwerke. Sie sind mit religiösen, mythologischen und allegorischen Sujets versehen, oft aber auch mit Darstellungen des heiter-unbeschwerten Lebens der reichen Sommerfrischler. An die hundert dieser Zielscheiben sind noch heute in dem im 18. Jahrhundert angelegten, achteckigen Schießstand in Oberbozen zu sehen.

Der **Schießstand** liegt im Oberbozner Ortsteil Maria Himmelfahrt. Er ist für Besucher nur auf Anfrage (Tourismusverband Ritten) zu besichtigen.

Die Erdpyramiden
Oberbozen

Unterhalb von Oberbozen sind bizarre Erosionserscheinungen zu sehen, sogenannte Erdpyramiden: Die Rittner Exemplare sind die höchsten in Europa.
Wird der Moränenlehm, aus dem die Pyramiden bestehen, nass, so fließt das
im trockenen Zustand sehr harte Material zu Tal. Manchmal kommt es jedoch
vor, dass einzelne Steine im Lehm eingelagert sind. Diese – bei den Rittner
Erdpyramiden handelt es sich um hutartige Porphyrplatten – halten das dar-
unterliegende Erdreich bei Regen trocken, wodurch pyramidenförmige Türme
entstehen können, die bis zu einer Höhe von 30 Metern aus dem Boden ragen.

Die Rittner Erdpyramiden

St. Verena in Rotwand
Lengstein

Auf einem Felsenhügel, der weite Ausblicke auf das Eisacktal eröffnet, erhebt sich die Kirche St. Verena. Der Porphyrhügel gilt angesichts seiner günstigen Lage als vorgeschichtliche Siedelstätte wahrscheinlich aus keltischer Zeit. In der Nähe wurde auch ein Bildstein entdeckt, der sich heute im Bozner Stadtmuseum befindet. Auf diesem Bildstein sind Reliefs mit Beilen und Dolchen zu erkennen. Die Verena-Kirche wurde schon 1256 erstmals erwähnt, aber der heutige Bau stammt aus dem 17. Jahrhundert.

Einen schönen Abstecher zur **St.-Verena-Kirche** kann man auf dem Lengsteiner Rundwanderweg machen. Er führt von Lengstein ausgehend an verschiedenen Sehenswürdigkeiten vorbei und endet nach drei Stunden Gehzeit wieder in Lengstein. Den Schlüssel für die Kirche erhält man beim nahegelegenen Nopp-Hof (Tel. +39 0471 349010).

Weitere Informationen

Tourismusverein Ritten: Dorfstraße 5, 39054 Ritten, Tel. +39 0471 356100, www.ritten.com

Die Kirche St. Verena in Rotwand

Sarntal

Das Geheimnis der Halstücher
Sarntal

Das Sarntal ist eine der wenigen Südtiroler Gegenden, wo bis heute noch Trachten getragen werden. Dabei wird zwischen der Alltagstracht und der Festtagstracht unterschieden. Sie sind bei der Frauentracht durch die Schürze und das Halstuch auseinanderzuhalten, bei der Männertracht durch die Leinenhemden, die schwarzen Lodenhosen und die Ledergurte, die mit Federkielstickereien verziert werden.

Ebenfalls im Sarntal kann man an der Farbe des Hutbands sofort erkennen, ob ein Mann ledig oder verheiratet ist: Ledige tragen ein rotes Hutband, Verheiratete ein grünes.

Besonders schön und kostbar ist das Halstuch der Frauentracht – was seinen Grund hat. Die Volkskundler sind der Ansicht, dass die Sarner Frauentrachten (wie im Übrigen auch die Trachten aus ganz Südtirol) im frühen 19. Jahrhundert ein sehr enges, tief ausgeschnittenes Mieder und einen kurzen, gerade bis zum Knie reichenden Rock hatten.

Johann Nepomuk von Tschiderer, der spätere Bischof von Trient, war von 1810 bis 1819 Pfarrer im Sarntal und führte in dieser Zeit einen unermüdlichen Kampf gegen die „anstößigen Frauentrachten im Tal".

Doch nicht Tschiderer gelang es, die Sarntaler Frauen zu „sittlicheren" Trachten zu bewegen, sondern seinem Nachfolger, der mit Unterstützung einer Jesuitenkommission die Frauen dazu brachte, die schwarzen oder braunen Röcke bis zum Fußknöchel zu verlängern.

Das enge Mieder wurde im Sommer durch ein ärmelloses Leibchen ersetzt, das über der „Pfoat" genannten weißen Bluse getragen wurde, im Winter dagegen kam über das Leibchen eine kurze, „Tschoap" genannte Jacke. Der Ausschnitt wurde mit zwei Halstüchern verdeckt: einem kleinen weißen Tuch und einem Schal, der über die Schultern reichte. Dieses anfangs schwarze Halstuch wurde mit der Zeit immer farbiger und es gab dieser Tracht den Namen „Tüchltracht".

„Je mehr Halstücher eine Frau hat, desto reicher ist sie", heißt es im Sarntal. Wenn die Bauern sich zum Markt in die Stadt begaben, brachten sie ihrer Frau als Geschenk immer ein farbiges Halstuch mit.

Es gibt die verschiedensten Halstücher: aus Baumwolle für den Alltag und aus Seide und Brokat, passend zur Schürze, für die Feiertage. Auch im Burggrafenamt wurde die Mode des weit ausgeschnittenen Mieders um 1840–1850 abge-

Sarntaler in traditionellen Trachten

schafft und das allzu freizügige Dekolleté mit Halstüchern verdeckt, die angeblich „praktischer und hygienischer" waren.

Das **Rohrerhaus** ist eng mit der Geschichte des Sarntals verbunden. Es wird erstmals um 1288 erwähnt und galt früher als einer der größten Höfe des Tales. Er liegt in der Runggener Straße 10 mitten in Sarnthein. Die großzügigen Räume zeugen von der Wichtigkeit des Hofes. Das Rohrerhaus fungiert nicht als reines Museum, sondern sieht sich eher als ein Ort der Begegnung. Stube, Küche und Stubenkammer vermitteln einen authentischen Einblick in die Wohnverhältnisse von früher.

Das Klöckeln
Sarntal

Im Sarntal ist noch ein uralter Adventsbrauch lebendig, der an den drei Donnerstagen vor der Wintersonnwende begangen wird: das sogenannte Klöckeln. Das Wort leitet sich vom „Klocken" her, was im Sarner Dialekt das Klopfen bezeichnet. Das „Klöckeln" war einst im gesamten Alpenraum verbreitet, hat sich in Südtirol aber nur im Sarntal und im Vinschgau erhalten. Die „Klöckler" sind als Pflanzen, Tiere und Minerale vermummte und maskierte Gestalten, die mit viel Lärm und Klamauk von einem Haus und Hof zum anderen ziehen, dabei zwei sehr alte Lieder singen – das Klöckellied und

Sarntaler Klöckler

das Danklied – und um Gaben bitten. Eine besondere Rolle spielen beim Klöckelzug das „Zusslmandl" und das „Zusslweibele", die beide von Männern dargestellt werden. Ungeklärt ist der Ursprung dieses Brauchs, der als heidnischer Fruchtbarkeitsritus interpretiert wird, während andere Forscher ihm eine christliche Herkunft und Bedeutung zuschreiben.

Am letzten Adventdonnerstag vollzieht sich ein sonderbares, heute fast in Vergessenheit geratenes Ritual. Es handelt sich um das Fest der Frauen, die maskiert und sichelschwingend durch das Tal ziehen und den Jugendlichen im Dorf nachlaufen.

In Gröden wird auf ähnliche Weise die „Tlecanocht" gefeiert, eine ladinische Variante des Klöckelns.

 ## „Stoanerne Mandln"
Sarntal

Auf dem Gebirgskamm, der das Sarntal vom Etschtal trennt, sind in rund 2.000 Metern Höhe viele Steinhaufen anzutreffen, die zwischen 30 Zentimetern und mehr als drei Metern hoch sind: Es sind „Steinmännchen", die in Tirol als „Steinmandln" oder „Stoanerne Mandln" bezeichnet werden. Einige der aufgehäuften Steine weisen Ritzzeichnungen auf, manchmal handelt es sich um Feuersteine – was zu der Vermutung Anlass gibt, dass es sich um uralte Kultstätten handeln könnte. Die Sarntaler Steinmandln werden schon in der Chronik eines Hexenprozesses aus dem Jahr 1540 als kultischer Ort erwähnt. Im Vernehmungsprotokoll heißt es, dass die unglückselige Frau sich am Sabbat mit ihren Gefährtinnen gerade an diesen Steindenkmälern traf. Die Sarntaler Hexen sollen sich hier versammelt haben, um dann gemeinsam zum Schlern zu fliegen, der auf der anderen Talseite aufragt und von vielen teuflischen Geistern bewohnt gewesen sein soll. Es wird auch erzählt, dass unter den Steinmandln Schätze versteckt sind, und da Schätze bekanntlich heiß sind, bleibe auf diesen Steinhaufen auch kein Schnee liegen.

Aber was sind diese Steinmännchen in Wirklichkeit? Können sie als Wegzeichen und archaische Form der Wegmarkierung interpretiert werden oder als Zeichen einer zumindest vorübergehenden menschlichen Präsenz? Oder können sie als Zeichen eines Bündnisses zwischen Gott und den Menschen angesehen werden, wie es im Buch Exodus zu lesen ist? „Wenn du mir einen Altar aus Steinen errichtest, so sollst du ihn nicht aus behauenen Quadern bauen. Du entweihst ihn, wenn du mit einem Meißel daran arbeitest." (Ex 20,25)

Stoanerne Mandln im Sarntal

Also sind es wohl doch Kultstätten. Überall auf der Welt, wo Steine vorhanden sind, haben die Menschen sie aufgeschichtet und gen Himmel aufgerichtet. In vielen Fällen handelt es sich um Gräber oder um Sühneopfer für Vergehen. Handelt es sich vielleicht um die im Buch Exodus erwähnten Altäre? Wer an diesen Steinmandln vorbeikommt und sich schuldig fühlt, füge einen Stein hinzu. Je größer die Schuld, desto schwerer der Stein.

Stoanerne Mandln auf dem Salten

Die Stoanernen Mandln: Zu diesen kleinen Steinpyramiden gelangt man von der Sarner Skihütte (1.614 Meter) bei Sarnthein aus. Auf dem breiten Weg Nr. 2 geht es durch einen Wald mäßig steil hinauf zur Auener Alm auf 1.788 Meter und dann weiter, leicht ansteigend, zum Auenjoch. Schließlich führt der Steig Nr. 4 südwärts zu den Stoanernen Mandln. Von hier aus genießt man auch einen umwerfenden 360-Grad-Rundblick.

Die Suche nach dem Piloten Wisner
Muls

Es hört sich an wie die Handlung eines amerikanischen Films der Serie „*Cold Case*", in der niemals geklärte Ereignisse der Vergangenheit behandelt werden. Tatsächlich aber handelt es sich um eine ganz und gar wahre Geschichte. Am 20. Oktober 1944 wird eine amerikanische Jagdstaffel auf dem Flug nach Bayern von einer deutschen Flak über den Alpen abgefangen und drei Flugzeuge werden abgeschossen. Ein Pilot wird gefangen genommen, die beiden anderen werden als vermisst erklärt. Nach 56 Jahren bekommt die Bozner Tageszeitung *Alto Adige* am 2. Januar 2000 einen Brief aus Amerika: Diana Dale, die Nichte des Leutnants William Wisner (eines der beiden Vermissten), möchte wissen, was mit ihrem Onkel passiert ist, denn da gäbe es zu viele Rätsel: verschwundene Dokumente, sich widersprechende Zeugenaussagen, Bestandteile des Wracks, die nicht zusammenpassen. Und allmählich kommt die Wahrheit ans Tageslicht.
Paolo Cagnan, ein Journalist der *Alto Adige*, macht sich auf die Suche. Er und einige Mitarbeiter führen Archivrecherchen durch, nehmen Kontakte zu den ehemaligen amerikanischen Piloten auf, beschaffen sich Dokumente der Luftwaffe. Und sie klappern im Gebirge in einem Umkreis von 15 Kilometern von der vermutlichen Absturzstelle Hof um Hof ab.

Wie in einem Film werden sie durch unwahre Indizien und falsche Spuren ab-
gelenkt. Dann plötzlich eine Überraschung: Ein Mann, der beim Absturz des
Flugzeugs etwa fünf Jahre alt war, erinnert sich, dass auf einer Bergwiese im
Sarntal ein Holzkreuz steht, an der Begräbnisstätte eines amerikanischen Sol-
daten. Ein aus Amerika angereistes Forschungsteam findet das Kreuz und
gräbt es aus: In der Erde findet sich das Skelett eines Mannes. Und eine DNA-
Analyse ergibt, dass es sich mit Sicherheit um die Leiche des Piloten William
Wisner handelt. Die sterblichen Überreste werden nach Dallas (Texas) ge-
bracht und dort in allen Ehren begraben.
Der Journalist und Schriftsteller Paolo Cagnan hat diese Story zum Buch
„Trov@te il pilota Wisner" verarbeitet, das 2001 beim Verlag Sperling & Kupfer
erschienen ist.

Weitere Informationen

Tourismusverein Sarntal: Kirchplatz 9, 39058 Sarnthein, Tel. +39 0471 623091,
www.sarntal.com

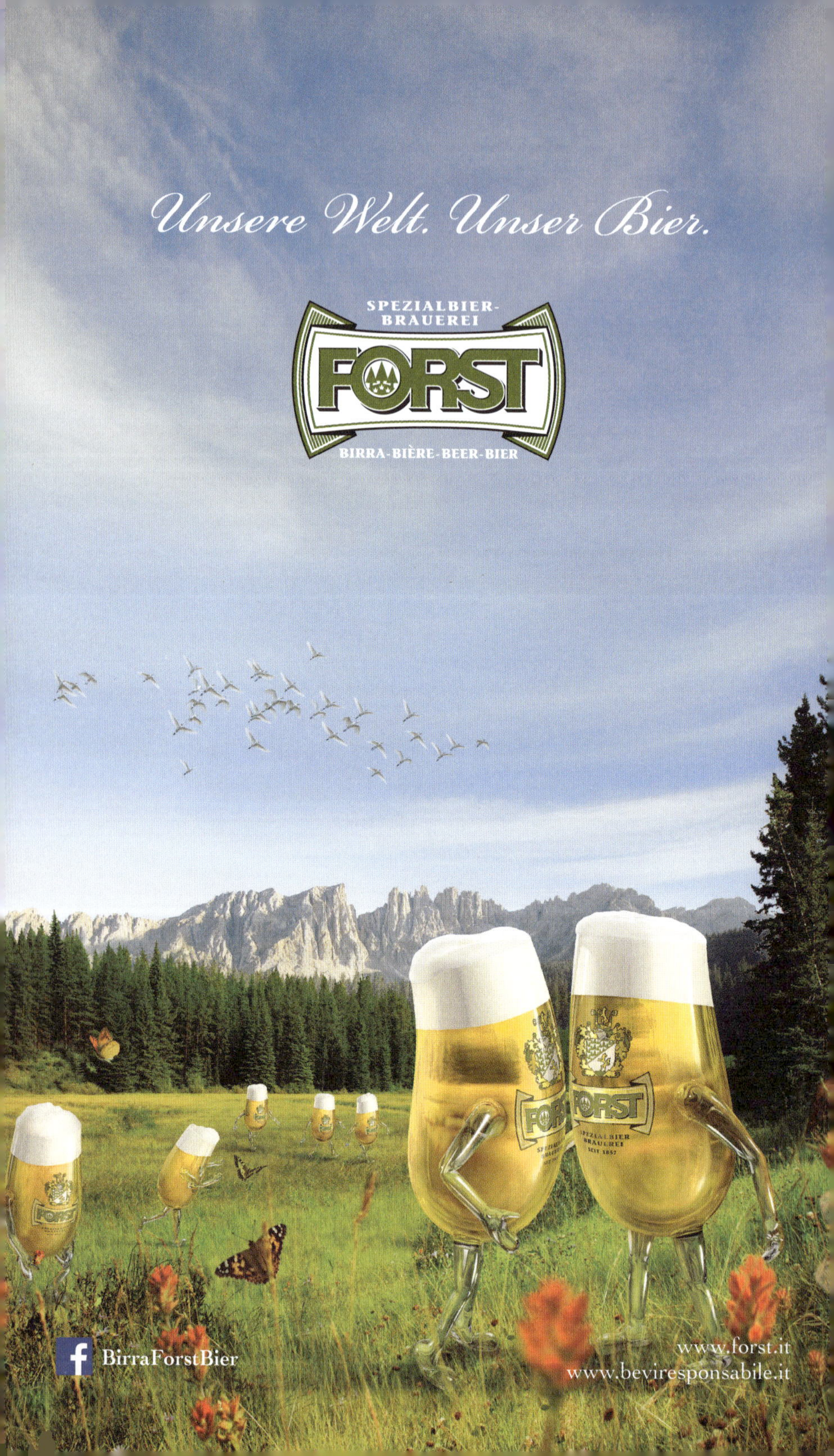

Unsere Welt. Unser Bier.
SPEZIALBIER-BRAUEREI
FORST
BIRRA-BIÈRE-BEER-BIER
BirraForstBier
www.forst.it
www.beviresponsabile.it

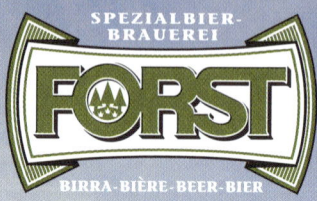

7. Von Bozen nach Salurn: Überetsch-Unterland

Eppan an der Weinstraße

Die Eislöcher in St. Michael in Eppan
St. Michael

Eine interessante naturkundliche Erscheinung findet sich bei St. Michael. Es handelt sich um die sogenannten Eislöcher, kuriose „Kühlschränke" in einer Gegend mit sonst mediterranem Klima. Durch die Spalten zwischen den Porphyrblöcken strömt warme Luft ein, die sich unterwegs abkühlt und an den unteren Öffnungen als eiskalte Luft entweicht. In diesem einzigartigen Mikroklima wachsen auf 590 Metern Meereshöhe Pflanzen, die man sonst nur im Hochgebirge antreffen kann, wie Alpenrosen, Preiselbeeren und andere Gewächse. Selbst im Hochsommer steigt die Temperatur nur selten über zehn Grad, ja es können sich sogar Eiszapfen bilden, die den ganzen Sommer überstehen. Diese mit Moos und Flechten bewachsenen Eislöcher, die teilweise so groß wie Grotten sind, stellen ein geheimnisvolles Naturschauspiel dar.

Von Eppan aus erreicht man die **Eislöcher** auf dem Weg Nr. 7A. Dieser beginnt auf dem Hauptplatz von St. Michael direkt hinter dem St.-Anna-Kirchlein. Von dort zweigt der Weg nach rechts ab, führt vorbei an Schloss Gandegg und verläuft bis zum Stroblhof, wo die Wanderung schließlich auf dem Weg Nr. 15 fortgesetzt wird. Der Rückweg führt über den Weg Nr. 7A und den Weg ST wieder zurück nach St. Michael in Eppan. Nach etwa 20 Minuten erreicht man die Eislöcher, was man durch die deutlich niedereren Temperaturen auch sogleich merkt. Die Wanderung eignet sich besonders für jene, die in den heißen Sommermonaten Abkühlung suchen.

Eislöcher bei Eppan

Verkehrte Welt
Eppan Berg

Das Schloss Moos, heute mehr als Ansitz Schulthaus bekannt, ist aus einem um 1250 erbauten Jagdschloss der Herren von Rottenburg hervorgegangen. Dieses in die prachtvolle Überetscher Landschaft eingebettete Bauwerk ist ein Edelsitz von magischem Reiz. Besonders rätselhaft sind im 15. Jahrhundert entstandene Wandmalereien, auf denen eine gewissermaßen verkehrte Welt dargestellt wird. Wir finden hier einen Phallusbaum und einen Liebesgarten, aber auch einen „Katzen- und Mäusekrieg": Eine von einem Mäusekönig angeführte Mäusearmee, die an einem Flussufer ihre Zelte in orientalischem Stil aufgeschlagen hat, greift die Burg des Katzenkönigs an, die von aufrecht stehenden und bis an die Zähne bewaffneten Katzen verteidigt wird. Doch die Mäuse gewinnen die Oberhand, die Katzen werden gehängt und sterben. Dieses ikonografische Motiv soll aus dem Orient stammen und während der Kreuzzüge nach Europa gekommen sein. Die älteste Darstellung dieser Art findet sich auf einem im Museo Egizio in Turin aufbewahrten, auf die Zeit um 1400 vor Christus datierten Papyrus mit ägyptischen Erzählungen.

Hier noch einige Bemerkungen zur Lösung des Rätsels dieser Symbolik: Die Katze gilt als Sinnbild der Freiheit, die Maus als Symbol der Dunkelheit und des unaufhaltsamen Wegs zum Tod. Durch den Krieg wird im Chaos die Ordnung wiederhergestellt, wie er auch als Sieg des Bösen über das Gute angesehen werden kann. Ähnliche Darstellungen dieser Art finden sich im Casa Thun in Revò, einer Gemeinde des Nonstals.

Das zweite Sujet umfasst Szenen höfischen Lebens und Rittergeschichten, aber auch sehr profane Episoden: Zwei nackte weibliche Figuren sammeln seltsame Früchte, die von einem Baum fallen, und geben sie in ihre Körbe. Ein Phallusbaum? Eine feministische Geste *ante litteram*?

Auf jeden Fall geben diese Malereien die fantasievolle, lebensfrohe Welt der damaligen Gesellschaft wieder. Die sexuelle Anspielung war ein Motiv der französischen Lyrik des 14. Jahrhunderts, mit der die moderne Satire beginnt.

Katzen- und Mäuse- krieg auf Schloss Moos- Schult- haus

Im **Schloss Moos-Schulthaus** befindet sich heutzutage ein Museum, das dem Bozner Kaufherrn Walter Amonn zu verdanken ist, der 1983 seine Gemäldesammlung von Tiroler Künstlern aus der ersten Hälfte des 20. Jahrhunderts und die Räumlichkeiten des Schlosses stiftete. Das Schloss bietet einen guten Einblick in die mittelalterliche Wohnkultur. Neben zahlreichen Fresken können eine gotische Stube und eine Rauchküche besichtigt werden. Dies alles ist jedoch nur mit Führung möglich. Diese findet täglich außer montags und sonntags statt (Schulthauserweg 4, 39057 Eppan an der Weinstraße, Tel. +39 0471 660139).

Die rätselhafte Kultstätte am Jobenbühel
Montiggl

Die Hügel um Eppan waren schon in der Bronze-, der Eisen- und der Römerzeit besiedelt. Südlich des großen Montiggler Sees ist am Jobenbühel in 609 Metern Meereshöhe eine weiträumige, vorgeschichtliche Anlage aus Trockenmauerwerk entdeckt worden. Bei Untersuchungen zur astronomischen Ausrichtung der Anlage, die von Pietro Leonardi durchgeführt worden sind, konnte nachgewiesen werden, dass ein Megalithgang an der Südseite in Richtung Sonnenaufgang verläuft. Am Beginn des Gangs befindet sich ein steinerner Altar, ein alter Grabtempel mit einer Opferstätte in der Mitte, der am kürzesten Tag des Jahres, zur Wintersonnenwende, von den durch einen Mauerschlitz einfallenden Sonnenstrahlen berührt wird. Ein uralter Steinring als Huldigung für die lichtärmste Zeit des Jahres.

Dieses Bild lässt an die Megalithstruktur im englischen Stonehenge denken – auch wenn die Anlage hier in Eppan sehr viel kleiner ist. Beeindruckend ist auf jeden Fall die Bestimmung dieser Strukturen, die – Computer der Vorgeschichte – als eine Art astronomischer Kalender zur Berechnung auch des Himmelsgewölbes benutzt wurden. Derartige Kenntnisse waren schon in längst vergangenen Zeiten in hoch entwickelten Kulturen und den Priesterkasten verbreitet.

Um die Anlage am **Jobenbühel** zu erreichen, parkt man am besten auf dem Parkplatz beim Großen Montiggler See. Es bietet sich an, um den See, den ein schöner Waldweg säumt, herumzuwandern. Hinter dem Hotel Moser geht man schließlich auf dem Weg Nr. 20 ungefähr zehn Minuten (selbe Richtung wie Frühlingstal), um dann links auf den Bühel, der zwischen Langmoos (schöner kleiner Weiher) und Montiggl Dorf liegt, abzubiegen. Da es keinen direkten Weg gibt, eignet sich die Gegend zum Selbstentdecken.

Weitere Informationen

Tourismusverein Eppan an der Weinstraße: Rathausplatz 1, 39057 Eppan an der Weinstraße, Tel. +39 0471 662206, www.eppan.com

Kaltern am See

Maria von Mörl, die Mystikerin
Kaltern am See

Maria von Mörl, die „Ekstatische aus Kaltern", wurde 1812 in diesem Dorf an der Südtiroler Weinstraße geboren und ist hier am 11. Januar 1868 gestorben. Zu Lebenszeiten genoss sie große Ehren und Anerkennung. Gelehrte, Ärzte, Bischöfe, Dichter, Historiker, Geistliche und Zehntausende von Pilgern kamen aus ganz Europa nach Kaltern, um sie kennenzulernen und mit ihr zu sprechen. Zweimal wurde sie sogar von Kaiserin Anna von Österreich aufgesucht und noch viele weitere Prominente wollten sie sehen: ein Bruder des Kaisers, der Gouverneur von Tirol, die Königin Adelheid von Sardinien-Piemont, der Gelehrte Joseph von Görres, der Philosoph Antonio Rosmini, die Dichter Clemens von Brentano und Silvio Pellico.

Maria von Mörl war besonders für ihre Prophezeiungen bekannt. So sagte sie den Tod der Erzherzogin Margarete und vieler anderer Personen voraus. Dem „ekstatischen Fräulein" werden auch viele Wunder zugeschrieben. So wird von einem jungen Mann aus Kaltern, Franz

Der Dorfplatz von Kaltern

Sinn, erzählt, der von seinen Wunden an beiden Beinen befreit wurde, nachdem er Maria von Mörl angerufen hatte. Noch außergewöhnlicher war die Heilung der jungen Rosa Micheli, der Tochter eines Kalterer Grundbesitzers, die eine vereiterte Wunde am Oberkörper hatte. Nach Fürbitten an Maria von Mörl wurde dem Mädchen eines Abends ein Stück des Kleides der Ekstatischen aufgelegt, und am darauf folgenden Morgen war die Wunde geschlossen und heilte in wenigen Tagen. In vielen Dörfern finden sich Dokumente von Wunderheilungen, die der Mystikerin zugeschrieben werden, aber von den Kirchenbehörden für eine Seligsprechung eingehend überprüft werden müssen. Maria von Mörl führte ein beispielhaftes Leben, in deren Mittelpunkt immer die ekstatische Betrachtung der Leiden Christi stand. Sie selbst trug fast ihr Leben lang Wundmale, die aber nach ihrem Tod rätselhafterweise ganz verschwanden.

Sie ist neben „Meneghina" von Capriana und Creszentia Nierklutsch aus Tscherms eine der drei Mystikerinnen, die in jener Zeit in Südtirol und im benachbarten Trentino lebten und anscheinend miteinander in telepathischer Verbindung standen. Während der Seligsprechungsprozess der Maria von Mörl in den letzten Jahren ins Stocken geraten ist, hat der derzeitige Bischof von Trient, Luigi Bressan, seine Zustimmung zur Seligsprechung von „Meneghina" Maria Domenica Lazzeri aus Capriana gegeben.

Neben dem Geburtshaus der **Maria von Mörl** in Kaltern (Goldgasse 10) ist heute vor allem der dortige Friedhof sichtbarstes Zeichen ihres Lebens. Das Grundstück dafür wurde dem Dorf von Maria von Mörl höchstpersönlich gestiftet.

Der Heuschreckenprozess
Kaltern am See

Eine Plage suchte im Mittelalter das Weindorf Kaltern heim. Im Gemeinde-archiv werden die Akten eines regulären Prozesses gegen die Heuschrecken aufbewahrt, die aus dem Dorf verbannt wurden. Da diese Heuschrecken – so heißt es in der Urteilsbegründung – den Menschen und dem Dorf Schaden an-richteten, „werden sie verurteilt, das Land zu verlassen. Im Namen des Vaters, des Sohns und des Heiligen Geistes – Anno Domini 1338". Aber die „Ruch-losen" missachteten das Urteil und fielen am 24. August desselben Jahres über den Bozner Talkessel und das Überetsch her, wo sie Felder, Weinberge, Gärten und Obstgärten zugrunde richteten. Zur Rettung vor der Heuschreckenplage wurde eine große Prozession veranstaltet und alljährlich wiederholt.

Kaltern hat sich vor allem als Weinanbaugebiet einen Namen gemacht. Der langen Weintra-dition ist auch das dortige **Südtiroler Weinbaumuseum** gewidmet, das älteste Museum sei-ner Art. Dort erhält der Besucher einen tieferen Einblick in die Weingeschichte des Landes und wie sich der Anbau über die Jahrhunderte verändert hat. Es befindet sich direkt im Dorfzent-rum in der ehemaligen Kellerei Di Pauli (Goldgasse 1, 39052 Kaltern, Tel. +39 0471 963168).

Die Ruine St. Peter
Altenburg

Auf einer durch eine Schlucht von Altenburg getrennten Felsenkuppe liegt die Ruine der Kirche St. Peter. Einer Legende nach erhebt sie sich an einem Ort, an dem der heilige Vigilius auf dem Weg von Trient über den Mendelpass ins Nonstal eine Rast einlegte. Mit Sicherheit handelt es sich um eine frühchristli-che Anlage, die auf das 5. Jahrhundert datiert wird. Etwas südlich der Kirche

Die Ruine St. Peter

befindet sich eine rechteckige Vertiefung im Felsboden, die lange als Tauf-
becken angesehen wurde, neuesten Studien nach aber ein Grab gewesen sein
dürfte, mit einer kissenartigen Erhöhung an der Nordseite, als Ruhestatt für
den Kopf des hier Begrabenen. Bleibt das Rätsel um die Identität des Toten.
War es Vigilius selbst oder einer seiner Gefolgsleute? Oder vielleicht eine Adelige, die in Kirchennähe einer Waldgottheit Opfer dargebracht hatte und daher getötet worden war? Diese These könnte auch durch die Schalensteine auf
den nahen Felsen gestützt werden. Die künstlichen Vertiefungen, die nicht
eindeutig datiert werden können, werden auf die Vorgeschichte und auf mögliche Opferrituale zurückgeführt. Möglicherweise beziehen sie sich auf einen
alten astronomischen Kalender aus Stein.

St. Peter in Altenburg und bronzezeitliche Kultstätte: Auf der Straße von Kaltern nach Tramin geht es am Kalterer See rechts nach Altenburg, wo man den Schildern bis zum Parkplatz
der Sportzone St. Anton folgt. Dort beginnt der mit einem weißen Kreis markierte Friedens-
weg, der durch Wald und Wiesen bis zur Rastenbachklamm führt. Über zahlreiche Treppen,
Brücken und Stege geht es hinunter in die Klamm, wo der Weg schließlich rechts nach Altenburg und zur Ruine St. Peter (ausgeschildert) abzweigt. Wiederum über steile Treppen geht es
hinauf zur Ruine St. Peter. Ganz in der Nähe befindet sich die 37 Meter lange Friedensbrücke,
neben der noch die imposanten Ruinen einer mittelalterlichen Brücke bestaunt werden können.

Weitere Informationen

Tourismusverein Kaltern am See: Marktplatz 8, 39052 Kaltern am See,
Tel. +39 0471 963169, www.kaltern.com

Tramin, Kurtatsch und Margreid an der Weinstraße

Der Egetmann-Umzug
Tramin an der Weinstraße

Alle zwei Jahre wird in Tramin ein besonderer Fasnachtsbrauch gefeiert, der Egetmann-Umzug. „Eget" leitet sich vom althochdeutschen Wort *egida* für Egge her, und heute ist man – im Gegensatz zu vegetationskultischen Interpretationen der Vergangenheit – der Ansicht, dass es sich bei diesem Umzug um eine Art Volksschauspiel handelt, das sich aus dem Pflugziehen entwickelt hat. In jedem Fall ist der Egetmann-Umzug einer der ältesten Südtiroler Faschingsbräuche. Typisch für den Traminer Umzug ist, dass die Teilnehmer keine Masken tragen. Der Umzug wird von einem berittenen Trompeter eröffnet, auf den Bauern mit ihren Knechten folgen, Peitschen knallende „Ausschöller" und anschließend die Vertreter der verschiedenen Gewerbe: Bauern, Drescher, Schneider, Fassbinder und Schuster, Schwarzbrenner, Schmiede, reiche und arme Zigeuner, Fischer und Pfannenflicker. Dabei ist zu bemerken, dass sich kein Hinweis auf den Weinbau findet, was verschiedene Historiker als Zeichen dafür interpretieren, dass dieser Brauch sich schon vor Einführung der Rebwirtschaft entwickelt hat.

Die Hauptfigur des Umzugs ist der „Egetmann-Hansl", eine mit schwarzem Rock, Zylinder und weißen Handschuhen angetane Puppe, die in Begleitung eines Dieners in einer Kutsche fährt. Die Braut (auch sie wird von einem Mann dargestellt) sitzt neben dem Kutscher auf dem Bock. Es folgen die schwarz gekleideten Ratsherren, die ein Protokollbuch, eine Leiter, einen Regenschirm und zwei Leuchter bei sich haben. Die Leiter wird unterwegs an alle Brunnen gelehnt, damit aus dem Protokollbuch das Eheaufgebot des Egetmanns verlesen werden kann.

Hinter dem Egetmann zieht der mit Efeu bekleidete und als eine der wenigen Figuren im Gesicht maskierte „Wilde Mann" durch die Dorfstraßen, zusammen mit einem Jäger, der den Wilden Mann am Ende des Umzugs auf dem Marktplatz vor dem Rathaus erschießt. Weitere Figuren sind die „Burgl", eine alte, hässliche Frau, die vom „Burgltreiber" mit einem Stock verjagt wird, der auf einem Esel reitende Doktor und schließlich ein armer, verschuldeter Bauer, der von seinen Gläubigern bedrängt wird.

Früher wurden im Protokoll verschiedene Ereignisse, die sich im Dorf abgespielt haben, aufs Korn genommen, doch heute ist man von diesem Brauch abgekommen.

„Schnappvieh" beim Egetmann-Umzug

Die charakteristischsten Maskenfiguren sind neben dem Wilden Mann das „Schnappvieh", riesige Gestalten mit einem mit Fell überzogenen Kopf und beweglichem Unterkiefer, der mit lautem Klappern auf und zu schnappt, und zwei Frauengestalten, die in ihrem Rückenkorb ihre Männerpuppen mit sich herumtragen. Eine wahrhaft verkehrte Welt.

Einen sehr guten Einblick in das Faschingstreiben beim Egetmann-Umzug bietet das **Hoamet-Tramin-Museum**, in dem unter anderem die Figuren des fröhlichen Hochzeitszuges erklärt werden. Außerdem beleuchtet das Museum alle Aspekte des Traminer Dorflebens, seiner Bräuche und Traditionen (Rathausplatz 9, 39040 Tramin an der Weinstraße, Tel. +39 328 5603645, www.hoamet-tramin-museum.com).

St. Jakob in Kastelaz
Tramin an der Weinstraße

Diese kleine romanische Kirche weist im Inneren, an der Apsis und am Triumphbogen, Wandmalereien mit monströsen Fabelwesen auf, die auf mittelalterliche Bestiarien verweisen. Die christliche Religion griff zur Darstellung der Sünden und des Reichs der Bösen auf derlei Gestalten zurück. Schlangen, Menschen mit Pferde-, Fisch- und Vogelleibern, Tierköpfe auf missgestalteten Menschenleibern bedrohen, bekämpfen, beißen einander, mit bösen, abstoßend entstellten Gesichtern. An der Stirnseite der Apsis eine männliche und eine weibliche Figur, zusammengekauert unter der Last eines Gebälks, das sie tragen wie die Atlanten der Antike: nackte Figuren von unbeschreiblicher Unförmigkeit, im Volksmund als „Adam" und „Eva" bezeichnet. Über der männlichen Figur eine Vogelsirene als Symbol der Versuchung Adams, über der weiblichen Gestalt ein flossenschwänziger Bock als Symbol der Verführung

*Fresken in der Kirche
St. Jakob*

Evas. Viel ist um den Sinn dieser in drei Zonen unterteilten Apsisfresken gerätselt worden. Vielleicht stellen sie oben die göttliche Welt dar und darunter die Menschenwelt, die in einen vom christlichen Glauben befriedeten Bereich und einen unheilgen, dämonischen Teil zerfällt.

Die Wandmalereien, die aus dem 13. Jahrhundert stammen, weisen Ähnlichkeiten mit Fresken der Vinschgauer Schule in St. Jakob in Grissian und in der Einsiedelei San Romedio bei Sanzeno im Nonstal (Trentino) auf.

Das Kirchlein **St. Jakob in Kastelaz** thront gut sichtbar mitten in den Weinbergen über Tramin. Da bei der Kirche kaum Parkmöglichkeit besteht, sollte man beim großen Parkplatz im Ortszentrum parken. Vom Rathausplatz im Zentrum geht es dann links am Gasthof Goldene Traube vorbei über die Schneckenthaler Straße hinauf zum Kirchlein.

Wandernde Steine
Graun

Einer volkstümlichen Überlieferung nach wandern die Steine zu Weihnachten ans Meer, um dort ihren Durst zu stillen. An der alten Straße zwischen Kurtatsch und Graun befindet sich in der Nähe der Georgskirche ein großer Stein, der in einer Urkunde des 13. Jahrhunderts als *ad petram grossam in pertinentis Termeni* zitiert wird. Der Felsblock, auf dem Zeichnungen und Schalensteine zu erkennen sind, soll bis hier gewandert (oder von Ochsen gezogen worden) sein, in Erwartung der nächsten Weihnachtsfeste. Immer zu Weihnachten verschiebt er sich um wenige Zentimeter, aber die Ewigkeit und der Weg zum Meer sind lang.

Von derlei wandernden Steinen berichtet auch der Ordensbruder Odorico da Pordenone in seiner Schrift *„Les voyages en Asie au XIV° siècle"*: „So setzten wir unsere Reise fort, die Tag für Tag anstrengender und beschwerlicher wurde; denn je weiter wir in die Wüste vordrangen, desto heißer wurden die Tage und kälter die Nächte. Heilige und Einsiedler bezeichnen die Wüste als ‚Stätte der Bilder‘, und ich weiß nicht, ob das, was wir sahen, Fantasie oder Wirklichkeit war. Wir sahen Felsblöcke, die so groß wie Kamele waren und auf dem Sand lagen und auf einmal wie lebende Wesen zu wandern begannen. Auf ihrem Weg graben sie Furchen und Rinnen, auf deren Grund feuchter Sand liegt und manchmal Fische zu sehen sind. Unsere Führer erzählten uns, das seien die Wüstenseelen, die zum Zeitvertreib und um die Wette wandern. Auch unter den Steinen gebe es, wie unter den Menschen, Männer und Frauen, und die weiblichen Steine verliebten sich in die Karawanenführer und folgten ihnen bis in die Wüste. Sie warten auf den Karawanenführer, bis er die Wüste verlässt, und folgen ihm, um ihn zu schützen, auf Gefahren aufmerksam zu machen und auf versteckte Quellen und die besten Pisten hinzuweisen. Wenn der Karawanenführer stirbt, legt sein Stein sich auf das Grab und singt ihm Wiegenlieder.“

Einen Besuch wert ist das **Museum Zeitreise Mensch** in Kurtatsch: Anhand von über 5.000 Ausstellungsstücken aus allen Epochen können Besucher den Werdegang des Menschen nachvollziehen. Das Museum wurde 2006 neu konzipiert und interaktiv gestaltet. Besichtigungen sind nur nach Anmeldung möglich (Ansitz am Orth, Botengasse 2, 39040 Kurtatsch, Tel. +39 0471 88 02 67 oder +39 338 2032429).

Der Mammutbaum Oberfennberg

Auf dem Hochplateau von Fennberg, einem magischen Ort hoch über dem Etschtal, liegt der blau-grüne wunderschöne Fennberger See, auch „Feenauge“ genannt. Eine naturkundliche Besonderheit stellen die fünf 35 bis 40 Meter hohen Mammutbäume in der Nähe dieses Sees dar. Wahrscheinlich wurden sie 1898 zum 50. Jubiläum der Kaiserkrönung von Franz Josef gepflanzt, doch in den Sagen schreibt man ihnen ein Alter von 500 Jahren zu. Dicht neben einer dieser Sommerlinden (*Tilia platyphyllos*) steht ein

Mammutbaum

Der Fennberger See

kleinerer Baum: Sie werden in der volkstümlichen Überlieferung als zwei Geschwister gedeutet, die sich im Wald verirrt hatten und von den Baumgottheiten in Bäume verwandelt worden waren.

Der „Regenstein"
Margreid an der Weinstraße

Eine besondere Naturerscheinung liegt zwischen Margreid und Entiklar (Gemeinde Kurtatsch): der „Regenstein", ein großer, wassertriefender Tuffstein, der einem weinenden Antlitz gleicht. Der Sage nach ist in seinem Inneren eine in eine Schlange verwandelte Prinzessin eingesperrt, die sich alle hundert Jahre in der Hoffnung zeigt, von ihrem Bann befreit zu werden. Wer einen goldenen Schlüssel aus ihrem Schlangenmaul nimmt, bekommt die Prinzessin zur Frau und wird mit einem reichen Schatz beschenkt. Vom Regenstein ist auch in vielen Sagen die Rede. So wird vom alten Lochmüller erzählt, der sich bei der Arbeit in der Mühle verspätet hatte und um Mitternacht am verzauberten Regenstein vorbeikam. Im Mondlicht sah er einen Bottich voller Zähne. Da er ein Spaßvogel war und seine Frau keine Zähne mehr hatte, griff er in den Bottich und steckte sich eine Handvoll Zähne in die Hosentasche. Als er sie zu Hause herausholte, bemerkte er zu seiner allergrößten Verwunderung, dass es pure Goldstücke waren. So schnell er konnte, lief er zurück, aber vom magischen Bottich war keine Spur mehr zu sehen.

Ein Margreider Knecht ist der Held einer ähnlichen Sage. Nach einem vergnüglichen Abend in einem Weinkeller machte er sich um Mitternacht auf den Heimweg. Auch er kam am Regenstein vorbei, auch er sah einen Bottich, in dem sich aber schöne Federn befanden. Er steckte sich eine dieser Federn an den Hut. Als er am Morgen darauf – es war Sonntag – zur Kirche ging, fragten ihn die Leute neugierig, warum er sich eine Goldmünze hinter das Hutband gesteckt habe. Auch er lief zum Bottich zurück, und auch diesmal war der geheimnisvolle Bottich verschwunden.

Doch der Regenstein ist bis heute an derselben Stelle und weint Regentropfen, wie in längst vergangenen Zeiten.

Der **Regenstein** befindet sich direkt an der Weinstraße am Margreider Ortseingang. Es handelt sich dabei um eine Felsformation aus Tuff und Sinter, Ablagerungen der Mineralien, die im Wasser enthalten sind, das beständig aus dem Gestein rinnt. Er bietet vor allem im Winter einen ganz besonderen Anblick, wenn das Wasser gefriert und die bizarrsten Formen hervorbringt.

Weitere Informationen

Tourismusverein Tramin an der Südtiroler Weinstraße: Mindelheimer Straße 10A, 39040 Tramin an der Weinstraße, Tel. +39 0471 860131, www.tramin.com

Tourismusverein Südtiroler Unterland: Hauptmann-Schweiggl-Platz 8, 39040 Kurtatsch, Tel. +39 0471 880100, www.suedtiroler-unterland.it

Leifers, Pfatten und Branzoll

Die Zwerge von Nisselburg
Leifers

Der Felsen, auf dem sich heute die Kapelle St. Peter am Kofel erhebt, war einst mit dem Breitenberg verbunden, und dahinter lag der helle, kristallklare Brantensee. Am Seeufer lebten freundliche Zwerge, die den Bewohnern der nahen Stadt Nisselburg viel Gutes taten. Da die Zwerge alle Arbeiten ausführten, waren die Nisselburger Bürger träg und übermütig geworden, und auch die Warnungen eines eisgrauen Pilgers konnten sie nicht von ihrer Leichtfertigkeit abhalten. Der Wanderer begann sie mit folgenden Worten zu mahnen: „Ich bin so alt, / weiß den Schmalbergwald / neunmal Wies' und neunmal Wald, / den Schlern wie ein Nusskern, / is Joch-Grimm / wie a Messerkling', / aufm Rittner Horn / 's beste Korn / und auf Weißenstein / Traminer Wein." Aber die Leute machten sich über den Alten lustig und drohten ihm, ihn in der Etsch zu ertränken. Da geriet der Graubart in Zorn, stieg auf einen Berg und rief aus: „Nisselburg muss untergeh'n, / kein Haus darf hier mehr aufrecht steh'n, / und arm und reich hinab, / hinab ins nasse Grab!" Und so geschah es. Die Etsch überflutete die Stadt und begrub alles unter sich. Einigen der Bewohner gelang die Flucht auf den Petershügel. Der Felsen entfernte sich vom Berg und bis Jochgrimm hinauf tat sich das Brantental auf. Auch die Burg Lichtenstein oberhalb der verschütteten Stadt verschwand im Erdreich; nur ein rundes Loch im Boden zeigt beiläufig die Stätte an, wo sie stand. Dieses Loch, das ringsum ausgemauert ist und nach Aussage der ältesten Leute früher viel tiefer in den Felsen hinabging, liegt unweit des Kirchleins St. Peter am Kofel, das auch in der nächsten Geschichte eine Rolle spielen wird, und soll den Eingang zu einem unterirdischen Gang gebildet haben, der unter den Mauern und Türmen der Burg zur Stadt Nisselburg hinabgeführt habe. Auch die Zwerge verschwanden auf Nimmerwiedersehen.

Das Peterköfele
Leifers

Die kleine Kirche St. Peter am Kofel, die sich auf dem sogenannten Peterköfele erhebt, soll auf einer uralten heiligen Stätte neben der Burg Lichtenstein errichtet worden sein. Sie lag am Eingang zum Brantental, das seinen Namen „verbranntes Tal" nach einem später von einem Riesen getöteten Drachen be-

St. Peter am Kofel

kam, der es mit seinem Feueratem vernichtet hatte. Es bildete einst die Verbindung zwischen dem Etschtal, Deutschnofen und dem Jochgrimm.

Die **Wanderung zur Kirche St. Peter am Kofel,** dem Wahrzeichen von Leifers, beginnt bei der Leiferer Pfarrkirche und führt die Weißensteiner Straße entlang ins Brantental bis zur Brücke beim Haus Emmaus. Nun gelangt man auf den sogenannten Pilgerweg. Der erste Teil dieses Weges durch den Wald auf den Franzenberg hinauf ist etwas anstrengend und führt schließlich ein Stück die betonierte Straße entlang bis zum Kirchlein St. Peter am Kofel (Peterköfele).

Der Weinkeller im Felsen
Pfatten

Auf der Felsenspitze des Mitterbergs, der den Kalterer See vom Etschtal trennt, erhebt sich in 575 Metern Seehöhe die Ruine der um 1200 erbauten Leuchtenburg, etwas tiefer die Überreste der aus dem 13. Jahrhundert stammenden Laimburg. Hier liegt heute das Land- und Forstwissenschaftliche Versuchszentrum Laimburg mit einer Fachschule und einem Landesweingut, dessen Felsenkeller in den Porphyrfelsen des Mitterbergs eine ideale Stätte

Weinkeller der Laimburg

gefunden hat. Der Überlieferung nach soll diese Felsgrotte einst zu den unterirdischen Räumen der Burg gehört und als Fluchtort gedient haben. Hier soll sich auch eine alte, Bacchus oder Dionysos ähnlichen, orgiastischen Gottheiten geweihte Kultstätte befunden haben, die dann vom Christentum überlagert und dem Weinheiligen Urban gewidmet wurde.

Das **Landesweingut Laimburg**, das eine Fläche von ungefähr 45 Hektar umfasst (die Weinberge verteilen sich auf ganz Südtirol), dient nicht nur der Versuchstätigkeit, sondern produziert jährlich auch an die 200.000 Flaschen Wein. Eine der produzierten Weinlinien nennt sich „Burgselektion", vorwiegend in Eichholzfässern gelagerte Weine, deren Namen auf die ladinische Sagenwelt der Dolomiten zurückgehen.

Wanderung Burgruine Leuchtenburg am Mitterberg: Um zum Ausgangspunkt der Wanderung zu kommen, fährt man Richtung Kalterer See und biegt vor Erreichen des Nordufers links ab, ostwärts in Richtung Kreithsattel (Straßenübergang zwischen Kaltern und Auer). Dort kann man bei einem kleinen Parkplatz parken. Über den Steig 13B gelangt man hinauf zur Ruine.

Die Nekropole
Pfatten

Der italienische Ortsname Vadena erinnert an eine Furt (ital. *guado*), an eine Begräbnisstätte in Etschnähe. Es mag ein Zufall sein, wie es in der Archäologie häufig vorkommt – aber gerade beim Dorf Pfatten ist die wichtigste eisenzeitliche Nekropole der Region ans Tageslicht gekommen. Die Funde, die sich heute im Südtiroler Archäologiemuseum in Bozen befinden, umfassen einen

Zeitraum von der Eisenzeit (800 vor Christus) bis in die späte Römerzeit (4. Jahrhundert nach Christus) und zeugen von lebhaftem Handel zwischen dem Mittelmeerraum und Mitteleuropa.

Die hier entdeckten Fibeln, Ringe, Haarnadeln und unterschiedlich verwendeten Gegenstände stammen wahrscheinlich aus lokalen, keltisch beeinflussten Werkstätten. Besonders rätselhaft ist ein Grabstein aus Porphyr mit einer rätischen Inschrift (400–200 vor Christus). Es handelt sich um die einzige Sprache in Runen, einem magischen Alphabet, das von Gott Odin (Wotan) selbst diktiert worden sein soll. Über die Präsenz der Kelten auf dem Gebiet des heutigen Südtirols ist viel diskutiert worden. Die für die Kelten typische Herstellungsmethode der Waffen kann darauf hindeuten, dass zur Zeit der großen Keltenwanderungen im 4. Jahrhundert vor Christus, die in Italien Angst und Schrecken hervorgerufen haben, auch in dieser Gegend Festungsanlagen errichtet worden sind, wie auf dem felsigen Hohenbühel südwestlich der Ortschaft und auf dem Mitterberg (Rosszähne). Es waren Reste von alten Wallburgen oder von Kultstätten, was den Funden zu entnehmen ist. Kleine Vasen und Schalen, viele unverbrannte Tierknochen, mehrere Wetzsteine, ein abgesägtes Ziegenhorn und ein präzis zersägtes Hirschhorn verweisen auf Wohnbauten und Kultstätten, die neben der Nekropole bestanden haben könnten.

Die **Nekropole** befindet sich in der Nähe des Stadelhofs. Die Ausgrabungen begannen im Jahr 1850, als Bauern mehrere Urnen fanden. Eine Zeit lang wurden die Grabungsarbeiten vom Geistlichen Cyprian Pescosta geleitet, wurden dann aber eingestellt und die Nekropole geriet erneut in Vergessenheit. Im Jahr 1928 wurden die Arbeiten am archäologischen Fundort unter dem Einfluss von zwei einheimischen Historikern wieder aufgenommen und eingehend untersucht.

Porphyr für den Roten Platz in Moskau
Branzoll

Schon 1513 wird in Branzoll ein Plattenbruch erwähnt, in dem zu jener Zeit der wertvolle rote Porphyr aus Branzoll abgebaut wurde. Der Porphyrabbau erlangte zwar erst im 19. Jahrhundert große wirtschaftliche Bedeutung, hat aber schon vorher zum Wohlstand im Dorf beigetragen. Arbeiter wanderten aus dem benachbarten Trentino und aus Tirol zu, und viele Dorfbewohner betätigten sich als Unternehmer.

Viel wird im Dorf über das Leben im Steinbruch und von den Steinbruchbesitzern erzählt; unter ihnen war auch die Familie Lentsch, die im Laufe der Jahrhunderte viel Gutes für den Ort getan hat.

In den geheimnisvollen Geschichten ist auch die Rede von Schlangen, die große Schätze hüten und getötet werden. Aber das größte Rätsel betrifft den Roten Platz in Moskau: Viele schwören, dass die Steinplatten, mit denen der Platz gepflastert ist, aus Branzoll kommen – andere dagegen halten dies für eine fantasievolle Erfindung.

Der heilige Leonhard in Ketten
Branzoll

Der heilige Leonhard wird als „Kettenheiliger" verehrt, der die Menschen aus körperlicher wie geistiger Versklavung befreit und ihnen alle ihrer Freiheit in den Weg gelegten Hindernisse nimmt. Der Leonhardskult ist in der Region Trentino-Südtirol weit verbreitet, besonders längs der ehemaligen Via Claudia Augusta und an besonders gefahrvollen Kreuzungen. In Meran zum Beispiel liegt an der Straße zum Vinschgau eine einem alten Spital angeschlossene, mit Ketten und Hufeisen versehene Leonhardskapelle, und der Name des Heiligen ist auch in viele Ortsnamen eingegangen, man denke nur an St. Leonhard in Abtei oder St. Leonhard in Passeier.

Viele der dem heiligen Leonhard geweihten Kirchen sind von Ketten umschlossen, wie die Kirche St. Leonhard in Branzoll und das Kapitell mit der Statue des in Ketten liegenden Heiligen an der Hauptstraße. Die Ketten, die an vielen Orten entfernt worden sind, gehören zur Ikonografie des Heiligen, der als Patron der Gefangenen verehrt wird. Leonhard befreit aus Ketten und Verkettung, in realem sowie metaphorischem Sinn. Geräte und Vorrichtungen, die einen Weg sperren oder eine Bewegung hemmen – auch den freien Durchgang durch ein Gebiet (daher die Leonhardistätten an den großen Verkehrswegen und gefährlichen Orten) – oder die andere semantische Räume auftun, können auf die Leonhardslegende bezogen werden.

Der Überlieferung nach soll Leonhard mit seiner Familie am Hof des Frankenkönigs Chlodwig I. gelebt haben. Von Remigius von Reims getauft und unterrichtet, besuchte er regelmäßig Gefangene und setzte sich erfolgreich für deren Befreiung ein.

Als König Chlodwig eines Tages in Begleitung seiner Frau Chrodehild auf Jagd war, bekam die Königin Geburtswehen. Leonhard, der zufällig durch den Wald ging, befreite sie auf Bitten des Königs von ihren Schmerzen und sie schenkte einem Knaben das Leben: ohne die „Fessel" der Wehen. Eine Entbindung – was auch das Wort selbst schon besagt – wurde damals als Befreiung von einer Bürde und einer Last angesehen, als Befreiung des Kindes, das im Körper der Mutter „gefangen" war. Mehr als von einer Gefangenschaft

Blick auf Branzoll

sollte man wohl von einer schwierigen Passage reden, von einem versperrten Durchgang. Und in diesem Sinn ist auch Leonhard als Schutzheiliger bei Unfruchtbarkeit zu verstehen: Der Körper einer infertilen Frau konnte einfach versperrt und verschlossen sein – so ist es eine Tat der Barmherzigkeit, das Hindernis zu entfernen und den Durchgang frei zu machen. Der heilige Leonhard befreit nicht nur aus den Ketten, sondern auch aus dem Leiden der Unfruchtbarkeit, gegen das die sterile Frau die Ketten des Heiligen berühren musste – wie zum Beispiel in der Kirche St. Leonhard in Branzoll. Heidnisch-christlicher Synkretismus: Auf dem Castelfeder-Hügel südlich von Branzoll befindet sich eine magische Steinplatte, die von den Frauen, die Kinder wünschten, als Fruchtbarkeitsrutsche benutzt wurde.

Die spätgotische **St.-Leonhards-Kirche in Branzoll** steht etwa 100 Meter südlich der im Jahr 1896 erbauten, neuen Kirche. Sie wurde um 1500 errichtet, wobei der romanische Turm noch von dem Vorgängerbau aus dem 13. Jahrhundert stammt, welcher durch den jetzigen ersetzt worden ist. Sehenswert im Inneren der Kirche ist der auf das Jahr 1585 datierte Taufstein aus weißem Marmor.

Die Schifffahrt auf der Etsch
Branzoll

Die Geschichte der Schifffahrt in Südtirol kann anhand der Geschichte der Etschflößerei rekonstruiert werden. Auf der Etsch wurden Personen und Holz nach Süden befördert, lombardische und venezianische Gewürze und Seidenstoffe nach Norden. Die Schifffahrt wird seit der Zeit um 1700 bezeugt. Georg Weber, kaiserlicher Rat und Zöllner in Leifers und Branzoll, wurde angesichts seiner Verdienste um den Holztransport auf der Etsch in den Adelsstand erhoben. Er hatte – so heißt es in der Begründung – seinen Dienst 27 Jahre lang versehen und als Zöllner 300.000 Gulden an den Wiener Hof geschickt.

Die Etsch war ab Branzoll südlich von Bozen schiffbar. Die großen Flöße waren fast 30 Meter lang und hatten etwa einen Meter Tiefgang. Sie fuhren mit oder gegen die Strömung und wurden vom linken Ufer aus von zehn bis zwölf Pferden gezogen. Zum Holztransport wurden die Baumstämme mit Weidenästen zusammengebunden und schichtweise gelagert. Die Flöße bestanden aus bis zu sieben Schichten Baumstämmen und konnten mit 120 Zentnern trockenem Holz und einer etwas geringeren Menge grünem Holz beladen werden. Diese vorn fünf Meter und hinten sechs Meter breiten „schwimmenden Inseln" ragten etwa einen Meter aus dem Wasser auf. Oben standen die sieben Ruderer, vier vorne und drei hinten. Branzoll war die Verladestelle der Flöße. Ein Teil des Holzes langte auf der Etsch aus dem Vinschgau an, ein anderer Teil aus den Sägereien im Eisacktal. Die wichtigsten Floßhäfen südlich von Branzoll waren Auer, Vill bei Neumarkt, Castelfeder, Laag bei Neumarkt, Salurn, Grumo, Nave San Felice und Trient. Weiter südwärts folgten Calliano und Sacco bei Rovereto, wo der „Zuständigkeitsbereich" der Flößer der oberen Etsch endete und die Waren von den veronesischen Flößern übernommen und bis Parona und Pescantina befördert wurden. Hier wurden die Waren auf kleinere Flöße umgeladen, da angesichts der geringen Wassertiefe auf einem Floß nur jeweils 80 Kubikmeter Holz transportiert werden konnten.

Die gefährlichste Stelle befand sich bei Zambana, wo die Etsch reißende Strudel bildete, sodass hier und zwischen Sacco und Serravalle, einer ebenfalls gefahrvollen Strecke, statt der sonst üblichen sieben Floßführer acht eingesetzt wurden. Das schwierigste Unternehmen bestand darin, die Flöße unter den Brücken von Verona durchzumanövrieren und dann die Untiefen in Stadtnähe zu überwinden. Wenn ein Floß unterging oder auflief, mussten die Flößer ins Wasser steigen und am Flussufer weitere Pferde mit Stricken einspannen.

Die Abfahrt in Branzoll erfolgte bei Morgengrauen, und bei gutem Wetter und günstigem Wasserstand langten die Flöße nach sechs bis acht Stunden in Sacco an. Von Sacco bis Parona oder Pescantina brauchten sie dann weitere

Historische Aufnahme von Flößern auf der Etsch

fünf Stunden. Wenn der Noce-Fluss hohen Wasserstand hatte und Material mitführte, mussten die Flöße aufgehalten und getrennt werden. In Zambana befand sich eine Marienstatue zum Schutz der Flößer. Außer Waren wurden auf den Flößen auch Personen befördert, vor allem arme Leute, die kein Geld für eine Kutsche oder später die Bahn hatten. Es war zum Beispiel Tradition, dass die Kaminkehrer aus dem Nonstal, die sich um Allerheiligen auf den Weg zur Arbeit im Gebiet um Verona machten, sich in Grumo trafen und auf die Flöße stiegen: Die Fahrt kostete 20 *Soldi*.

Es gab auch Personen, die aus reinem Vergnügen auf den Flößen reisten, in Gesellschaft der Flößer, die als kräftige, fröhliche und vergnügungssüchtige Männer beschrieben werden und ihren Verdienst auf der Rückfahrt verprassten.

Durch den Bau der Brennerbahn verlor Branzoll seine Bedeutung als Warenumschlagplatz und die Etschschifffahrt kam allmählich zum Erliegen, da die Bahntransporte billiger und sicherer waren. Doch die Nostalgie ist geblieben, und die Etsch wird bis heute gern mit Kanus und Gummibooten befahren, aber zu purem Zeitvertreib. Der letzte Floßtransport auf der Etsch erfolgte im Sommer 1913: Eine Holzladung wurde von Branzoll nach Grumo befördert und dann von der Firma Fratelli Cobelli aus Pescantina übernommen. Der letzte Floßunternehmer, Andrä Scrinzi, starb 1917 im Alter von 75 Jahren.

Weitere Informationen

Tourismusverein Leifers-Branzoll-Pfatten: John-F.-Kennedy-Straße 75d, 39055 Leifers, Tel. +39 0471 950420, www.leifers-info.it

Aldein

Die rätselhafte Aura einer Brücke
Aldein

Von der Aldeiner Brücke scheint eine besondere Anziehungskraft auszugehen – was im Übrigen für viele einbogige Brücken im Alpenraum gilt. In einer Brücke sind Druck und Spannung vorhanden, nicht nur in materiellem Sinn. Der volkstümlichen Überlieferung nach kann sich eine Brücke nur deshalb in der Luft halten, weil sie das Werk eines überirdischen – göttlichen oder teuflischen – Baumeisters ist. So werden Brücken zu Übergängen, nicht nur von einem Ufer zum anderen. Einige Brücken, wie eben auch die von Aldein, scheinen von geheimnisvollen Kräften beherrscht zu sein, von „Weißen Frauen" oder Sirenen, die die Passanten in die Tiefe rufen.

Wanderung von Branzoll nach Aldein: Als noch keine Asphaltstraße nach Aldein führte, bildete ein Karrenweg nach Branzoll die einzige Möglichkeit ins Tal zu gelangen. Dieser Karrenweg, der durch die Schlucht des Aldeiner Baches führt, wurde wieder instand gesetzt und lädt zu einer schönen Wanderung ein. Sie kann bei der Branzoller Pfarrkirche begonnen werden und führt über die Marconistraße hinauf zur Aldeiner Straße. Von den Sportplätzen geht dann der Karrenweg aus, der sich durch das Tal hinaufzieht. Nach einiger Zeit biegt der Weg, der Markierung 6 folgend, nach rechts ab und nach einem letzten kurzen Aufstieg kommt auch schon der Kirchturm Aldein ins Blickfeld.

Die Aldeiner Brücke

Die Bergbauernhöfe
Radein

Unter den im Gemeindegebiet gelegenen Bergbauernhöfen ist der Ebnerhof besonders bekannt. Es handelt sich um einen spätmittelalterlichen Bau mit roten Ornamenten an der Fassade. Zwischen zwei Schießscharten findet sich an einem Mariahilfbild die Jahreszahl 1586. Neben dem Hof liegt die schlichte Marienkapelle mit einem Dachreiter.

Die Familie Ebner stammt jedoch nicht, wie man vermuten könnte, vom Ebnerhof, sondern vom ebenfalls in dieser Gegend liegenden Tolln-Hof. Aus dieser Familie sind mehrere illustre Bozner Persönlichkeiten hervorgegangen, so Toni Ebner (Vater und Sohn) als Chefredakteure der Tageszeitung *Dolomiten* und Michl Ebner als Verleger und SVP-Abgeordneter.

In Radein erhebt sich dagegen der Zirmerhof. Er ist vor hundert Jahren von der Familie Perwanger in ein Berghotel verwandelt worden, das dank der prachtvollen Lage und der stimmungsvollen Atmosphäre ein wahres Highlight unter den Südtiroler Hotels darstellt.

Der Hof Bauer am Lehen geht mit seinem Kern auf das Mittelalter zurück. Wertvoll ist im ersten Stock die getäfelte Stube mit Flachtonnengewölbe und geschnitzten Holzbalken aus dem 15. Jahrhundert.

Das Geheimnis dieser Bergbauernhöfe? Mehr als von einem Geheimnis könnte man von Kunst sprechen, von der Kunst die Traditionen zu wahren und den Gästen das einheimische Brauchtum zu vermitteln.

Speisesaal des Hotels Zirmerhof

Im **Hotel Zirmerhof** schuf der bekannte Bozner Maler Ignaz Stolz (1868–1953) ein Wandfresko der Heiligen Drei Könige und einen fünfteiligen Bilderzyklus auf Leinwand zur Sage des Riesen Grimm, zu sehen im gleichnamigen Saal des Hotels (Familie Perwanger, 39040 Radein, www.zirmerhof.com).

Die Saurier in der Bletterbachschlucht
Oberradein

Der Bletterbach, der sich zwischen Aldein und Radein tief in die Erde zu einem imposanten Canyon eingegraben hat, gehört zu den wildesten und faszinierendsten Schluchten nicht nur der Alpen, sondern von ganz Europa. Es handelt sich um ein wahres „geologisches Fenster", durch das man bei einer abenteuerlichen Wanderung Einblicke in das geheimnisvolle Erdinnere gewinnt.

Längs einer tektonischen Falte, die sich am Südrand des Regglberg-Plateaus hinzieht und als „Trudner Linie" bezeichnet wird, hat der Bletterbach seit der letzten Eiszeit vor 18.000 Jahren eine etwa acht Kilometer lange und bis zu 400 Meter tiefe Schlucht gegraben, dabei Schichten aus unterschiedlichen Erdzeitaltern freigelegt, Unmengen an Gestein abgetragen und ins Etschtal abtransportiert. Durch die Wasserkraft wurden verschiedene Erdschichten aufgedeckt, die uns heute wertvolle Informationen nicht nur über die geologische Struktur dieses Canyons liefern, sondern auch über die Entwicklungsgeschichte der Erde und die klimatischen und naturkundlichen Verhältnisse unseres Planeten vor mehr als 260 Millionen Jahren. In den Schichten des Grödner Sandsteins wurden Saurierspuren entdeckt; Abdrücke von Pflanzen und andere Spuren geben Aufschluss über die damalige Pflanzen- und Tierwelt. Fossilien von Muscheln, Schnecken und Kopffüßlern in den Meeresablagerungen erzählen heute vom Leben in den warmen tropischen Meeren der Vergangenheit.

Ein „unvergessliches Meer" wie in Sagen und Legenden, ein Meer voller Korallen, die im Dolomitengebiet nicht zufällig von den Frauen gern zur traditionellen Tracht getragen werden.

Die Zufahrt zum Bletterbach erfolgt von Auer oder Neumarkt im Etschtal über die Landesstraße 48 bis Kaltenbrunn, wo es linker Hand nach Radein weiter geht. Über Unterradein erreicht man das Dorf Oberradein, wo sich neben der hoch aufragenden Kirche ein Parkplatz befindet. Das gleich neben der Kirche gelegene GEOmuseum Radein zeigt bedeutungsvolle Funde aus dem Bletterbach-Canyon. Während interessierten Museumsbesuchern in einem Raum ein Film über die Bletterbachschlucht gezeigt wird, sind in den anderen

Die Bletterbachschlucht

Räumen ausgewählte Fossilien und Abdrücke zu sehen, die einen knappen Überblick über die geologischen Zeitalter geben, die – von der Zeit vor 238–280 Millionen Jahren bis heute – im Gebiet der Bletterbachschlucht gebildet wurden. Nicht alle sind sich der Veränderungen bewusst, die sich in den viereinhalb Milliarden Jahren Erdgeschichte vollzogen haben. Mein geologisch interessierter Bruder hat sie mir auf einleuchtende Art und Weise erklärt: Man stelle sich die Kontinente als Kekse vor, die auf einem abkühlenden Pudding schwimmen. Infolge des Erdumlaufs verschieben sich die Kekse auf diesem Pudding, dessen Haut auch zerreißen kann. Auch heutzutage verschieben sich die Erdteile. Europa, Afrika und Amerika nähern oder entfernen sich voneinander, und es kommt zu Erdbeben und Vulkanausbrüchen. Aus einem Riss in der Haut unseres abkühlenden Puddings ist eine Riesenmenge noch glühendes Magma zutage getreten, das in relativ kurzer Zeit erkaltet ist und die große Bozner Porphyrplatte gebildet hat. Derartige magmatische Gesteine finden sich heute als rot-violetter Porphyr in den Steinbrüchen von Branzoll, aber auch am Lagorai und am Fuß der östlichen Dolomiten.

Der Bletterbach hat sich von der weißen Contrin-Formation, aus der das Weißhorn besteht, bis zu den Schichten aus Quarzporphyr eingegraben, hat dabei all jene Schichten freigelegt, in denen man heute 40 Millionen Jahre geologischer Erdgeschichte lesen kann und die vom Anschwellen und vom Rückgang des Meers erzählen, von Vulkanausbrüchen und klimatischen Veränderungen, die sich jeweils auch auf die Tier- und Pflanzenwelt ausgewirkt haben. Contrin-Formation, Werfener Schichten, Bellerophon-Schichten, Grödner Sandstein und Bozner Quarzporphyr heißen diese Formationen.

Aber noch einmal zurück zu den kulinarischen Vorstellungen und dem „Pudding": Man stelle sich die Bletterbachschlucht als mehrschichtige Torte vor. Auf eine Grundlage aus Quarzporphyr folgt eine aus verfestigtem rötlichem Sand bestehende Formation, die nach dem Hauptfundort als roter Grödner Sandstein bezeichnet wird. Auf diesen Schichten haben sich im Laufe der Zeit – und die geologischen Zeiten sind sehr lang – Schichten aus Ton, Asche und Sand mit Tier- und Pflanzenfossilien, Gips und anderen Mineralen abgelagert. Es findet sich sogar Gestein, in dem versteinerte Regentropfen zu erkennen sind.

Hier eine kurze Wegbeschreibung: Auf Weg Nr. 3 kommt man am Zirmerhof vorbei in die Bletterbachschlucht und zum sogenannten Taubenleck. Von dort im Bachbett auf dem Geo-Weg aufwärts bis zum großen Wasserfall beim Butterloch, dann zurück bis zum neu errichteten Jägersteig, nach dessen Aufstieg noch bis zu dem „Gorz" genannten Talende weitergewandert werden kann, wo man einen großartigen Blick in das vom Bletterbach gegrabene Amphitheater genießen kann. Durch die Schlucht und in südlicher Richtung durch den Wald bis zum Rand des Kessels aufwärts, wo der Weg wieder bis zum Zirmerhof hinab führt. Informationstafeln entlang des Weges geben Auskunft über die Gesteinsschichten der Bletterbachschlucht sowie die Fossilien und Abdrücke, ebenso wie über die Spuren einer alten Kupfergrube.

In Oberradein befindet sich im Peter-Rosegger-Haus das **GEOmuseum** (www.museum-aldein. com/de/geomuseum), welches die wichtigsten fossilen Funde aus dem Gebiet zeigt. Auf der gegenüberliegenden Talseite des Bletterbaches befindet sich das Besucherzentrum GEO-PARC Bletterbach (www.bletterbach.info). Die beiden Einrichtungen gehören zusammen.

Weitere Informationen

Tourismusverein Aldein-Radein-Jochgrimm: Dorf 34, 39040 Aldein, Tel. +39 0471 886800, www.aldein-radein.it

Altrei

Der Altreier Kaffee
Altrei

Unsere Vorfahren haben jahrhundertelang in der Früh Mus, Mehlsuppe und Brotsuppe zu sich genommen, um sich gleich am Morgen für die Feldarbeit zu stärken. Doch damit war es (fast) vorbei, als auch bei uns der Usus des morgendlichen Kaffees aufkam. Der Kaffee hat eine lange Geschichte, die vielleicht schon um 900–1000 begann. Und bald rankten sich Legenden um dieses Getränk: Ein Schäfer in Äthiopien namens Kaldi bemerkte, dass seine Ziegen sich besonders lebendig, ja seltsam verhielten, nachdem sie Blätter, Blüten und Bohnen des Kaffeebaums genossen hatten. Und Mohammed bekam, als er sich eines Tages unwohl fühlte, vom Erzengel Gabriel ein ihm direkt von Allah bestimmtes Getränk überbracht, das schwarz war wie der schwarze Stein in Mekka und als *qahwa* („Kaaba") bezeichnet wurde. Von diesen Überlieferungen abgesehen: Viele Reisende berichten, dass der Kaffee im gesamten islamischen Orient schon Anfang des 16. Jahrhunderts weit verbreitet war. Ende des 16. Jahrhunderts kommt der Kaffee auch nach Europa, und im 17. Jahrhundert eröffnen die ersten Kaffeehäuser: 1647 in Venedig, 1659 in

Lupinen in der Blüte

Das Dorf Altrei

Marseille, 1662 in London, 1666 in Paris und bald darauf in Amsterdam, Hamburg und vielen anderen Städten. König Ludwig XIV. kann mit den Kaffeesteuern sogar mehrere seiner kriegerischen Unternehmungen finanzieren. Und die Proteste der Bevölkerung angesichts dieser ungerechten Steuern könnten Johann Sebastian Bach (der übrigens ein passionierter Kaffeetrinker war) 1732 zu seiner „Kaffeekantate" angeregt haben. Das Caffè Florian und das Caffè Aurora in Venedig, das Caffè Greco in Rom und das Caffè Grilli in Florenz werden im 18. Jahrhundert zum Treffpunkt von Künstlern und Literaten, und der Aufklärer Pietro Verri gründet 1764 in Mailand die Zeitschrift *Il caffè*, „um die italienische Kultur zu neuem Leben zu erwecken". In Österreich tritt der Kaffee erstmals 1683 in Erscheinung: Die Türken, die vergebens versucht hatten, Wien einzunehmen, ließen bei ihrem überstürzten Rückzug aus Wien mehrere Säcke des kostbaren Kaffees zurück. Das erste österreichische Kaffeehaus, das heute noch in Betrieb ist, das Café Tomaselli, wurde 1705 in Salzburg eröffnet.

Aber zurück zu Südtirol. In einem Dokument aus dem Jahr 1776 ist zu lesen, dass Frau Marta Innerkofler, Kaffeehausbesitzerin in Bozen, zu einer Geldstrafe verurteilt wurde, weil der Kaffee, den sie verkaufte, nicht korrekt geröstet und „zu hell" war. Eine weitere Kuriosität: Im Jahr 1854 entschlossen sich die Betreiber der Kaffeehäuser in Bozen, Meran und Brixen angesichts der zu hohen Steuern zu einem Streik.

Die sparsamen Tiroler – mochten es Nordtiroler, Südtiroler oder Welschtiroler (Trentiner) sein – tranken keinen „guten Kaffee", der den Kaffeehäusern vorbehalten war, sondern Kaffeeersatz. Dazu rösteten sie Gerste, Feigen, Zichorie, Malz, Sojabohnen und Trockenobst (besonders Palabirnen) und fügten etwas von der guten, alten *„Miscela Leone"* aus der braun-gelben Schachtel zu. Besonders berühmt aber war im Fleimstal und der Umgebung der heimische „Altreier Kaffee", hergestellt aus einer Lupinenart. Lupinen sind in der Menschheitsgeschichte schon seit uralten Zeiten bekannt. Samen dieser Pflanze wurden in den ägyptischen Pharaonengräbern entdeckt, und Griechen wie Römer bauten diese Bohnenfrucht zu Ernährung und Heilzwecken an. Der älteste schriftliche Beleg auf lokaler Ebene stammt aus dem Jahr 1887. Er findet sich in der Biografie des aus Altrei gebürtigen Priesters Johann Baptist Zwerger, der in Graz-Seckau als Bischof wirkte. Im Kapitel, das sich auf die Jugend des Bischofs bezieht, vermerkt der Autor, Hofkaplan Franz Freiherr von Oer: „Wenngleich der Humusboden über dem Porphyrgestein nicht gar stark ist, gedeihen doch alle Getreidearten, Kartoffeln und der weithin gesuchte Kopfkohl; auch eine blau blühende Bohnenfrucht, eine Lupinenart, welche als ‚Altreier Kaffee' in der Umgebung bekannt ist, wird gebaut und bringt selbst den Ärmsten der Armen ein kleines Verdienst ein." Gewiss, Lupinen wachsen nicht nur in Altrei, aber hier werden sie auf besondere Art genutzt und finden sich in fast jedem Garten. Da die bitteren Samen von den Bauern als Kaffee genutzt werden, werden sie auch als „Bauernkaffee" bezeichnet. Beim Altreier Kaffee handelt es sich um den *Lupinus spinosus*. Der Anbau und die Verwendung des Altreier Kaffees sind im Rahmen eines Projekts der einheimischen Bevölkerung untersucht und wiederbelebt worden. Diese Kulturpflanze gilt heute nicht nur als örtliche Besonderheit, sondern auch als interessante Erscheinung der Südtiroler Kulturgeschichte.

Das Bergdorf Altrei befindet sich mitten im **Naturpark Trudner Horn**, der sich über eine Fläche von 6.866 Hektar erstreckt. Es ist der südlichste und niedrigste Naturpark Südtirols. Im Naturparkhaus Trudner Horn im Zentrum Trudens können Interessierte einen spannenden Blick in das Leben der Flora und Fauna des Parks werfen.

Weitere Informationen

Tourismusverein Altrei: Rathausplatz 1c, 39040 Altrei, Tel. +39 0471 882077, www.trudnerhorn.com

Auer, Montan, Neumarkt und Salurn

Castelfeder und die Fruchtbarkeitsrutsche Auer

Der am Eingang zum Fleimstal gelegene Castelfeder-Hügel ist eine der geheimnisvollsten und geschichtsträchtigsten Stätten des Landes. Angesichts seiner günstigen strategischen Lage wurde er schon in uralten Zeiten besiedelt. Einige Funde verweisen auf die Bronzezeit, und der Ort könnte auch eine vielleicht spätrömische Siedlung aufgenommen haben. Die Bevölkerung von *endidae*, dem heutigen Neumarkt (ital. Egna), hatte hier während der Völkerwanderung Zuflucht gefunden. Auf dem Castelfeder-Hügel könnte sich das vom langobardischen Geschichtsschreiber Paulus Diaconus (um 725/730 – um 797–799) erwähnte *castrum ennemase* befunden haben, das um 590 von den Franken zerstört worden war. Um die Hügelkuppe zog sich eine Befestigungsanlage, die sicher schon zu vor- oder frühgeschichtlicher Zeit benutzt wurde. Außer 13 Schalensteinen sind auch zahlreiche Felszeichnungen wahrscheinlich aus der Eisenzeit entdeckt worden, ein rechteckiges Steinbecken und eine sogenannte Fruchtbarkeitsrutsche für Frauen mit Kinderwunsch.

Zur Römerzeit führte die am linken Etschufer verlaufende Straße aus dem sumpfigen Talgrund über Castelfeder, wo sie über den Sattel zwischen dem Hügel und dem Berg verlief. Hier sind zwei römische Meilensteine ans Tageslicht gekommen, einer aus der Regierungszeit von Kaiser Gratian und einer

Der Castelfeder-Hügel

aus der Zeit von Crispo, einem Sohn Konstantins. Im Mittelalter erhob sich
auf dem Hügel eine Burg der Herren von Enn.

Der aus Porphyr bestehende Hügel **Castelfeder** ist nicht nur sehr geschichtsträchtig, sondern auch landschaftlich wunderschön. Er ist deshalb ein beliebtes Ausflugsziel für Familien
und besonders die „Kuchelen" auf der Spitze des Hügels haben es Besuchern angetan. Diese
Kuchelen bilden die Überreste einer Festung, die die Byzantiner hier um 500 zum Schutz
gegen die Germanen errichteten. In unmittelbarer Nähe befinden sich außerdem die Ruinen
einer Burg und die bereits erwähnte Fruchtbarkeitsrutsche. Nach Castelfeder kommt man auf
der Straße, die von Auer nach Montan führt.

Ettore Tolomei und die Italianisierung
Montan

Im Jahr 1979 werden die Massenmedien auf das Südtiroler Dorf Montan aufmerksam: Im kleinen Friedhof ist ein Bombenanschlag auf das Grab von Ettore Tolomei verübt worden, der von 1900 bis zu seinem Tod im Jahr 1952 in
diesem Ort gelebt hat. Der 1865 in Rovereto geborene Tolomei war zeit seines
Lebens um die „Italianisierung" Südtirols bemüht. Schon während des Ersten
Weltkriegs und vor dem Anschluss Südtirols an Italien hat er 17.000 Südtiroler Ortsnamen auch eine italienische Version gegenübergestellt. Dabei griff
Tolomei, wo es möglich war, auf historische Urkunden zu römischen Siedlungen zurück oder übersetzte die Namen wortwörtlich aus dem Deutschen ins
Italienische, während er sie in anderen Fällen willkürlich erfand. Zu faschistischer Zeit wurden seine Vorschläge übernommen, und die Frage der Topono-
mastik hat bis heute keine befriedigende Lösung gefunden.

Mit Leben und Werk von Ettore Tolomei, einer emblematischen Persönlichkeit
des italienischen Nationalismus während des Faschismus, beschäftigen sich die
Historiker bis heute. Seine hartnäckigen Bemühungen um die Italianisierung
Südtirols durch die kulturelle Assimilierung der deutschsprachigen Bevölkerung stießen auf Unverständnis und Ablehnung, bei Linguisten und Sprachpu-
risten ebenso wie bei Historikern, die sich mit den Schwierigkeiten der ortsan-
sässigen deutschsprachigen Bevölkerung beim Aufkommen des Faschismus
und der Zwangsitalianisierung des Landes beschäftigten und beschäftigen.

Ettore Tolomei, der Geografie, Geschichte, Sprachwissenschaft und Literatur
studiert hatte, wurde nach dem Friedensvertrag von St. Germain, mit dem
Südtirol Italien zugesprochen worden war, zum Leiter des *Commissariato Lin-
gua e Cultura per l'Alto Adige* und 1923 von Mussolini zum Senator ernannt.
Er wurde von der deutschsprachigen Bevölkerung heftig angegriffen – bis hin
zum erwähnten Attentat auf sein Grab in Montan.

*Der Weiler Pinzon
bei Montan*

Um den Widerstand der deutschsprachigen Einheimischen gegen Tolomeis Wirken zu erklären, hier nur einige der Maßnahmen, die Tolomei 1923 in seinem Programm präsentiert hatte:

Das Italienische wird als Amtssprache eingeführt. Deutsche Beamte werden entlassen oder in die alten Provinzen versetzt. Die Namen „Südtirol" und „Deutsch-Südtirol" werden verboten. Die in Bozen erscheinende Tageszeitung *Der Tiroler* wird eingestellt. Alle Alpenvereine, die nicht dem italienischen Alpenverein unterstehen, werden aufgelöst, die Schutzhütten an den italienischen Alpenverein übergeben. Das Denkmal für Walther von der Vogelweide wird vom Waltherplatz entfernt. Deutsche Ortsnamen, Straßen- und Wegbezeichnungen und öffentliche Aufschriften werden italianisiert. Verdeutschte Familiennamen werden italianisiert. Das Italienische ist bei Prozessen und vor Gericht zu verwenden. Es werden italienische Kindergärten, Volksschulen und Mittelschulen eingerichtet. Die Carabinieritruppe ist zu verstärken. Der Grunderwerb und die Zuwanderung von Italienern werden begünstigt, um die Italianisierung des Landes zu beschleunigen. Es handelt sich insgesamt um Maßnahmen, deren Folgen in Südtirol bis heute zu spüren sind.

Die Saalhäuser
Neumarkt

Durch die Hauptstraße von Neumarkt, an der sich mehrere schöne Marmorbrunnen befinden, zog sich einst die Abwasserrinne, die auch einen Teil des Trudner Bachs aufnahm. Zum Schutz der Häuser vor möglichen Überschwemmungen entstanden hauptsächlich in den unteren Lauben sogenannte Saalhäuser, die sich durch eine besondere Baustruktur auszeichneten. Sie besitzen tonnengewölbte Durchfahrten zu den rückwärtigen Wirtschaftsgebäuden und im ersten Stock einen Saal, um den die Wohn- und Schlafräume angeordnet sind.

Das Museum für Alltagskultur

In einem der letzten, noch in seiner ursprünglichen Form erhaltenen Saalhäuser hat seit 1990 das Museum für Alltagskultur seinen Sitz. Mit großem Engagement hat Frau Anna Grandi Müller im Laufe von 20 Jahren Gegenstände aus dem Alltagsleben vergangener Zeiten zusammengetragen und in diesem Museum ausgestellt, das einen lebendigen Einblick in das bürgerliche Leben zwischen 1815 und 1950 vermittelt.

Um die heutigen Museumsbestände des **Museums für Alltagskultur** zusammenzutragen, durchstöberte Anna Grandi in jahrzehntelanger Kleinarbeit Dachböden, Flohmärkte und Sperrmüllanlagen. In verschiedenen Zimmern werden Einrichtungs- und Gebrauchsgegenstände aus dem Alltag eines bürgerlichen Haushaltes im 19. und 20. Jahrhundert gezeigt. Dabei werden die Exponate in ihrem gewohnten Umfeld präsentiert, ganz so, als wäre das Gebäude heute noch bewohnt (Andreas-Hofer-Straße 50, 39044 Neumarkt, Tel. +39 0471 812290 oder +39 333 2394540, www.museen-suedtirol.it).

 ## Das „Klösterle"
Laag

Das Pilgerhospiz St. Florian an der Etsch, das sogenannte Klösterle, ist eines der wenigen noch vollständig erhaltenen Bauwerke dieser Art in Europa. Es handelt sich um ein Hospiz für Rom- und Jerusalempilger, um eine Herberge, wie sie im Mittelalter an den wichtigsten Verkehrswegen entstanden, die aus den Ländern nördlich der Alpen zum Hafen in Venedig und nach Rom führten und auch durch Tirol verliefen. Als ähnliche Einrichtungen sind das Hospiz St. Johann in Taufers im Münstertal (1264) für die aus Chur anreisenden Pilger anzusehen, die Häuser des Deutschen Ordens in Lengmoos auf dem Ritten (1211) und in Sterzing (1233) sowie die Pilgerherbergen am Gampenjoch (1184), in Madonna di Campiglio (um 1200), in Romeno am Fuß der Mendel (1214) und in Albiano im Cembratal (1314). Diese Pilgerherbergen boten den Reisenden Einkehr und Unterkunft, bei Krankheit auch Pflege.

Das heutige Pilgerhospiz St. Florian wurde im 13. Jahrhundert errichtet, nachdem ein älteres Bauwerk, das etwas weiter südlich neben der Florianskirche gelegen hatte, wegen der ständigen Etschüberschwemmungen hatte aufgegeben werden müssen. Noch heute geht eine besondere Faszination von diesem romanischen Bauwerk aus, eine Atmosphäre, in der Frieden und Gebete fortleben, aber auch Erinnerungen an Kriege, Bluttaten und Brandschatzungen. Und diese Geschichte darf nicht in Vergessenheit geraten, sie müsste aufgezeichnet und zu neuem Leben erweckt werden. Der Baukomplex schließt einen Innenhof ein, um den die Kirche, der Hauptteil des Gebäudes und ein angebauter Flügel mit dem Schlafsaal der Pilger im ersten Stock liegen, während sich östlich eines ummauerten Hofes die Vorratsräume, die Stallungen und die Scheunen anschlossen. Außen zog sich eine Einfriedung für die Karren um das Bauwerk. Die aus Steinblöcken errichtete Kirche weist zwei Geschosse auf. Das Obergeschoss war den Kranken vorbehalten, die von ihren Lagern aus der Messe beiwohnen konnten, da sich in der Mauer eine auf die Apsis gehende Öffnung befand. Zur Verbesserung der Akustik sind in die Mauern tönerne Schallgefäße eingebaut worden.

Im Jahr 1317 wurde das Pilgerhospiz St. Florian geschlossen, da der Bischof von Trient die Mönche, die es betreuten, vertrieben hatte. Um die Wende vom 15. zum 16. Jahrhundert wurde das Bauwerk mehrmals umgebaut und erweitert, während der Innenhof im 17. Jahrhundert mit einem kleinen Laubengang versehen wurde. Im Jahr 1612 zogen die Pfarrer von Margreid in das Klösterle ein, das später wahrscheinlich mehreren Bauernfamilien als Wohnung diente. Dann geriet es erneut in Vergessenheit. Herbert Rossi aus Laag, ein vorzüglicher Ortskenner, erzählt, dass das Klösterle bei der Anlage des E-Werks in Laag von der damaligen Elektrizitätsgesellschaft erworben und als Wohnhaus für die Arbeiter und Lagerhaus benutzt wurde. Am 12. Februar 1953 geschah ein Unglück: Bei den Arbeiten zur Kanalisation des Avisiobachs und zur Anlage des Stramentizzo-Staudamms im Fleimstal wurde das Grundwasser des Trudner Bachs angegriffen und es kam zu einem Bergsturz, der das Klösterle teilweise verschüttete und die Dächer zum Einsturz brachte. Einige Räume wurden als Wohnung für zwei einheimische Familien wiederhergestellt.

Zwischen 1963 und 1966 wurde das Bauwerk auf Initiative von Nicolò Rasmo vom Südtiroler Landesdenkmalamt restauriert. In der Folge wurde das Klösterle von der Gemeinde Neumarkt erworben und zum Austragungsort kultureller Veranstaltungen bestimmt.

Auch die moderne Literatur hat dem Reiz des Klösterles nicht widerstehen können. Der Trentiner Schriftsteller und Arzt Sergio Artini beschreibt in sei-

*Theater-
Aufführung
im Klösterle*

nem Roman „*L'ultimo nemico*" („Der letzte Feind") den Weg eines Pilgers von Brixen über Trient, Riva, Pavia und Ferrara, dann am Po entlang nach Ravenna und Gubbio, um den heiligen Franziskus zu treffen. Einige Kapitel spielen auch im Klösterle, wo der Romanheld, der Kleriker Reginaldo, beherbergt und gepflegt wird. Wir befinden uns im Jahr 1226, und kurz darauf droht Graf Leopold von Eppan, das Pilgerhospiz in Brand zu stecken:
„Pilgerhospiz St. Florian [...]. Es ist wieder Ruhe eingekehrt. Einige Mönche durchqueren lautlos den Innenhof. Die Bediensteten steigen in die Kellerräume hinab und kommen schwer beladen wieder zurück [...]. Der Abt reibt sich vor Kälte die Hände. ‚Abemus ad Dominum?' sagt er lächelnd. Heute geht es dir besser. Er macht einige Schritte und wendet sich dann um: ‚Wenn du willst, kannst du heute von deinem Krankenbett aus der Messe beiwohnen'. In die Kirchenmauern sind Schallgefäße eingebaut worden, damit auch die Kranken im Obergeschoss das Wort Gottes hören können."
Pilgerhospiz St. Florian: Gegenüber des alten Kirchleins von St. Florian bei Laag (etwas südlich von Neumarkt, gleich neben dem Wasserkraftwerk), zeigt ein Wegweiser zum Klösterle. Nach wenigen Schritten ist man schon an den Mauern des ehemaligen Pilgerhospizes angekommen. Man kann es nur von außen besichtigen.

Die Grenze gegen Süden
Salurn

Das Besondere an Salurn ist seine Lage an der Grenze zwischen den zwei Provinzen Bozen und Trient und die bewegte Geschichte dieses Landes. Eine erste Erwähnung von Salurn findet sich beim langobardischen Geschichtsschreiber Paulus Diaconus, der die Kämpfe zwischen den im Herzogtum Trient ansässigen Langobarden und den Franken beschreibt, die immer wieder in die Region einfielen, aber schließlich *in loco Salurni* vom Langobardenherzog besiegt wurden.

Die Gegend war auch von militärischer Bedeutung – was die über dem Ort aufragende Haderburg bezeugt, die schon 1053 als *castellum quod dicitur Salurna* erwähnt wird. Die Berge um Salurn wurden bald gerodet und bebaut: Im Jahr 1222 heißt es *castrum Salurni et roncatores montis eiusdem*. Immer noch bedeutsam ist die Salurner Klause, diese Talenge, die die Region in zwei Provinzen teilt.

Von Buchholz kann man über den Europäischen Fernwanderweg Nr. 5 bis ins Cembra-Tal wandern. Die kleine Ortschaft bietet zahlreiche Wandermöglichkeiten. Vom Ortskern erreicht man in wenigen Minuten den **Skulpturengarten** der Künstlerin Sieglinde Tatz-Borgogno. Im „Garten der Sehnsucht" in einem kleinen Laubwald hat die Bildhauerin verschiedene ihrer Werke ausgestellt, die von Bronze- und Marmorfiguren bis hin zu Installationen reichen und dem Ort eine ganz eigene Atmosphäre verleihen. Der Skulpturengarten ist rund um die Uhr zugänglich.

Von Überschwemmungen und Sumpfgebieten
Salurn

Der Ort Salurn liegt auf dem Murkegel des Tischenbachs, der noch heute einen Wasserfall bildet, zwischen der Felswand und der Etsch, die vor der Flussregulierung im 19. Jahrhundert weiter östlich als heute verlief. Schon im Jahr

Die Haderburg

1774 arbeitete der Ingenieur Zallinger ein Projekt zur Trockenlegung des Sumpfgeländes zwischen Kaltern und Mezzocorona aus, und 1799–1800 wurden die Etschwindungen von Laag, Kurtinig und Dos della Forca beseitigt.

Das etwa auf halbem Wege zwischen Bozen und Trient gelegene Salurn spielte schon vom Mittelalter an eine bedeutende Rolle als Knotenpunkt und Warenumschlagplatz für den Fluss- wie den Straßenverkehr. Die Dorfstraßen dienten bei Hochwassergefahr auch zur Ableitung des Tischenbachs zur Etsch hin. Sie werden daher von mehr oder weniger hohen und dicken Mauern gesäumt, durch die die Wohnhäuser vor Überschwemmungen geschützt werden sollten und die bis heute das Dorfbild charakterisieren. Ende des 19. Jahrhunderts erlebte Salurn dank der Seidenindustrie einen wirtschaftlichen Aufschwung. Die Spinnerei der Familie von Gelmini ist als sehr interessantes Beispiel der Südtiroler Industriearchäologie anzusehen.

Die Salurner Klause
Salurn

Die Salurner Klause bezeichnet die Grenze zwischen Südtirol und dem Trentino. Diese militärisch bedeutsame Talenge wurde von der Haderburg herab kontrolliert, deren Ruine noch heute auf einem Felsen aufragt, der sich von der dahinter liegenden Felswand abhebt.

Aus dem Mittelalter stammen noch mehrere Bauten im Salurner Oberdorf unter dem Wasserfall und im Ortsteil Gries („In der Titschen"). Hier lag der einstige Verwaltungssitz, der im 13. Jahrhundert von den Herren von Salurn an die Grafen von Tirol übergegangen ist, und der berühmte Hofkeller, von dem Marx Sittich von Wolkenstein stark beeindruckt war. Hier verlief auch die mittelalterliche Straße, die sich am südlichen Ortsausgang mit dem Hauptverkehrsweg durch das Tal verband.

Die **Haderburg** erreicht man am besten vom Festplatz von Salurn aus. Dort bieten sich auch genügend Parkmöglichkeiten. Um zur Burg zu gelangen, folgt man zuerst einige Meter der Straße in Richtung Dorf, um dann nach rechts in einen breiten Weg einzubiegen, der sich in Serpentinen bis zur Burg hinaufschlängelt. In der Burg heißen die mittelalterlich gekleideten Bediensteten der Burgschenke die Wanderer willkommen. Am höchsten Punkt der Festung genießt man einen wunderschönen Ausblick auf das Etschtal und das Unterland. Die Gesamtgehzeit beträgt ungefähr eine Stunde.

Weitere Informationen

Tourismusverein Castelfeder: Hauptplatz 4, 39040 Auer, Tel. +39 0471 810231, www.castelfeder.info

8. Von Bozen nach Meran

Terlan

Weißwein und Margareten-Spargel
Terlan

Das westlich von Bozen an der Straße nach Meran gelegene Dorf ist für seinen „Terlaner" bekannt, einen Weißwein mit reifer Fruchtkomponente, und für den Margareten-Spargel, der seinen Namen von der Tiroler Landesfürstin Margarete Maultasch hat.

Auf die Herzogin soll auch der Beiname „Maultasch" der Burg Neuhaus zurückgehen, deren Ruine heute auf einem Felsen bei Terlan aufragt. Man erzählt sich, dass Margarethe von Maultasch in der Zeit als Landesherrin ihre Tage gern auf der Burg verbrachte. Dies ist jedoch historisch nicht belegt. Die Burg war Bestandteil der Verteidigungsanlagen, die die Tiroler Grafen zwischen Bozen und Meran errichtet hatten. Später befand sich hier die Zollstätte zwischen dem Fürstbistum Trient und der Grafschaft Tirol. Von der Burg Maultasch hat sich einzig der aus dem 13. Jahrhundert stammende Bergfried erhalten.

Im Laufe der Jahrtausende hat die Etsch das heutige Etschtal mit feiner Erde und Sand aufgefüllt und ideale Bedingungen für den **Spargelanbau** geschaffen, der in Terlan nun schon seit einigen Jahren von mehreren Bauern betrieben wird. Ganz im Sinne des Spargels stehen auch verschiedene Veranstaltungen im und rund um das Dorf. Zum Beispiel die Terlaner Spargelwochen im Frühling jedes Jahres, bei denen die heimischen Restaurants ihre Gäste mit Terlaner Spargelspezialitäten verwöhnen.

Der **Terlaner Weinweg** bietet eine abwechslungsreiche Möglichkeit, sich mit der Terlaner Weinkultur zu befassen. Ausgehend von der Kellerei Terlan führt der Weg durch schöne Reblandschaft. Auf 20 Hinweisschildern längs des Weges erfährt man alles Wissenswerte zum Thema Wein.

Der Weg zur **Burg Neuhaus** führt ab dem Dorfzentrum von Terlan durch die Kirchgasse und über den Margarethenweg; über denselben Weg gelangt man zum Ausgangspunkt zurück. Die gesamte Wanderung dauert ungefähr 1,5–2 Stunden. Um 1825 soll Neuhaus zwar noch mit Dächern versehen gewesen sein, doch aus Steuergründen – die Regierung in Wien hatte eine Abgabe eingeführt, die nach der Dachoberfläche berechnet wurde – wurden die alten Ziegel abgedeckt, was die Ruine sehr schnell verfallen ließ und heute sind nur mehr Mauerreste übrig. Diese wurden sorgsam restauriert, sodass man sich bei einem Besuch der Anlage das mittelalterliche Burgleben gut vorstellen kann.

Das „Sauschloss"
Terlan

Die heute zur Ruine verfallene Burg Greifenstein, die auf einem schwer zugänglichen Felsen aufragt, ist auch als „Sauschloss" bekannt – eine geheimnisumwitterte Geschichte. Die Burg wurde im 15. Jahrhundert in Zusammenhang mit einer Revolte der Tiroler Adeligen erwähnt, die sich zum Elefantenbund zusammengeschlossen und gegen den Landesherrn Erzherzog Friedrich mit der leeren Tasche (1382–1439) aufgelehnt hatten. Die Burg wurde lange und erbittert belagert, doch den Sieg trugen schließlich die Burgherren davon: Um den Feinden zu zeigen, dass sie noch Nahrung im Überfluss hatten, warfen sie das einzige Ferkel, das ihnen geblieben war, vom Turm herab.

Die Wanderung zum **Sauschloss** beginnt bei der Schule im Siebeneichner Dorfzentrum und führt an der Barockkirche des Deutschen Ordens vorbei bergwärts (Nr. 11/A). Bald gelangt man zu einer Häusergruppe im Wald, nach der man das Bachbett queren und an der Gegenseite auf einem schönen Steig durch Flaumeichenwald zur Ruine hinauf wandern kann. Die Gehzeit beträgt ungefähr 1,5 Stunden.

Burg Greifenstein

Weitere Informationen

Tourismusverein Terlan: Dr.-Weiser-Platz 2, 39018 Terlan, Tel. +39 0471 257165, www.tvterlan.com

Tisens

Kanonikus Michael Gamper und die Option Prissian

Michael Gamper wurde am 7. Februar 1885 in Prissian geboren. Nach der Priesterweihe im Jahr 1908 war er anfangs als Seelsorger in Altrei, Leifers, Barbian und Kardaun tätig. 1914 wurde er als Kanonikus in das Kollegiatskapitel der Dompfarre Bozen berufen.

Nach dem Anschluss Südtirols an Italien wurde in Bozen als Südtiroler Niederlassung des österreichischen Verlags Tyrolia die Athesia gegründet und Michael Gamper zum Präsidenten berufen (er sollte dieses Amt, mit Ausnahme der faschistischen Zeit, bis zu seinem Tod im April 1956 beibehalten), während er zugleich auch Schriftleiter der 1926 wieder erschienenen deutschsprachigen Tageszeitung *Dolomiten* war.

Michael Gamper erwarb sich Bedeutung und weiten Ruf für seinen Einsatz zum Schutz der deutschen Kultur in Südtirol. Gemeinsam mit Erich Amonn, Friedl Volgger, Josef Mayr-Nusser und August Pichler gehörte er zu einer Gruppe von Südtiroler Intellektuellen, die sich der faschistisch-nazistischen Übermacht widersetzten. Zu seinen ganz großen Leistungen gehört die Gründung von Untergrundschulen, den sogenannten Katakombenschulen, in denen für die Südtiroler Schüler – trotz des Verbots im Zuge der Italianisierungsbestrebungen – der Unterricht in der deutschen Muttersprache gewährleistet wurde. Im Jahr 1939 wurde Kanonikus Gamper einer der Stimmführer gegen die Optionskampagne. So kann man nicht umhin, auf diese tragischen Geschehnisse einzugehen.

Am 12. März 1938 erfolgte der Anschluss Österreichs an das Dritte Reich. Hitlers Marsch auf den Brenner und eine mögliche Annexion Südtirols durch Deutschland wurden von der Mehrheit der Südtiroler Bevölkerung mit Zustimmung aufgenommen.

Doch auch Hitler war den Südtirolern gegenüber nicht freundlich eingestellt. Ihm war in erster Linie an Mussolinis Unterstützung als Verbündetem gelegen und er erklärte, dass die Alpengrenze (sprich: die Grenze am Brenner) für ihn unantastbar sei. Aus diesem Grund verzichtete er auf jegliche Ansprüche auf Südtiroler Gebiet und kam damit den nationalistischen Forderungen seitens der Italiener zu einer endgültigen Lösung des Minderheitenproblems in Italien entgegen. Am 23. Juni 1939 kam es in Berlin, genauer gesagt im SS-Hauptquartier, zu einer deutsch-italienischen Vereinbarung über die Umsiedlung der Südtiroler. Die deutsche und die ladinische Mehrheit in Südtirol sowie die

Blühende Geranien in Tisens

Bewohner der deutschen Sprachinseln im Trentino wurden vor die „freie" Wahl gestellt, sich bis zum 31. Dezember 1939 zu entscheiden, ob sie im faschistischen Italien bleiben oder ins nationalsozialistische Dritte Reich auswandern wollten.

Als die Pläne zur Umsiedlung am 29. Juli in Südtirol bekannt wurden, kam es zu einer Welle der Empörung. Der Deutsche Verband und der Völkische Kampfring Südtirols (VKS) beschlossen, die Heimat auf keinen Fall zu verlassen. Doch der VKS schwenkte bald um und stellte die Option als bessere Lösung hin.

In der Bevölkerung bildeten sich zwei Strömungen heraus: die „Dableiber" und die „Optanten". Die Dableiber wollten ihrer Heimat treu bleiben, die Optanten waren zur Umsiedlung ins Dritte Reich bereit. Es kam zu heftigsten Auseinandersetzungen. Die „Geher" verbreiteten die „sizilianische Legende", wonach alle jene, die nicht für Deutschland optierten, nach Sizilien oder in andere Gegenden Süditaliens deportiert würden. Die „Bleiber" machten ihre engen Beziehungen zu den Toten auf den Friedhöfen geltend, und als Symbol ihres Bandes zur Heimat galten die blühenden roten Geranien an Fenstern und Balkons, die als „brennende Liebe" bezeichnet werden.

Mussolini lag daran, vor allem das Bürgertum und die Intellektuellen loszuwerden. Eine kleine Gruppe um den Deutschen Verband, dem auch der Kanonikus Michael Gamper angehörte, widersetzte sich der Option, die auch von der Mehrheit des Klerus und vielen Jugendlichen abgelehnt wurde.

Am 31. Dezember 1939 war die Frist der Entscheidung pro oder kontra abgelaufen: 166.488 Südtiroler hatten für Deutschland optiert, 63.017 Personen hatten sich für das Verbleiben in der Heimat entschieden. Diese „Bleiber" wurden in ihrer Heimat großer Feindseligkeit ausgesetzt, nicht selten auch seitens der Familienangehörigen.

Am 1. September 1939 brach der Zweite Weltkrieg aus, dem Italien erst im darauf folgenden Jahr beitrat.

Angesichts der Militäraktionen seitens der Alliierten und der durch die Bombenangriffe verursachten Behinderungen des Verkehrs wurden schließlich „nur" 75.000 Personen ausgesiedelt. Zuerst die Unverheirateten und die Ärmsten, dann die Handwerker und kinderreiche Bauernfamilien. Sie nahmen mit, was sie mitnehmen durften, und wurden vor allem in Vorarlberg angesiedelt.

Nur ein kleiner Teil der tatsächlich Umgesiedelten kehrte nach Kriegsende wieder in die Südtiroler Heimat zurück.

St. Jakob in Grissian
Grissian

Die Jakobskirche liegt wie viele andere Kirchen in Südtirol an einem mittelalterlichen Pilgerweg. Neben verschiedensten Fresken, die typische Szenen aus dem Alten Testament und Heilige zeigen, findet sich in den Motiven noch eine Besonderheit: Im Hintergrund des Abraham-und-Isaak-Freskos, das um 1210 gemalt wurde, kann man verschneite Berggipfel erkennen. Dies ist die erste Darstellung dieser Art in Südtirol.

Um nach **St. Jakob in Grissian** zu gelangen, folgt man vom beschaulichen Grissian aus dem Weg Nr. 8. Der erste Teil der Wanderung folgt dem sogenannten Grissianer Besinnungsweg zu den sieben Sakramenten, der mit ebenso vielen Stationen ausgestattet ist. Nach etwa 25 Minuten erreicht man das Kirchlein St. Jakob.

Die lebende Insel von St. Hippolyt
Tisens

Auf einem Hügel außerhalb von Tisens ragt einsam, mit Ausblick auf das mittlere Etschtal bis hin in das Überetsch und den Meraner Talkessel, die Kirche St. Hippolyt auf. Die Stätte war mit Sicherheit schon in der Vorgeschichte und während der Eisenzeit besiedelt, und zur Römerzeit konnten von hier herab die weiter unten verlaufende Via Claudia Augusta und deren Schnittpunkt mit der ins Nonstal führenden Gampenpassstraße kontrolliert werden.

Die Kirche St. Hippolyt

Zu den Rätseln um die Hippolyt-Kirche gehört ein kleiner, gleichnamiger See in der Umgebung. Auf diesem See liegt eine mit wenigen Pflanzen bewachsene, schwimmende Insel. Wenn der Nordwind weht, wird sie ans Südufer getrieben, bei Südwind landet sie am Nordufer. Besonders kurios und bemerkenswert ist die Tatsache, dass mehrere kräftige Schwimmer die Insel nach Belieben hin- und herschieben können. Schon in Texten der Antike ist von einer Insel dieser Art die Rede. Sie hieß *Ischanius*, die lebende Insel. Es handelte sich um einen riesigen Fisch, auf dessen Leib Bäume wuchsen. Wenn die Seeleute diese „Insel" irrtümlicherweise bestiegen und dort Feuer anzündeten, wurde sie wütend und riss die Unbedachten mit sich. Diese Insel trägt auch den Namen des heiligen Brendanus, der hier mit seinen Mönchen gelandet zu sein scheint. Zu Ehren des Heiligen blieb die Insel sieben Jahre lang still liegen, um dann ihn und seine Gefährten auf eine andere Insel zu bringen.

Das Kirchlein **St. Hippolyt**, erreicht man von der Tisener Fraktion Naraun über den Weg Nr. 7. Die Wanderung führt am Narauner Weiher und dem Obermoar-Hof vorbei. Es geht weiter auf dem Weg Nr. 8, durch das Brandisbach-Tal bis nach Völlan. Auf dem Rückweg schlägt man bei den Moarhöfen den Weg Nr. 5 ein und gelangt so nach St. Hippolyt. Der Kirchenhügel von St. Hippolyt, der zu den bekanntesten prähistorischen Siedlungsplätzen Südtirols zählt, bietet einen einzigartigen Ausblick. Er wird deshalb auch die „Königsloge des Burggrafenamtes" genannt.

Weitere Informationen

Tourismusverein Tisens-Prissian: Bäcknhaus 54, 39010 Tisens-Prissian, Tel. +39 0473 920822, www.tisensprissian.com

Proveis

Die Dörfer am Deutschnonsberg
Proveis

Südlich des Gampenpasses hat die Südtiroler Landesgrenze, die sonst meist an Bergkämmen entlang verläuft, einen unregelmäßigen Verlauf und schließt vier Dörfer ein, die schon seit Jahrhunderten als Deutschnonsberg oder Deutschgegend am Nonsberg bezeichnet werden.

Diese Dörfer – Proveis, Laurein, St. Felix, Unsere Liebe Frau im Walde – haben eine Trentiner Telefonvorwahl und gehören zum Gerichtsbezirk Castelfondo (Provinz Trient), sind aber mehrheitlich deutschsprachig und Teil von Südtirol. Sie sollen im 7. Jahrhundert von Bajuwaren besiedelt worden sein, die bis in den Meraner Talkessel und auf die umliegenden Berge gelangt waren.

Die westlichste dieser vier Ortschaften ist Proveis, dessen Nikolauskirche 1434 erbaut und 1455 geweiht, aber im 19. Jahrhundert durch einen neugotischen Neubau ersetzt wurde. Eine der bekanntesten Persönlichkeiten des Deutschnonsbergs war der Priester Franz Xaver Mitterer, der 1824 in Laurein geboren und 1899 in Proveis gestorben ist, wo er über 30 Jahre lang als Pfarrer gewirkt hatte. Mitterer war aber nicht nur Geistlicher, sondern als Vorkämpfer des Deutschtums auch ein engagierter Kulturpolitiker. Für seinen Einsatz wurde er unter anderem mit dem Kreuz des k.u.k. Franz-Joseph-Ordens ausgezeichnet.

Auf Betreiben von Mitterer, dem auch die wirtschaftliche Entwicklung der vier Deutschnonsberger Dörfer am Herzen lag, wurde 1876 in Proveis – in Anlehnung an Ahrntaler Vorbilder – eine Spitzenklöppelschule gegründet, für die männliche Jugend eine Korbflechterschule und mehrere Werkstätten für Handwerker. Franz Xaver Mitterer erweckte auch die einheimischen Trachten, die auszusterben drohten, zu neuem Leben.

In der Nähe der kleinen Ortschaft St. Felix liegt ein spektakulärer, 70 Meter hoher **Wasserfall**, zu dem ein schöner Wanderweg führt, der wenige Meter nördlich der Südtiroler Landesgrenze zur Nachbarprovinz Trient, gegenüber dem Gasthof Greti, beginnt. Man folgt den Wegweisern Richtung *Cascata* und erreicht nach etwa 15 Minuten die Aussichtsplattform. Direkt zum Wasserfall gelangt man vom Dörfchen Tret auf Trentiner Seite. Von dort geht es über hundert Stufen in eine Schlucht hinunter zu der imposanten Wassersäule.

Weitere Informationen

Tourismusverein Ultental-Deutschnonsberg: Hauptstraße 104, 39016 St. Walburg, Tel. +39 0473 795 387, www.ultental-deutschnonsberg.info

Ultental

Tausendjährige Lärchen
St. Gertraud

Bei einer im Jahr 1930 umgestürzten Lärche wurden mehr als 2.000 Jahresringe gezählt. Tatsächlich sollen die hier stehenden Lärchen, die von Stürmen und Unwettern stark gezeichnet sind, auf ein Alter von über 2.300 Jahren kommen. Einer dieser Monumentalbäume hat einen Umfang von acht Metern und eine Höhe von 28 Metern. Die italienische Grafikerin Federica Galli (1932–2009) hat eine dieser Lärchen auch in ihrer Sammlung *„Alberi Monumentali"* abgebildet.

Urlärche im Ultental

Die drei **Urlärchen** bei St. Gertraud gelten als die ältesten Nadelbäume Europas. Um sie bestaunen zu können, folgt man von St. Gertraud der entsprechenden Beschilderung und überquert die Brücke über den Talbach. Anschließend zweigt der Weg nach links ab und führt nur leicht ansteigend über schöne Wiesen zu den Innerlanerhöfen, schließlich kurz durch einen Lärchenwald und dann zur Häusergruppe Außerlaner, in deren Nähe die Baumriesen stehen.

Rund um das Thema Wald dreht sich das **Nationalparkhaus Lahnersäge**. Es befindet sich in der restaurierten und nun wieder funktionsfähigen Lahnersäge in St. Gertraud in Ulten, wo die Bauern früher ihr Holz zurechtschneiden ließen (Sägehüttl 62, 39010 St. Gertraud, Tel. +39 0473 798123).

Ein Kriminalfall im Pfarrhaus
St. Gertraud

Ein Rätsel, das bis heute noch keine zufriedenstellende Lösung gefunden hat, ist der Kriminalfall im Pfarrhaus. Schauplatz der recht wirren und verwickelten Story ist das Dorf St. Gertraud in Ulten, Protagonisten sind der 34-jährige Pfarrer Josef Steinkasserer und seine 64-jährige verwitwete Haushälterin Luise Fliri Platzgummer. Pfarrer Steinkasserer erklärte, dass er in der Nacht auf den 7. Dezember 1973 gegen ein Uhr von sonderbaren Geräuschen geweckt worden sei. Er habe sich aus seinem Schlafzimmer gestürzt und zwei mit einer Kapuze vermummte Gestalten gesehen, die eine mit einer Pistole, die andere mit einer Taschenlampe in der Hand, und beim Anblick des Pfarrers hätten sie, so erzählte Steinkasserer, die Flucht ergriffen. Der Pfarrer läuft aus dem Haus, ruft um Hilfe und berichtet dem Messner, von zwei Dieben angegriffen worden zu sein. Tatsächlich ist er am Backenknochen und am Mittelfinger der rechten Hand verletzt, und im Handgemenge habe er, so sagt er, seine Brille verloren. Der Messner läuft ins Pfarrhaus hinüber, findet die Brille, einen zerbrochenen Krug und einen schwarzen, blutbefleckten Hut. Das Fenster des Abstellraums ist aufgebrochen, und jetzt endlich fällt den Männern ein, nachzuschauen, wie es um die Haushälterin steht.

Luise Fliris Schlafzimmer liegt im Erdgeschoss, die Tür ist geschlossen. Der Pfarrer und der Messner klopfen an, machen die Tür auf. Und es bietet sich ihnen ein makabrer Anblick. Die Haushälterin liegt am Boden, mit zusammengebundenen Händen und Füßen, verrutschten Kleidern und nacktem Bauch. Die Carabinieri werden gerufen. Die Autopsie klärt die Todesursache: Tod durch Ersticken, mit bloßen oder behandschuhten Händen. Dem Mord war ein heftiges Handgemenge vorausgegangen, bei dem die Haushälterin drei gebrochene Rippen und Nagelwunden am ganzen Körper davongetragen hatte. Die im Schlafzimmer vorgefundenen Blutflecken werden untersucht: Es ist Blut von der Gruppe 0 der Haushälterin, aber kein Blut der Gruppe B, wie der Pfarrer sie hat. Blut vom Pfarrer ist dagegen in seinem Zimmer und an der Türklinke zu finden. Trotz dieser Tatsachen sind die Untersuchungsbehörden von der Schuld des Pfarrers überzeugt, und Josef Steinkasserer wird des Totschlags beschuldigt und am 10. September verhaftet. Die Verhaftung des Pfarrers erregt großes Aufsehen. Er wird als sittenlos hingestellt, als Frauenheld. Und es wird gemunkelt, dass er die Haushälterin angesichts ihrer Weigerung zu intimem Verkehr ermordet habe und der Diebstahl und der Überfall nur Ausflüchte seien.

Die Anklage schien sich damals einzig um den geheimnisvollen schwarzen Hut zu drehen, der aber nicht dem Pfarrer gehörte. Nach langen Verhandlun-

Die Kirche von St. Gertraud

gen wurde am 22. Mai 1974 das erste Urteil gefällt: Josef Steinkasserer wurde freigesprochen. Und auch das am 21. Juni 1975 in Trient zusammengetretene Berufungsgericht plädierte auf Freispruch.

Im Jahr 1977 wurde Josef Steinkasserer im Zuge eines weiteren Berufungsverfahrens zu 14 Jahren und zwei Monaten Gefängnis verurteilt. Doch auch dieses Urteil wurde vom Kassationshof aufgehoben, der einen weiteren Berufungsprozess beim Gericht Brescia auf den 29. Oktober 1979 festlegte. Es war der letzte offizielle Akt eines verworrenen Geschehens. Und auch diesmal wurde der Pfarrer am 25. März 1981, siebeneinhalb Jahre nach dem Verbrechen, endgültig aus Mangel an Beweisen freigesprochen. Ein Ende des Rätsels? Ganz und gar nicht. Ein Antrag auf Wiederaufnahme des Verfahrens anhand neuer Elemente wurde von der Staatsanwaltschaft abgewiesen. Viele, die sich Sensationen und Überraschungen erwartet hatten, wurden enttäuscht. Am 28. Mai 1993 verkündete der Staatsanwalt Paul Ranzi, dass „die Umstände den Antrag zur Bewilligung weiterer Untersuchungen" nicht legitimieren. Der Fall wurde endgültig ad acta gelegt.

Pfarrer Josef Steinkasserer starb am 9. Dezember 2010. Aber wer hat Luise Fliri Platzgummer ermordet?

Mitterbad
St. Pankraz

In dem bei St. Pankraz abzweigenden Marauntal liegt ein Ort, der im 15. Jahrhundert als „Walcherguet in Vlten in mitern Pad" bezeichnet wurde. Es handelt sich um das Mitterbad, dessen arsen- und kupferhaltige Eisenvitriolquelle bis um die Mitte des 20. Jahrhunderts von namhaften Persönlichkeiten aus Politik und Kultur aufgesucht wurde. Unter ihnen waren Otto von Bismarck, Kaiserin Elisabeth von Österreich, Erzherzog Eugen von Österreich und die Brüder Thomas und Heinrich Mann. Thomas Mann schloss hier seinen großen, 1901 erstmals veröffentlichten Gesellschaftsroman „Buddenbrooks. Verfall einer Familie" ab. Neben der Badeanstalt entstand im 17. Jahrhundert die Kapelle zu den Heiligen Kosmas und Damian, die um das Jahr 1840 verlegt und neu aufgebaut wurde. Diese aus Syrien stammenden Heiligen gelten als Schutzpatrone der Kranken.

Das Häusl am Stoan

Zu den wohl kuriosesten Haushistorien ganz Südtirols gehört die Geschichte vom **„Häusl am Stoan"** am Falschauer Bach unterhalb von St. Pankraz: Als 1882 nach starken Unwettern das Hochwasser alle Häuser am Bach mitriss, blieb ein einziges stehen. Es war durch Zufall auf einem massiven Felsblock gebaut worden, der erst durch die Flutmassen freigelegt worden war.

Weitere Informationen

Tourismusverein Ultental und Deutschnonsberg:
Infobüro St. Walburg: 39016 St. Walburg, Tel. +39 0473 795387,
www.ultental-deutschnonsberg.info
Infobüro St. Pankraz: 39010 St. Pankraz, Tel. +39 0473 787171,
www.ultental-deutschnonsberg.info

Lana und Tscherms

Die erste Seilschwebebahn der Welt
Lana

Die im Jahr 1912 angelegte Seilschwebebahn, die von Lana auf das Vigiljoch führt und eine der weltweit ersten Anlagen dieser Art war, hat dem Fremdenverkehr im Meraner Gebiet großen Aufschwung gegeben. Von der Bergstation am Vigiljoch (1.486 Meter) führt ein Sessellift auf den Larchbühel (1.824 Meter), von wo aus man das Naturnser Hochjoch (2.470 Meter) und die Hochwart (2.608 Meter) besteigen kann.

Die **Seilbahn Vigiljoch** wurde 1952 rundum erneuert. Sie befördert jährlich 90.000 Gäste auf das Vigiljoch. Die Fahrt von 328 auf 1.486 Meter dauert nur 8 Minuten.

Schwebebahn von Lana auf das Vigiljoch

Eine Kirche voller Emotionen
Lana

Zu den Sehenswürdigkeiten von Niederlana gehört die im Friedhof gelegene Alte Pfarrkirche zu Mariä Himmelfahrt, in der man den größten Flügelaltar Südtirols bewundern kann.

Der aus Landsberg am Lech stammende, aber in Meran ansässige Maler und Werkstätteninhaber Hans Schnatterpeck wurde 1503 mit dem Bau dieses Flügelaltars beauftragt, der fünf Jahre später vollendet war. Der 14 Meter hohe und sieben Meter breite Altar, der den Chor völlig ausfüllt, weist einen oben

Der Altar von Hans Schnatterpeck

mit einem Eselsrücken abschließenden, äußerst figurenreichen Schrein auf. In der rahmenden Holzkehle befinden sich zehn fein geschnitzte Statuen der klugen und der törichten Jungfrauen, im Schrein oben die Marienkrönung und die Heiligen Anna und Katharina, unten die Dreifaltigkeit und die Heiligen Petrus und Paulus. Die Flügel zeigen innen Reliefs mit der Verkündigung, der Geburt und der Beschneidung Christi und der Anbetung der Könige, außen vom deutschen Maler Hans Schäufelein, einem Dürer nahestehenden Künstler, geschaffene Passionsbilder (Christus vor Pilatus, Ölberg, Geißelung Christi und Kreuztragung).

Lana besitzt die schwerste und größte Glocke Südtirols. Zudem gibt es ein **Turmuhrenmuseum** in der Heilig-Kreuz-Kirche neben dem Konvent des Deutschen Ordens. Das Museum im Turm der Kirche ist chronologisch aufgebaut und erzählt die Entwicklung der Turmuhren von der Sonnen- zur Funkuhr. Es werden auch Führungen angeboten.

Der Skulpturenwanderweg

Lana

Dieses einmalige Landschaftskunstprojekt zieht sich kilometerlang über den gesamten, malerischen Brandis-Waalweg sowie entlang des Falschauerufers. Der im Jahr 2000 angelegte Wanderweg besteht aus 28 von unterschiedlichen Künstlern und Künstlerinnen aus aller Welt geschaffenen Stationen. Die so entstandenen Kunstwerke, die die umliegende Landschaft interpretieren, sind zugleich Orte der Rast und der Besinnung.

Vom Zentrum in Oberlana aus startend, kann man sich auf dem **Skulpturenwanderweg** in drei Richtungen bewegen: Brandis-Waalweg, Gaulpromenade oder Lendpromenade.

*Das Labyrinth
des Kränzelhofs*

Erlebnis Kränzelhof
Tscherms

In Tscherms bei Lana liegt das historische Weingut Kränzelhof, das heute als Ge-
samtkunstwerk Küche, Kunst und Kultur auf eine ganz eigene Weise verbindet.
Das Ganze ist ein lebendiges Museum, ein Ort zum Entdecken, Staunen und
Genießen. Das Weingut selbst umfasst Gebäude aus verschiedensten Epochen,
darunter einen mittelalterlichen Hof, eine barocke Mühle und eine zeitgenös-
sische Vinothek. Die Gartenanlage besticht durch grüne Vielfalt und zahlreiche Attraktionen. In ihrer Mitte bietet sie einen Irrgarten aus Weinreben, in
dem Werke zeitgenössischer Künstler zu entdecken sind. Hinter Teichen, Ter-
rassen und Ruheplätzen zur Meditation öffnet sich ein Amphitheater für Frei-
luftkonzerte. Einmal jährlich findet ein Kunstfestival auf dem Gelände statt.
Ein Geheimtipp für Menschen, die hier abseits vom großen Rummel etwas
Unerwartetes finden können.

Kränzelhof: Gampenstraße 1, 39010 Tscherms, Tel. +39 0473 564549, www.kraenzelhof.it
Einen Ausflug wert ist der Besuch des über Tscherms thronenden **Schlosses Lebenberg**. Der
burgartige Gebäudekomplex ist eine der größten, vollständig eingerichteten Schlossanlagen
Südtirols und wird von einem wunderschönen Rokoko-Ziergarten umgeben, ein für die Region
recht ungewöhnliches Element. Neben einem Spiegelsaal, der ebenfalls im Rokokostil gehalten
ist, lohnen auch der Rittersaal, in dem ein Stammbaum der Familie von Fuchs mit 264 Porträts
aus zwölf Generationen zu sehen ist, und der Waffensaal einen Besuch. Das Schlossmuseum
ist im unbewohnten Teil der Burg untergebracht und von März bis Oktober geöffnet.

Weitere Informationen

Tourismusverein Lana und Umgebung: Andreas-Hofer-Straße 9/1, 39011 Lana,
Tel. +39 0473 561770, www.lana.info

9. Meran und Umgebung

Meran

Von radioaktiven und aphrodisischen Quellen
Meran

Das angenehme Klima und die Heilquellen sind die Grundlagen des touristischen Erfolgs von Meran, gestern wie heute. Neben Schloss Trauttmansdorff mit seinen überraschend vielfältig gestalteten Gärten, die zu den schönsten in Europa zählen, werden die Besucher seit jeher von den gepflegten Meraner Promenaden angezogen.

Besonders berühmt unter den Promenaden ist der Tappeinerweg. Franz Tappeiner (1816–1902), ein aus dem Vinschgau stammender Arzt, ließ einen Teil dieser faszinierenden Bergpromenade im Jahr 1893 anlegen und steuerte zu den Kosten 15.000 Gulden aus eigenen Mitteln bei. Die Passerpromenaden bestechen dagegen durch prachtvolle Bauwerke aus der Habsburgerzeit. Sie enden am sogenannten Steinernen Steg, durch den 1624 eine alte (aber sicher nicht römische) Holzbrücke ersetzt wurde.

Schon lange bevor Meran dank seiner Thermen zum Weltkurort aufblühte, genoss es einen guten Ruf für seine gesunde Luft und seine Trauben-, Molken- und Kräuterkuren. Es war als Heilstätte für Lungenkranke berühmt, die hier mit Wasserkuren von der Tuberkulose zu genesen hofften (diese Behandlung war bei Hämostase nicht geeignet).

In alten Legenden ist die Rede von einer geheimnisvollen Liebesquelle, die auch auf den Fresken in der Landesfürstlichen Burg abgebildet ist. Dieses zwar kleine, aber gut ausgestattete Bauwerk wurde um 1470 von Herzog Sigmund zur heutigen Gestalt umgebaut, um den Landesfürsten bei ihren häufigen Aufenthalten in Meran als Absteigequartier zu dienen. Auch die Habsburgerkaiser waren hier zweimal zu Gast. Im Jahr 1645 flüchtete die kaiserliche Familie vor der im Inntal wütenden Pest in die Landesfürstliche Burg. Unter den Wandmalereien fällt in einem Erker eine Freskendarstellung mit einer höfischen Gesellschaft auf, die sich um einen Liebesbrunnen schart: ein Bezug auf die heilkräftigen Meraner Quellen und ihre aphrodisische Wirkung, die – wie Nicola Zerda und Giorgio Mainarchi in ihrem Buch *„Guida amorosa galante erotica e libertina"* schreiben – schon von den Römern geschätzt wurde.

Obwohl die Meraner Thermen eine lange Geschichte haben, begann der eigentliche Thermalbetrieb erst im Jahr 1940 mit der Gründung des *Consorzio Terme Radioattive*. Die radioaktiven Quellen Merans wurden nicht zufällig entdeckt: Es wird von einem erfahrenen Wünschelrutengänger erzählt, der die ganze Stadt samt Umgebung sondierte und dabei ein Heilwasser fand, das als

Der Meraner Thermenplatz

Quell ewiger Jugend galt. In einer Legende ist die Rede von einem Bären, der in der Nähe einer Quelle am Vigiljoch oberhalb von Lana lebte und nicht alterte, da er immer in diesem Wasser badete.

Der vier Kilometer lange **Tappeinerweg** führt über den Küchelberg von Meran bis nach Gratsch und zählt zu den schönsten Höhenpromenaden Europas. Entlang des Weges wachsen die verschiedensten alpinen und mediterranen Pflanzen. Sein Planer und Stifter war der Arzt, Botaniker und Anthropologe Franz Tappeiner.

Die **Therme Meran** wurde 2005 nach einem grundlegenden Umbau neu eröffnet. Sie verfügt über eine 650 Quadratmeter große „Thermenlandschaft" mit 25 Indoor- und Outdoorpools und einem Wellnesshotel (Thermenplatz 9, 39012 Meran, Tel. +39 0473 252000, www.thermemeran.it).

Die Sonnen- und Mondreliefs
Meran

Meran wird nicht nur dank seines milden Klimas und seiner Thermalquellen schon von alters her besucht, sondern auch wegen seiner günstigen astrologischen Lage. Ein Beweis hierfür ist ein primitiv gearbeitetes Sandsteinrelief, das sich an der Außenseite des ehemaligen Chors der Pfarrkirche zum Heiligen Vigilius in Untermais befindet und auf dem zwei Köpfe und ein Flechtband zu sehen sind. Durch den Sonnenkopf, der auf zwei Pranken ruht, ziehen sich leicht gewölbte Rillen, die von der Nase ausstrahlen: Es sind 52

Rillen, wie die Anzahl der Wochen eines Jahres. Das Flechtbandmotiv daneben bildet eine Art Labyrinth mit zwölf sich kreuzenden Bändern. Und das Jahr hat zwölf Monate. Neben dieser wilden, bedrohlichen Sonnenscheibe ist ein sanfterer Mondkopf zu sehen. Stellen diese zwei Köpfe die Sonne und den Mond dar? Oder Apoll und Diana? Dem Mythos zufolge kann der zornige Apoll die Lage des Himmels und somit das Klima ändern. Außerdem kann er die Zukunft, die von dem Flechtband symbolisiert wird, voraussagen. Diana dagegen wird mit Maia in Verbindung gebracht, einer altitalischen Quellengöttin, der die im Mittelalter als *castrum maiense* bezeichnete Stadt Meran gewidmet sein könnte.

Die **Pfarrkirche zum Heiligen Vigilius** in Untermais wurde im 13. und 14. Jahrhundert errichtet, der heutige Bau entstand zwischen 1934 und 1936. Der Kirchturm steht auf einem sechs Meter hohen romanischen Unterbau. Sehenswert sind die noch erhaltenen romanischen Reliefs, der kostbare gotische Altar sowie mehrere Fresken aus dem 15. Jahrhundert.

Kaiserin Sissi und das Stück Torte
Meran

Unter den Gästen, die vor mehr als hundert Jahren nach Meran kamen, befand sich auch die österreichische Kaiserin Elisabeth, die über alles geliebte Gemahlin von Kaiser Franz Joseph. Sissi, wie sie gemeinhin genannt wurde, hatte sich angesichts ihrer kränkelnden, zweieinhalbjährigen Tochter Marie Valerie für einen Kuraufenthalt in Meran entschieden.

Die damaligen Zeitungen berichteten überschwänglich vom Besuch Sissis und ihrer Tochter, die in der Passerstadt wieder vollkommen genas. Sissi war von unruhigem, unbeständigem Wesen, war sehr wählerisch und heikel, was Aufenthaltsorte, Personen und das Essen anbetraf. Angeblich litt sie an Appetitlosigkeit. Die Köchin, die sie auf allen Reisen treu begleitete, versorgte sie mit viel Milch, frisch gepresstem Fleischsaft und Unmengen Süßigkeiten. Im Oktober 1871 war sie zum Mittagessen in ein berühmtes Restaurant in Töll bei Partschins eingeladen. Statt zu essen, stocherte sie an einem Stück Torte herum. Und der damalige Wirt bewahrte dieses Stück Torte wie eine Reliquie auf. Wer heute das Restaurant Onkel Taa besucht, kann dieses Erinnerungsstück an Kaiserin Elisabeth dort immer noch bewundern.

Vom Elisabethpark mit dem Sissi-Denkmal aus, welches 1903 vom Wiener Bildhauer Hermann Klotz in Laaser Marmor gearbeitet und vom ungarischen Edelmann Emil Dalmata von Hidegkét gestiftet wurde, führt der **Sissi-Weg** nach Obermais bis zum Schloss Trauttmansdorff.

Das Gelände von **Schloss Trauttmansdorff** wurde 1327 als Hofstelle Neuberg erstmals urkundlich erwähnt. Nach dem Verfall der Burg wurde diese 150 Jahre später von Graf Joseph

Die Gärten von Schloss Trauttmansdorff

von Trauttmansdorff gekauft und renoviert. 1870 erwählte Kaiserin Elisabeth von Österreich das Schloss für ihren Kuraufenthalt in Meran. Heute befindet sich im Inneren der Burg das Landesmuseum für Tourismus, kurz **Touriseum** genannt (Südtiroler Landesmuseum für Tourismus: St.-Valentin-Straße 51a, 39012 Meran, Tel. +39 0473 270172, www.touriseum.it). Rund um das Schloss erstrecken sich auf zwölf Hektar die berühmten Gärten von Schloss Trauttmansdorff (St.-Valentin-Straße 51a, 39012 Meran, Tel. +39 0473 235730, www.trauttmansdorff.it). Die historische Gaststätte **Onkel Taa** auf der Töll existiert seit 1430 und zählt sicherlich zu den kuriosesten Restaurants Südtirols. Zu ihren Spezialitäten zählen die k.u.k. Küche sowie verschiedene Schneckengerichte. **Bad Egart** selbst gilt als älteste Heilquelle im Tiroler Raum und wurde bereits in der Römerzeit für Trink- und Badekuren benutzt. Im gleichnamigen Museum finden sich persönliche Gegenstände von Kaiser Franz Joseph und seiner Gemahlin, Kaiserin Elisabeth, sowie weitere Raritäten aus der Zeit der Donaumonarchie (Bahnhofstraße 17, 39020 Töll/Partschins, Tel. +39 0473 967342, www.bad-egart.com).

Dostojewskis Tochter in Meran
Meran

Ljubow Fjodorowna Dostojewskaja – Ljuba oder Lilja, wie sie in der Familie genannt wurde, Aimée, wie sie selbst sich in Europa nannte – kam im September 1869 in Dresden zur Welt, wo der große Schriftsteller Fjodor Michailowitsch Dostojewski, wegen seiner hohen Schulden auf der Flucht aus Russland, zwei Monate zuvor mit seiner zweiten Frau Anna Grigorjewna Snitkina angelangt war. Ljubow war kränklich und hatte vom Vater die Epilepsie geerbt, sie litt unter Kopfschmerzen und Arthritis, wahrscheinlich auch an Herzschwäche. Im Dezember 1924 kam sie auf Rat ihres Arztes nach Meran, wo sie im Hotel Auffinger logierte. Zur Behandlung eines Augenleidens begab sie sich nach Bozen zu Doktor Fritz Rössler, dem Besitzer des Grieserhofs. 1925 kehrte sie wieder nach Meran zurück. Hier wohnte sie eine Zeit lang im Russischen Haus Borodine, das von der reichen Moskauerin Nadeschda Iwanowna Borodina gestiftet worden war. Mit einer Bibliothek und der orthodoxen Kirche besteht diese Stiftung bis heute fort, auf Initiative der Vereinigung Rus' in Bozen und ihrer Vorsitzenden Bianca Marabini Zoeggeler.

Von Meran begab sich Ljubow, der auch Herz- und Nervenleiden, Blutarmut und vielleicht Leukämie diagnostiziert worden waren, nach Arco und kam dann wieder nach Bozen zurück, richtiger gesagt: nach Gries, das bis zum 12. Dezember 1925 eine eigenständige Gemeinde war. Sie logierte wieder im renommierten Grieserhof, der ehemaligen Villa Aufschneiter, wo sie im vorhergehenden Jahr schon wegen ihrer Augenbeschwerden behandelt worden war. Ljubow Fjodorowna Dostojewskaja sollte dann am 10. November 1926, im Alter von erst 57 Jahren, sterben. Sie wurde im damals neuen Grieser Friedhof beigesetzt, und ihr mit einem einfachen Holzkreuz geschmücktes Grab geriet bald in Vergessenheit. Erst 1931, zum 50. Todestag Dostojewskis, erfolgte ein Aufruf in der Wiener Tageszeitung *Neue Freie Presse*, der auch von der italienischen Presse übernommen wurde, besonders von der römischen Zeitschrift *L'Italia letteraria*. Der Appell richtete sich an die italienische Regierung, dieser auf italienischem Boden verstorbenen Persönlichkeit auch ein würdiges Grabdenkmal zu widmen. Die *Rivista della Venezia Tridentina* gab die Aufforderung an die Bozner Behörden weiter, und 1931 konnte in Anwesenheit der Honoratioren ein neues Grabdenkmal für Ljubow Aimée Dostojewskaja eingeweiht werden, das der Tiroler Bildhauer Josef Ehrenheber ausgeführt hatte: eine mit Blumen gefüllte Amphore auf einem Sockel aus Trentiner Granit. Am 31. Mai 1957 wurde das Grabmal auf den Bozner Friedhof in Oberau übertragen, und in den Achtzigerjahren wurden das Liktorenbündel und eine rhetorische Aufschrift durch die einfachen Worte „Ljubow

Das Haus Borodine mit der Kirche zu St. Nikolaus Taumaturg

Fjodorowna Dostojewskaja, russische Schriftstellerin" ersetzt. Von der einheimischen Presse wurde das Grabdenkmal dann und wann erwähnt, aber in russischen Kreisen war der Standort lange unbekannt – wie auch die Todesursache unbekannt blieb: Wahrscheinlich ist sie an Epilepsie gestorben.

Die von Tobias Brenner geplante russisch-orthodoxe Kirche zu **St. Nikolaus Taumaturg** wurde 1897 eröffnet. Seit 1991 finden in der Kirche wieder russisch-orthodoxe Feiern statt. Im daneben gelegenen Russenhaus befindet sich neben einem Altersheim auch die russisch-orthodoxe **Gedenkstätte Nadezda Borodina**, welche eine Sammlung von Kultusobjekten, Dokumenten und Büchern jener russisch-orthodoxen Gemeinschaft beherbergt, die um die Jahrhundertwende zur Kur in Meran lebte (Schafferstraße 21, 39012 Meran, Tel. +39 0471 979328, www.rus-bz.it).

Schloss Labers und die „Operation Bernhard"
Meran

Das in Obermais gelegene Schloss Labers war im Zweiten Weltkrieg Sitz einer deutschen Geldwaschzentrale. Es war ein wichtiger Umschlagplatz von gefälschten Pfund Sterling, mit denen der britische Markt überschwemmt und die Wirtschaft Großbritanniens destabilisiert werden sollten.

An der Spitze dieses Unternehmens, das als „Operation Bernhard" in die Geschichte eingegangen ist, stand der SS-Sturmbannführer Bernhard Krüger.

Schloss Labers, 1912

1942 hatte er im KZ Sachsenhausen bei Oranienburg nördlich von Berlin eine Fälscherwerkstatt gegründet, in der von fast 30 überwiegend jüdischen Häftlingen qualitativ hervorragende Pfundnoten hergestellt wurden. Hitler hatte anfangs seine Zustimmung zu diesem Unternehmen gegeben, dann aber einige Zweifel angemeldet. Der SS-General Ernst Kaltenbrunner beschloss, der Operation Bernhard neuen Auftrieb zu geben und mit Falschgeld Spione und Geheimagenten zu bezahlen. An die Spitze dieses neuen Unternehmens wurde der SS-Sturmbannführer Friedrich Schwend berufen, der auch unter den Decknamen Dr. Fritz Wendig, Dr. Sauter und Major Kemp tätig war und nach Kriegsende nach Peru flüchtete, wo er 1980 in Lima starb. Zum Umschlagplatz für das Falschgeld wurde Schloss Labers bestimmt, und Schwend hatte die heikle Aufgabe, das Falschgeld auf den Markt zu bringen. Es ist die Rede von

Verrat und Attentaten, Schwend selbst wird für tot erklärt, das viele Geld, das er angeblich bei sich hatte, ist verschwunden. In Wirklichkeit kommt bei einem Autounfall nicht Schwend ums Leben, sondern ein aus Rijeka stammender Mann namens Teofilo Kamber, einer der engsten Mitarbeiter Schwends. Im August 1944 verlässt Kamber Meran mit zwei Kisten Geld und wichtigen Dokumenten. Er will Villach in Kärnten erreichen, kommt aber nicht über das bei Meran gelegene Dorf Gargazon hinaus, wo er von Schwends Getreuen ermordet wird. Der Leichnam wird heimlich in Lana bestattet.

Die Aktion Bernhard aber geht erfolgreich weiter. Im KZ Sachsenhausen sollen in drei Jahren zwischen 150 und 350 Millionen Pfundnoten produziert worden sein. Als die Nationalsozialisten das Kriegsende kommen ahnen, schließen sie die Fälscherzentrale, die Häftlinge werden getötet, die Verantwortlichen fliehen. Schwend wird für den Mord an Kamber in Italien zum Tode verurteilt, kann sich aber nach Südamerika absetzen.

Aus Schloss Labers scheint auch das Geld gekommen zu sein, mit dem der berühmte, für die Nazi-Deutschen arbeitende Spion „Cicero" bezahlt und betrogen wurde: Der Albaner Elyesa Bazna – dies sein wahrer Name – nutzte seine Stellung als Kammerdiener bei der britischen Botschaft in Ankara aus, um militärische Geheimdokumente an sich zu bringen und an die Deutschen zu verkaufen. Cicero gelang die Flucht nach Acapulco, wurde sich aber bewusst, dass er nichts als Lumpenpapier bei sich hatte.

Im Jahr 2008 wurde der österreichische Regisseur Stefan Ruzowitzky für den Film „Die Fälscher", der die Aktion Bernhard und die Begebnisse in Schloss Labers zum Thema hat, mit einem Oscar für den besten ausländischen Film ausgezeichnet.

Der ehemalige Hof Laubers (heute **Schloss Labers**) wurde 1185 erstmals schriftlich erwähnt. Nach einer wechselvollen Geschichte unter zahlreichen verschiedenen Besitzern wurde Schloss Labers 1891 zu einer Pension umgebaut, wobei die Grundstruktur des Schlosses fast zur Gänze verloren ging. Nach dem Zweiten Weltkrieg wurde Schloss Labers erneut zum Hotel umfunktioniert und ist heute nicht öffentlich zugänglich (Labers 25, 39012 Meran, Tel. +39 0473 234484, www.labers.it).

Weitere Informationen

Kurverwaltung Meran: Freiheitsstraße 45, 39012 Meran, Tel. +39 0473 272000, www.meran.eu

Dorf Tirol

Die Zenoburg
Dorf Tirol

Die Zenoburg erhebt sich auf einem Felsenhügel, der auf drei Seiten steil gegen die Passerschlucht abfällt, am Eingang zum Passeiertal, durch das die Straße auf den Jaufenpass führt: ein geheimnisvoller Schauplatz von Sagen und Legenden. An der Stelle einer vorgeschichtlichen Wallburg ist das römische *castrum maiense* entstanden, das zur Völkerwanderungszeit Zufluchtsort

Die Zenoburg, um 1870

der Bevölkerung und später Kultstätte wurde. Im 5. Jahrhundert errichtete der Bischof Valentin eine dem heiligen Zeno geweihte Kapelle, in der er selbst und im 8. Jahrhundert auch der heilige Korbinian beigesetzt wurden, wie es Arbeo, Bischof von Freising, in der *„Vita Sancti Corbiniani"* erzählt.

Die Burg, die lange Zeit den Grafen von Tirol gehörte, kam 1799 in den Besitz der Familie von Braitenberg, den heutigen Burgherren. Am nördlichen Portal der Burgkapelle befinden sich mehrere stilisierte Flachreliefs, darunter eine der ältesten Darstellungen des Tiroler Adlers.

Die **Zenoburg** steht auf dem sogenannten Zenoberg. Dort grenzt die Gemeinde Tirol an die Stadt Meran. Um von Dorf Tirol aus auf den Felshügel zu gelangen, verlässt man den Ort in Richtung Meran. Bei Erlenburg biegt man in die alte Jaufenstraße ein. Nach ein paar Hundert Metern erstreckt sich links auf einer Felskanzel die Burg. Die Zenoburg ist nicht zu besichtigen.

Blick von Schloss Tirol auf Dorf Tirol

Schloss Tirol
Dorf Tirol

Einer alten Sage nach war Schloss Tirol einst von Riesen bewohnt. Dieses Bauwerk gab auch Tirol, dem „Land in den Bergen", seinen Namen. Interessant ist zu bemerken, dass ähnliche Namen auch in anderen Gegenden in Italien und Österreich zu finden sind, immer mit der Bedeutung von Durchgangsland oder Pass. In Kalabrien gibt es zwischen dem Ionischen und dem Tyrrhenischen Meer den Ort Tiriolo. In Österreich liegt zwischen dem Inntal und dem Einzugsgebiet der Isar der Ort Zirl (die Lautverschiebung von „z" zu „t" ist im Deutschen häufig), Dorf Tirol liegt zwischen dem Vinschgau und dem Passeiertal. Derlei Übergänge befanden sich in gewissen Höhenlagen, da sich im Talgrund Sümpfe ausdehnten.

Schloss Tirol, die ehemalige Stammburg der Grafen von Tirol, befindet sich auf einem Burghügel, welcher bereits seit der Urgeschichte besiedelt ist. Davon zeugen zahlreiche Funde. Archäologisch bedeutsam sind ein Gräberfeld aus dem frühen Mittelalter sowie eine frühchristliche Kirche mit drei Apsiden. Die erste Burganlage stammt aus dem Jahr 1100, es folgt eine zweite Bauphase um 1139–1140 sowie eine dritte große Bauphase unter Graf Meinhard II. in der zweiten Hälfte des 13. Jahrhunderts. In den Gemäuern des Schlosses befindet sich heute das Südtiroler Landesmuseum für Kultur- und Landesgeschichte, welches seit den 1990er-Jahren regelmäßig Landesausstellungen, Konzerte und Lesungen bietet. Neben der Burg ist eine Falknerei eingerichtet (Schlossweg 24, 39019 Dorf Tirol, Tel. +39 0473 220221, www.schloss-tirol.it).

Die Landesfürstin Margarete „Maultasch"
Dorf Tirol

Wer war die Landesfürstin Margarete (1318–1369), die in der volkstümlichen Überlieferung als ausschweifende, hinterhältige und treubrüchige Landesherrin hingestellt wird, während sie in Wirklichkeit wahrscheinlich nur einsam und unglücklich war? Zweifellos war sie eine der ersten emanzipierten Frauen – was sie mit Kirchenbann, Verleumdung und Vereinsamung zu bezahlen hatte. Sie ist als Margarete „Maultasch" in die Geschichte eingegangen, doch ist bis heute ungeklärt, welchem Umstand sie diesen wenig schmeichelhaften Beinamen verdankte. Manche Historiker führen ihn auf die Burg Maultasch bei Terlan zurück, in der Margarete sich gern aufhielt, andere behaupten, sie habe Leonardo da Vinci als Vorbild für seine „Hässliche Alte" gedient, da sie abstoßend hässlich gewesen sei. Dieses Urteil wurde in jüngerer Zeit anhand von zeitgenössischen Darstellungen Margaretes auf Siegeln und Gemälden revidiert. Von Zeitgenossen war sie sogar als *nimis pulchra* bezeichnet worden, als überaus schön, und an „seine schöne Cousine" wandte sich auch der österreichische Erzherzog Rudolf IV. – vielleicht mit einigen Hintergedanken und Reserven, da es ihm darum ging, das Land Tirol in seine Hand zu bekommen. Der Schriftsteller Lion Feuchtwanger zeichnete in seinem 1923 erstmals veröffentlichten, aber in der Folge mehrmals neu aufgelegten Historienroman „Die hässliche Herzogin" das Bild einer Welt voller Intrigen, Gewalt, Rache, Verfluchungen, Gottesstrafen und Aberglauben, in die Margarete verwickelt war, die aber nicht auf glaubwürdigen historischen Dokumenten basierten. Wilhelm Baum lieferte in seinem Buch „Margarete Maultasch. Ein Frauenschicksal im späten Mittelalter" eine sehr viel menschlichere, politisch und ethisch korrektere Darstellung der Tiroler Landesherrin und ihrer Zeit. Ihre „Schuld" bestand darin, von ihrem 1335 verstorbenen Vater Heinrich von Tirol-Görz das Land Tirol geerbt zu haben, das im Europa der damaligen Zeit die expansionistischen Bestrebungen von gleich drei Herrscherhäusern auf sich gezogen hatte: den böhmischen Luxemburgern, den bayerischen Wittelsbachern und den österreichischen Habsburgern. Den ersten Schritt taten die Luxemburger, die mit Margaretes Vater Heinrich einen Ehevertrag zwischen der zwölfjährigen Margarete und dem achtjährigen Johann Heinrich von Luxemburg unterzeichneten. Die Ehe wurde in Innsbruck geschlossen. Aber es war keine glückliche Ehe, der junge Ehemann schikanierte seine Frau in jeder Weise, sodass sie ihn zu hassen begann. Als Margarete nach dem Tod ihres Vaters im Jahr 1335 die Herrschaft im Lande übernahm, wollte Johann Heinrich sich als Herr aufspielen – was weder seiner Frau noch den einheimischen Adeligen passte. So schloss die Landesherrin mit ihren Tiroler Räten ein Bündnis: Sie wollten

Johann Heinrich loswerden. Die Nachricht von diesem „Staatsstreich" verbreitete sich wie ein Lauffeuer an allen europäischen Höfen: Als Margaretes Ehemann („Ehemann" sozusagen: Es scheint nie zum Vollzug der Ehe gekommen zu sein) am Allerseelentag 1341, dem 2. November, spät nachts von einer Jagdpartie heimkam, fand er die Tore von Schloss Tirol verschlossen. Auch auf anderen Schlössern in Tirol fand er keinen Einlass, sodass er sich an den Trentiner Fürstbischof Nikolaus von Brünn, seinen böhmischen Landsmann, wandte und schließlich beim Patriarchen von Aquileja Zuflucht fand. Johann Heinrichs älterer Bruder Karl, der spätere Kaiser Karl IV., suchte sich für diese Demütigung zu rächen und belagerte Schloss Tirol,

„Eine groteske alte Frau" von Quentin Massys (1525–30, Öl auf Holz, National Gallery, London). Vorlage für die Königin in Alice im Wunderland. Wird von vielen auch als Porträt von Margarete Maultasch, Gräfin von Tirol, angesehen.

wurde aber von Margaretes treuen Gefolgsleuten abgewiesen. Und jetzt traten die Wittelsbacher auf den Plan: Kaiser Ludwig der Bayer verlangte von Papst Johannes XXII. die Annullierung der Ehe Margaretes mit Johann Heinrich, da sie *ratum et non consumatum* war, während er der Tiroler Landesfürstin gleichzeitig die Hand seines Erstgeborenen Ludwig von Brandenburg offerierte. Die Ehe wurde in aller Eile am 10. Februar 1342 in Meran geschlossen, und da es noch an der päpstlichen Dispens fehlte, wurde das junge Paar exkommuniziert. Der neue Landesherr wusste geschickt vorzugehen. Er stärkte seine Autorität in Tirol und in den bis dahin von den Böhmen beherrschten Gebieten. Nach der Heirat seiner Schwester Elisabeth mit dem Veroneser Herrn Cangrande II. della Scala pflegte er nützliche diplomatische Beziehungen zu den Scaligern in Verona, den Visconti in Mailand und der guelfischen Stadt Florenz, und angeblich soll Giovanni Boccaccio auch eine diplomatische Reise zu den Tiroler Landesfürsten unternommen haben. Die Ehe scheint glücklich gewesen zu sein, wurde allerdings vom Kirchenbann überschattet, der erst im Jahr 1358 von Papst Innozenz VI. aufgehoben wurde. Von den vier Kindern starben drei an der Pest. Nur Meinhard, der Erstgeborene, überlebte, war aber immer kränklich. Und nach seinem Vater, der am 17. September 1361 starb, wurde er am 13. Januar 1363 mit 19 Jahren vom Tod dahingerafft. Zu Lebzeiten Margaretes gingen die verschiedensten Gerüchte um: dass sie die beiden

Wittelsbacher, ihren Ehemann Ludwig und ihren Sohn Meinhard vergiftet habe. Es war von Verschwörungen, Verrat und Intrigen die Rede, bis Rudolf IV. von Habsburg auf den Plan trat. Er gab seine Schwester Margarete dem Tiroler Thronfolger Meinhard III. zur Frau und festigte damit die verwandtschaftlichen Bande zwischen Tirol und den Habsburgern. Zu Margaretes Regierungszeit wurde das Land Tirol von Heuschreckenplagen und Überschwemmungen heimgesucht, von Erdbeben, Feuersbrünsten und der Pest. Und da die Menschen des Mittelalters einen Sündenbock brauchten, wurde die Landesherrin für diese „Geißeln Gottes" verantwortlich gemacht: wegen ihrer mit dem päpstlichen Bann belegten zweiten Ehe, wegen des über ganz Tirol verhängten kirchlichen Interdikts, wegen ihres „unmoralischen" Benehmens, das sicher nicht dem weiblichen Normverhalten der damaligen Zeit entsprach.

Rudolf von Habsburg traf sich am 20. Januar 1363, wenige Tage nach dem Tod Meinhards III., mit den Tiroler Adeligen in Bozen, legte ihnen eine Urkunde vor, die Margarete angeblich am 2. September 1359 unterzeichnet hatte und das Land Tirol nach dem Tod der Wittelsbacher dem Haus Habsburg zusprach. Die Urkunde war offensichtlich gefälscht, aber am 26. Januar 1363 unterzeichnete Margarete einen neuen Vertrag, mit dem Tirol definitiv an die Habsburger ging, einschließlich der Advokatur über das Trentino. Dieses Abkommen beinhaltete auch die *compattate*, mit denen die weltliche Macht des Trentiner Fürstbischofs auf fast demütigende Weise eingeschränkt wurde. Die Urkunde, von der niemals ein Original gefunden wurde, trägt das Datum des 18. September 1363 und ist in Begriffen abgefasst, die Zweifel an ihrer Echtheit aufkommen lassen. Nachdem der österreichische Erzherzog Rudolf von Habsburg das Land Tirol fest an sich gebracht hatte, schrieb er dem venezianischen Dogen Lorenzo Celsi einen Brief mit folgendem Wortlaut: „Mit Hilfe Gottes sind nun alle Wege von Deutschland nach Italien in meinen Händen, und ich bin entschlossen, sie auf jede Weise zu verteidigen." Margarete verbrachte ihre letzten sechs Lebensjahre in Wien, einzig in Gesellschaft ihres treuen Majordomus Hildebrand von Firmian. Sie starb am 3. Oktober 1369, und ihre Kleider, die sie von den Minoriten des nahen Klosters geerbt hatte, wurden zu Paramenten umgearbeitet. Margarete hatte von ihrem Vater drei Fürstentümer geerbt, das Advokaturrecht über das Patriarchat Aquileja und die Bistümer Trient und Brixen sowie Ansprüche auf die Krone Böhmens und Polens. Doch sie ging einzig als Fürstin aus dieser Welt. In aller Stille ging das Leben einer Frau zu Ende, die von einer ihr feindlichen Welt beurteilt wurde, die nicht nur ihre Moral, sondern auch ihre Anmut und Ausstrahlung in Zweifel zog.

Die Brunnenburg

Die Brunnenburg
Dorf Tirol

Als die derzeitigen Eigentümer der Brunnenburg, die Familie de Rachewiltz, die Burg betraten, kam ihnen eine sonderbare Gestalt entgegen. Er sei ein Wünschelrutengänger, sagte er, und verkündete ihnen, dass sie gleichzeitig mit der Burg auch einen riesigen Schatz in ihren Besitz gebracht hätten. Die Burg erhebe sich, so fuhr er fort, auf einem rätischen Tempel mit einem Portal und sieben Säulen aus Smaragd. Unter der Burg befänden sich neun Gräben voller Goldpulver, die von einer Quelle bespült wurden. Die Schafe, die das Wasser dieser Rinnsale tranken, hätten goldene Zähne. Seit 1974 beherbergt die Brunnenburg ein interessantes Landwirtschaftsmuseum. Der amerikanische Dichter Ezra Pound, der Vater der Schriftstellerin Mary de Rachewiltz und Großvater des heutigen Besitzers Siegfried de Rachewiltz, verfasste auf der Brunnenburg in den Jahren 1958–1963 einen Teil seiner „Cantos".

Die **Brunnenburg**, erbaut um 1241, wechselte des Öfteren Besitzer. Zwischenzeitlich verfiel die Burg sogar zur Ruine, wurde um 1904 jedoch von einem deutschen Industriellen im neugotischen Stil wieder aufgebaut. Woher genau der Name stammt, ist nicht eindeutig geklärt. Heute beherbergt das Gebäude ein Landwirtschaftsmuseum sowie die Ezra-Pound-Gedächtnisstätte (Ezra-Pound-Weg 3, 39019 Dorf Tirol, Tel. +39 0473 923533, www.brunnenburg.net).

Weitere Informationen

Tourismusverein Dorf Tirol: Hauptstraße 31, 39019 Dorf Tirol, Tel. +39 0473 923314, www.dorf-tirol.it

Hafling

Eine Kirche auf den Ruinen eines Tempels
Hafling

Die Kirche St. Katharina in der Scharte in Hafling, der Überlieferung nach eine der ältesten in Südtirol, soll sich auf den Resten eines einem Sonnengott geweihten Tempels erheben. Als Beweis hierfür wird ein steinernes Relief angesehen, das einen Sonnengott mit dem Lebensbaum darstellt und auf die Zeit um 400 vor Christus datiert wird. In Südtirol finden sich zahlreiche Hinweise auf die Verehrung von Mithras, einer römischen Göttergestalt, die als mythologische Verkörperung der Sonne galt. Rätselhaft ist eine Zeichnung, auf der anscheinend ein Zwillingspaar vor einer Mauer zu sehen ist. Eine mögliche Interpretation führt uns zur Sonne in den Tarockkarten, wo die Zwillinge als sowohl materielle wie auch geistige Klarheit und Erneuerung gedeutet werden. Eine grafische Darlegung des Bewusstseins der Grenze zwischen Schein und Wirklichkeit?

Die blondmähnigen Pferde
Hafling

Eine sehr beliebte touristisch-folkloristische Veranstaltung ist das Haflinger Galopprennen, das am Ostermontag am Pferderennplatz in Meran-Untermais ausgetragen wird. Diese kräftigen, honigfarbenen Pferde mit der blonden Mähne sind für ihre Stärke und Widerstandsfähigkeit bekannt. Am Ostermontag kommen die Pferde mit ihren Reitern in Tracht von den Hochplateaus von Hafling, Vöran, Mölten und Jenesien, vom Ritten und aus dem Sarntal herab. Nach dem festlichen Umzug mit Musikkapellen von der Meraner Innenstadt zum Rennplatz findet am Nachmittag das traditionelle Galopprennen statt. Die ersten Bauerngalopprennen waren im Jahr 1896 südlich des alten Hotels Meranerhof über die Bühne gegangen, auf dem Gelände, auf dem heute die Thermen liegen. Die 40 zum Wettbewerb angemeldeten Pferde wurden ohne Sattel geritten. Rätselhaft ist die Tatsache, dass diese Rennen am Ostermontag ausgetragen werden – vielleicht in Erinnerung an einen altrömischen, *equiria* genannten Ritus. Es handelte sich um Pferderennen, die zu Frühjahrsbeginn auf der Wettkampfstätte am Celio-Hügel stattfanden und den Beginn des Frühjahrs wie des Herbstes einläuteten. Die Pferderennen standen auch im Mittelpunkt der Luperkalien, eines Reinigungsfestes mit

Haflingerpferde auf der Weide

zwölf Pferden, das den Übergang der Planeten vom Winter zum Frühjahr und von einer Jahreszeit zur anderen symbolisierte.

Der 1935 im Stil faschistischer Monumentalarchitektur erbaute **Pferderennplatz Meran** (Rennstallweg 27, 39012 Meran, Tel. +39 0473 446222, www.meranomaia.it) erstreckt sich über eine fünf Kilometer lange Rennbahn. Das erste Pferderennen in Meran wurde jedoch bereits im Jahre 1896 ausgetragen. Bis heute zählt neben dem Großen Preis von Meran das Haflinger Galopprennen zu den Höhepunkten der Saison.

Weitere Informationen

Tourismusverein Hafling - Vöran - Meran 2000: St.-Kathrein-Straße 2/b, 39010 Hafling, Tel. +39 0473 279457, www.hafling-meran2000.eu

Schenna

Eine Liebesgeschichte und ein Thronverzicht
Schenna

Der österreichische Erzherzog Johann war der Bruder von Franz II., dem letzten Kaiser des Heiligen Römischen Reiches Deutscher Nation, der 1804 das erbliche Kaisertum Österreich begründete und als Franz I. zum ersten Kaiser von Österreich wurde.

Erzherzog Johann war wegen seiner menschlichen Vorzüge sowie seines politischen Talents bei den Tirolern sehr beliebt und im Jahr 1809 ermunterte er die einheimische Bevölkerung und Andreas Hofer zum Aufstand gegen die

Die Ortschaft Schenna

Franzosen. Seine Popularität nahm noch zu, als er im Februar 1829 die Ausseer Postmeisterstochter Anna Plochl heiratete. Wegen dieser Ehe wurde er von der Thronfolge ausgeschlossen und seine Nachkommen sollten keinen Adelstitel tragen. Franz, der einzige Sohn aus dieser Ehe, erlangte allerdings den erblichen Titel Graf von Meran und 1850 wurde auch Johanns Ehefrau zur Gräfin von Meran ernannt. Die Familie der Grafen von Meran besteht heute noch, und sie leben zeitweise auf Schloss Schenna, das Erzherzog Johann gekauft und zu seinem Wohnsitz erhoben hatte. Johann starb 1859 und wurde einige Jahre später in einem eigens errichteten, neugotischen Mausoleum in Schenna beigesetzt.

Das um 1350 von Petermann von Schenna erbaute **Schloss Schenna** wurde bis zum 16. Jahrhundert mehrere Male erweitert und kann heute, mit Ausnahme der Privaträume, besichtigt werden. Das Innere von Schloss Schenna ist der Geschichte Tirols mit den Themenschwerpunkten Erzherzog Johann und Andreas Hofer gewidmet. Zu sehen gibt es außerdem verschiedene Sammlungen (Schlossweg 14, 39017 Schenna, Tel. +39 0473 945630, www.schloss-schenna.com).

Weitere Informationen

Tourismusbüro Schenna: Erzherzog-Johann-Platz 1/D, 39017 Schenna, Tel. +39 0473 945669, www.schenna.com

Passeiertal

Die Wallfahrtskirche in Riffian
Riffian

Eine der meistbesuchten Kultstätten im Burggrafenamt ist die Pfarr- und Wallfahrtskirche zur Schmerzhaften Muttergottes in Riffian. Sie wurde schon 1310 erwähnt, im Zusammenhang mit dem Bericht über einen unbekannten Herrn aus Eppan, der – zur Verbüßung wohl schwerer Sünden – eine Pilgerfahrt nach Riffian gelobt hatte. Und zur Befreiung von seiner Schuld ließ er eine Wallfahrtskirche errichten oder erweitern.

Milchsee und Schwarzsee
Riffian

Von Riffian aus führte ein alter Kultweg durch das Spronser Tal zur Bocker Hütte und dann weiter zu den in der Texelgruppe gelegenen Hochgebirgsseen Grünsee, Schwarzsee, Langsee und Milchsee. Dies war ein alter Pilgerweg, den die Passeirer alljährlich im Frühjahr begingen. Sie nahmen dabei ihre Toten mit, die sie im Winter nicht hatten bestatten können und die sie auf den Söllern „aufbewahrt" hatten, und die Kinder, die getauft oder gefirmt werden mussten. Und an den geweihten Seen legten sie mehrere Halte ein. Am Milchsee wurden die Riten für die Kinder vollzogen, am Schwarzsee jene für die Verstorbenen.

Von der Ortschaft Vernuer oberhalb von Riffian aus erreicht man das **Spronser Tal** über den Meraner Höhenweg in Richtung Gfeis/Longfall.

Die Schildhöfe
St. Martin in Passeier

Ein Stolz des Passeiertals sind die Schildhöfe. Die Schildbauern genossen einst besondere, sonst nur den Adeligen vorbehaltene Rechte, wie die Befreiung von der Grundsteuer, die Vertretung im Landtag und Gerichtsstand beim adeligen Gerichtshof. Als Gegenleistung waren sie dem Tiroler Landesherrn zum Dienst mit Pferd, Schild und Speer verpflichtet. Unter den Historikern herrschen bis heute Meinungsverschiedenheiten hinsichtlich des sozialen Status der Schildbauern: Während die einen in ihnen einen sozusagen adeligen Bauernstand sehen, halten die anderen sie für Tiroler Beamte, die angesichts ihrer

Der Schildhof Haupold

Treue auf die niedrigste Adelsstufe erhoben worden waren. Die Schildhöfe wären demnach nicht als Bauernhöfe mit gewissen Vorrechten zu interpretieren, sondern als mittelalterliche Adelssitze, die mit der Zeit, auch infolge der Verlegung des Tiroler Hofes von Meran nach Innsbruck, an Bedeutung verloren haben. Von den Vorrechten, die die Schildleute einst genossen, ist ihnen einzig das Fischereirecht geblieben, das bis heute von überlieferten Normen geregelt wird. Die stolzen Besitzer der elf Passeirer Schildhöfe haben bis heute das Recht, bei festlichen Anlässen wie Volksfesten und Prozessionen mit Schild und Hellebarde aufzutreten. Auf dem Friedhof in St. Martin sind die Gräber der Schildherren an ihren typischen Wappen zu erkennen.

Der **Passeirer Schildhöfeweg** beginnt direkt beim Schildhof Saltauserhof (erstmals erwähnt 1230) in Saltaus und dauert ungefähr 2,5 Stunden. Es handelt sich um eine leichte Wanderung über den alten Talweg in Richtung Schildhof Haupold (erstmals erwähnt 1317) und von dort durch den Wald zum Schildhof Granstein (erstmals erwähnt 1284). Über den Passerdammweg gelangt man zum Ausgangspunkt zurück.

Der Bandit Karl Gufler
St. Martin in Passeier

„Flucht ohne Ausweg. Auf den Spuren des Banditen Karl Gufler" ist der Titel eines Romans, in dem der Historiker Carlo Romeo Einblick in die heikelsten, problematischsten Jahre der deutschsprachigen Bevölkerung Südtirols gibt: die Jahre nach dem Anschluss Südtirols an Italien nach dem Ersten Weltkrieg mit den daraus folgenden ideologischen und sozialen Spannungen. Die Wunden vertiefen sich in den Dreißigerjahren, als die Kontraste zwischen Altem und Neuem in den unterschiedlichsten Ausdrucksformen, von der Politik über die Ideologie bis zur Religion, deutlich zutage treten, zwischen der alten Gesellschaftsordnung und einer „neuen Ordnung", zwischen Heimat und Reich, zwischen Christentum und Neuheidentum. Was spielte sich 1939 ab, dem Jahr der berüchtigten Option, mit der das Bindegewebe der deutschsprachigen Gesellschaft zerrissen wurde? Sie war, von einigen „Dableibern" abgesehen, ein wahres Plebiszit zugunsten des Dritten Reichs, ein Triumph der Propaganda pro Deutschland, das materielle Güter und neue Soldaten als Kanonenfutter gewann. In diesem Klima lebt und agiert der „Bandit", der „Partisan" Karl Gufler. Er hatte für die Übersiedlung ins Deutsche Reich optiert und meldete sich 1940 freiwillig bei der Wehrmacht. Er kämpfte an der Front in Norwegen, Frankreich und Russland und erhielt mehrere Auszeichnungen. Er flüchtete, wurde verraten, verhaftet und begnadigt, musste aber in einer Strafkompanie kämpfen. Er desertierte nach Ungarn, kehrte im Mai 1943 ins Passeiertal zurück und lebte dort als Partisan versteckt im Gebirge. Am 20. März 1947 kam es zu einem Schusswechsel mit italienischen Carabinieri, bei dem Karl Gufler tödlich verwundet wurde.

Nach seiner Rückkehr ins Heimattal hatte er niemals die Waffen niedergelegt. Er wurde zum Anführer einer Schar junger Leute, Deserteure wie er, die als „Gufler-Bande" bekannt wurden. Er kollaborierte mit den Amerikanern bei der Festnahme der Kriegsverbrecher und wurde zu einer Art „Rächer" seines Tals. Aber wer war Karl Gufler in Wirklichkeit? War er ein „Partisan" – wie der Pfarrer in St. Martin in Passeier, ein Nazigegner, im Sterberegister vermerkte – oder ein gewöhnlicher Bandit, wie sie so häufig in der Literatur anzutreffen sind? Zweifellos war er – im wahrsten Sinn des Wortes – ein Partisan, ein passionierter Parteigänger, der, Waise, Hütebub und Knecht, zwischen seiner persönlichen Auffassung von Ehre und den politisch-sozialen Gegebenheiten wählen musste und zum Opfer seiner selbst wurde. Der Prozess gegen die sogenannte Gufler-Bande wurde 1951–1952 in Bozen abgehalten. Die Anklagepunkte reichten von Mord bis Speckdiebstahl und bezogen sich auf die Kriegsjahre und die unmittelbare Nachkriegszeit. Die Angeklagten wurden, als Angehörige des Widerstands, frei gesprochen. Beim Prozess vor dem Berufungsgericht in Trient wurde das Urteil umgestoßen. 1966 wurde Hans Pircher, eines der Bandenmitglieder, verhaftet und eingekerkert, aber 1975 vom italienischen Staatspräsidenten begnadigt. Bewegte und bewegende Ereignisse, die sich mit dem Widerstand und den Gewalttaten vermischen, die auch in der Provinz Südtirol verübt worden sind und zu sonderbaren Haltungen und Gefühlen geführt haben, die niemals mehr ganz vergessen werden können.

Psairer Rebellen: Andreas Hofer & Co.
St. Leonhard in Passeier

Andreas Hofer, Tiroler Wirt und Freiheitskämpfer, wurde im Jahr 1767 am Sandhof bei St. Leonhard in Passeier geboren. Der einst als Auflegerhof bekannte Hof (hier wurden die Saumpferde zum Weg über den Jaufenpass mit Waren beladen) wurde 1664 von Kaspar Hofer erworben, der hier nach der

Andreas Hofer

Rückkehr von einer Pilgerfahrt ins Heilige Land neben dem Wirtshaus auch die Heilig-Grab-Kapelle errichten ließ. Im Jahr 1985 wurde an der Kapelle eine Kopie des 1891 errichteten Andreas-Hofer-Denkmals in Mantua aufgestellt. Der Sandhof bildet heute den Mittelpunkt des MuseumPasseier, das Ausstellungen zu Andreas Hofer, zur Volkskunde und am Freilichtgelände zum Leben auf den Südtiroler Berghöfen zeigt, aber auch mehrere Außenstellen im Passeiertal umfasst. Zentrale Gestalt der Ausstellungen ist natürlich Andreas Hofer, der Anführer der Tiroler 1809er-Erhebung, der am 28. Januar 1810, als er sich auf die Pfandler Alm geflüchtet hatte, von seinem Nachbarn Franz Raffl verraten und den französisch-bayerischen Besatzungsbehörden ausgeliefert wurde.

Ebenfalls in Passeier, genau gesagt nahe der Brunner Alm bei Saltaus, wurde in der Nacht vom 6. auf den 7. September 1964 ein Mordanschlag auf Georg Klotz und Luis Amplatz verübt, zwei Mitglieder des Befreiungsausschusses Südtirol (BAS). Der Täter war ihr Begleiter Christian Kerbler, ein wohl vom italienischen Geheimdienst angeworbener Österreicher. Amplatz wurde im Schlaf erschossen, der von zwei Kugeln getroffene Georg Klotz konnte sich dagegen retten.

Amplatz und Klotz waren als BAS-Mitglieder an der sogenannten Feuernacht im Juni 1961, in der in Südtirol 37 Strommasten gesprengt wurden, und an darauf folgenden Anschlägen auf Einrichtungen des italienischen Staates beteiligt: Sie kämpften für die Südtiroler Autonomie und den Anschluss des Landes an Österreich.

Kurze Zeit später schlossen sich ihnen der rechtsextreme österreichische Politiker Norbert Burger und dessen Anhänger Peter Kienesberger an, die Amplatz und Klotz von Innsbruck her zu neuen Attentaten aufforderten.

Das Freigelände des MuseumPasseier am Sandhof

Dieser Gruppe stand auch Christian Kerbler nahe, der wegen Diebstahl und Schwindel als „unerwünschter Ausländer" aus der Bundesrepublik Deutschland ausgewiesen worden war, sich aber dem italienischen Geheimdienst SISMI als Agent angeboten hatte. Amplatz und Klotz waren, um der Verhaftung zu entgehen, nach Österreich geflüchtet, aber im August 1964 beschlossen sie, heimlich die italienische Grenze zu überschreiten und Kontakte zu den südlich des Brenners tätigen Gruppen aufzunehmen. Christian Kerbler, der die beiden gemeinsam mit seinem Bruder Franz begleitete, informierte die italienischen Polizeibehörden. Am 30. August wurden die vier von einer Patrouille der Finanzwache ausgemacht und in einen Feuerkonflikt verwickelt, aber den Aktivisten gelang die Flucht auf die Alm Brunner Mahder bei Saltaus. Am 4. September gingen Georg Klotz und Franz Kerbler ins Tal, um Proviant zu besorgen. Auf dem Rückweg gerieten sie beim Oberwiedner Hof in einen Hinterhalt, konnten aber erneut entkommen und sich in ihr Versteck flüchten, wo sich auch Christian Kerbler befand. Kerbler aber entfernte sich am darauf folgenden Tag mit einer Ausrede. Bei dieser Gelegenheit bekam er wahrscheinlich die Pistole und den Mordbefehl.
Am Vorabend der Mordnacht hatten Kerbler, Amplatz und Klotz gemeinsam auf einem Berghof zu Abend gegessen und sich dann zur Alm hinaufbegeben. Nachdem Kerbler Amplatz erschossen und Klotz verletzt hatte, begab er sich zu einer Alpiniabteilung in Saltaus, von wo er in ein Hotel begleitet wurde. Den Carabinieri aus Meran, die benachrichtigt worden waren, präsentierte er sich unter dem Decknamen Peter Hofmann, den er vom Geheimdienst bekommen hatte. Er wurde nach Bozen gebracht, wo ihm aber die Flucht gelang oder ermöglicht wurde. Von ihm war nichts mehr zu hören, bis er 1976 in London wegen Ladendiebstahl verhaftet, aber gleich wieder freigelassen wurde.

Der Sandhof, Andreas Hofers Geburtshaus

Eine unglaubliche, beängstigende *spy story*, ein typisch italienisches Geheimnis, bei dem niemals geklärt wurde, von wem Kerbler welchen Befehl bekommen hatte. Eine schmutzige Affäre. Seit 1992 wird diese Geschichte etwas anders gesehen, und die Akten des Prozesses in Perugia, bei dem Kerbler in Abwesenheit zu 22 Jahren Gefängnis verurteilt worden war, sind erneut hervorgeholt worden. Es war von einem Verschulden des politischen Büros der Quästur die Rede, aber der einzige Schuldige ist bis heute Christian Kerbler geblieben, der nach Johannesburg geflüchtet zu sein scheint. Rätselhafte Geschichten, sonderbare Schwindeleien. Terrorismus?

Heute wird nicht mehr von „Terrorismus" gesprochen, sondern von „Widerstand". Luis Amplatz und Georg Klotz erregen auch jetzt noch die Gemüter der deutsch- wie der italienischsprachigen Bewohner von Südtirol. Ein schwer zu lösendes Rätsel.

Das **MuseumPasseier** im denkmalgeschützten Wirtschaftsgebäude des Sandhofes beschäftigt sich mit Andreas Hofer, dem Heldenstatus und der bäuerlichen Kultur. Wechselnde Sonderausstellungen ergänzen die Dauerausstellung (Passeirer Straße 72, 39015 St. Leonhard in Passeier, Tel. +39 0473 659086, www.museum.passeier.it). Vom Museum aus führt der **Andreas-Hofer-Rundweg** in circa 80 Minuten über Wiesen nach St. Leonhard und wieder zurück zum Museum.

Die **Pfandler Alm**, das berühmte letzte Versteck von Andreas Hofer, ist ab St. Martin über den Fernwanderweg Nr. 5 in zwei Stunden Gehzeit zu erreichen. Die Originalhütte ist abgebrannt, wurde aber detailgetreu wieder aufgebaut.

Weitere Informationen

Tourismusbüro Riffian-Kuens: Jaufenstraße 50, 39010 Riffian,
Tel. +39 0473 241076, www.passeiertal.it
Tourismusbüro St. Martin: Jaufenstraße 7, 39010 St. Martin in Passeier,
Tel. +39 0473 641210, www.passeiertal.it
Tourismusbüro St. Leonhard in Passeier: Passeirer Straße 40, 39015 St. Leonhard
in Passeier, Tel. +39 0473 656188, www.passeiertal.it

Algund

Die Römerbrücke
Algund

Eines der Geheimnisse des Burggrafenamts um Meran dreht sich um die Präsenz der Römer in dieser Gegend – was zur Betonung der *italianità*, des italienischen Wesens, des Landes auch politisch ausgenutzt wurde. Ein eindeutiger Beweis für die Anwesenheit der Römer ist die Algunder Römerbrücke am linken Etschufer. Erhalten hat sich der Brückenkopf einer römischen Brücke, über die die Via Claudia Augusta verlief und die somit auf das Jahr 46 nach Christus zu datieren ist. Die alte Kaiserstraße, die das Donaugebiet über die Alpen mit der Adria verband, führte zwischen Algund und Forst über die Etsch, um anschließend die am rechten Etschufer gelegenen heutigen Dörfer Marling, Lana, Nals und Andrian zu berühren. Von der Brücke haben sich dank der Flussablagerungen sechs Meter lange und vier Meter hohe Mauerreste erhalten. Sie bestand aus großem und mittelgroßem, gut behauenem Werkstein. Im 16. Jahrhundert wurde die Brücke mit recht groben Steinen angehoben.

2011 wurde der **Brückenkopf** am Algunder Etschufer mit einer Glaskonstruktion überdacht. Daneben befindet sich die von Königin Maria Theresia von Österreich um das Jahr 1776 errichtete Archenmauer zum Schutz gegen die aus ihren Ufern tretende Etsch. Die Archenmauer und der Brückenkopf können jederzeit im Museum Brückenkopf besichtigt werden, in dem auch immer wieder Ausstellungen gezeigt werden (Marktgasse, 39022 Algund).

Schloss Forst und das Forst-Bier
Algund

Wer hat nicht schon einmal ein Glas Forst-Bier getrunken? Diese bekannte Bierfabrik befindet sich in der Algunder Fraktion Forst, die nach der Familie Vorst benannt ist, den ersten Besitzern des Schlosses, das im Jahr 1256 an einen unehelichen Sohn des Landesfürsten Meinhard von Tirol überging. In der Folge gehörte es verschiedenen adeligen Familien, so den Fuchs von Fuchsberg und den Grafen Brandis, um dann in bürgerlichen Besitz überzugehen. Die 1880 gründlich renovierte Anlage wurde um die Mitte des 20. Jahrhunderts von dem einheimischen Unternehmer Hans Trojer erworben und zu einem Hotel ausgebaut. Der derzeitige Eigentümer des Schlosses und der Brauerei ist die Familie Fuchs. Das Geheimnis des Forst-Biers wurde von einer Bierbrauer-Generation an die nächste weitergegeben: Der Hopfen, der dem

Schloss Forst

Bier seinen angenehm bitteren Geschmack verleiht, gärt nicht in normalem Wasser, sondern in klarstem Quellwasser aus den umliegenden Bergen. Dieses eignet sich besonders gut zur Herstellung von Bier, da es sehr weich ist.

Das Bild des im Jahre 1302 erstmals schriftlich erwähnten **Schlosses Forst** zieren zwei Wohntürme mit Zinnen sowie eine Kapelle und ein Wohntrakt, welche den Innenhof umrahmen. Im Jahre 1421 wurde der Minnesänger Oswald von Wolkenstein von seiner geliebten Sabina Jäger und deren Vater als Gefangener auf Schloss Forst festgehalten. Das Schloss kann nicht besichtigt werden (Vinschgauer Straße 4, 39022 Algund).

Die **Brauerei Forst** wurde 1857 durch die Meraner Unternehmer Johann Wallnöfer und Franz Tappeiner gegründet. Seit 1863 ist sie im Besitz der Familie Fuchs. Die Brauerei kann auch besichtigt werden (Vinschgauer Straße 8, 39022 Algund, Tel. +39 0473 260111, www.forst.it).

Die Statuenmenhire in Algund
Algund

Bei Feldarbeiten kamen im Jahr 1932 bei Algund zwei Statuenmenhire aus Vinschgauer Marmor ans Tageslicht. Der eine dieser Kultsteine ist 57 Zentimeter hoch und weist rillenförmige Verzierungen auf, der zweite dagegen, der 275 Zentimeter hoch, 100 Zentimeter breit, 30 Zentimeter dick ist und 2.420 Kilogramm wiegt, weist als Ornamente Dolche, Beile und Wellenlinien auf. Der volkstümlichen Überlieferung nach soll es sich um Tempelreste in einer

Die Algunder Menhire

von bösen Menschen bewohnten Stadt handeln, die zur Strafe überschwemmt und zerstört wurde. Die Algunder Statuenmenhire wurden unter einer fünf Meter starken Schicht aus Schwemmlandböden entdeckt.

Zehn Jahre später kamen zwei weitere Statuenmenhire zum Vorschein. Einer ist rundlich (54 Kilogramm, 95 x 38 x 10 Zentimeter) und wird angesichts der zwei Höcker an der Brust als weiblicher Menhir gedeutet, der zweite (170 Kilogramm, 115 x 50 Zentimeter), der vielleicht von einem anderen Ort herabgestürzt ist, gilt als männlicher Menhir des ligurischen oder rätischen (venetisch illyrischen) Kulturkreises. Ein Rätsel, ob es sich wirklich um Statuen oder Säulen eines Tempels der alten Stadt handelte.

Die originalen **Algunder Statuenmenhire** stehen heute im Bozner Stadtmuseum sowie im Bozner Archäologiemuseum. Die exakten Nachbildungen können vor dem Algunder Tourismusbüro besichtigt werden.

Weitere Informationen

Tourismusbüro Algund: Hans-Gamper-Platz 3, 39022 Algund, Tel. +39 0473 448600, www.algund.com

10. Von Meran bis zum Reschenpass: Vinschgau

Partschins

Peter Mitterhofer, Erfinder der Schreibmaschine
Partschins

Die Erfindung der Schreibmaschine gehört zu den interessantesten Kapiteln der Geschichte der Technik. Vor allem die „Frühgeschichte" der Schreibmaschine zwischen 1714 und 1873 bietet einen faszinierenden Einblick in die Entwicklung dieses Geräts, das die Schreibtechnik revolutioniert hat. Peter Mitterhofer (1822–1893), ein Tischler und Zimmermann aus Partschins, war ein kreativer Mann. Nachdem er von einer mehrjährigen Walz durch halb Europa in sein Heimatdorf zurückgekehrt war, baute er Möbel und erfand eine

Schubkarre, die sich in eine Rückentrage umformen ließ, und eine Waschmaschine. Ab 1864 begann er mit der Entwicklung einer Schreibmaschine, die vorwiegend aus Holz und aus wenig Metall bestand. Mit zwei Modellen machte er sich, teilweise zu Fuß, auf den Weg nach Wien, wo er 350 Gulden für seine Erfindung bekam. Da der erhoffte große Erfolg ausblieb, verlor Mitterhofer das Interesse an seiner Erfindung und machte sich wieder auf den Heimweg. 1873, sie-

Schreibmaschine aus Holz

ben Jahre nach Mitterhofers erster Schreibmaschine, begann die Remington mit der Serienproduktion von Schreibmaschinen, die zwar ganz aus Metall waren, aber den von Mitterhofer ausgeklügelten Mechanismus übernahmen. Zufall oder Industriespionage? Mitterhofer starb 1893 in Partschins, enttäuscht über die mangelnde Anerkennung seiner Erfindung. Erst die Wiederentdeckung seiner Modelle und Aufzeichnungen brachten ihm lange nach seinem Tod Ruhm und Ehre ein. Ein verkanntes Genie!

Das **Schreibmaschinenmuseum** zeigt auf vier Ebenen mit mehr als 1.200 Einzelstücken die über 100 Jahre während Entwicklungsgeschichte der Schreibmaschine (Kirchplatz 10, 39020 Partschins, Tel. +39 0473 967581, www.schreibmaschinenmuseum.com).

Weitere Informationen

Tourismusverein Partschins, Rabland und Töll: Spaureggstraße 10, 39020 Partschins, Tel. +39 0473 967157, www.partschins.com

Naturns

Der Heilige auf der Schaukel
Naturns

Naturns ist weithin für die Kirche St. Prokulus bekannt, eine kleine, einfache Landkirche, die in ihrem Inneren großartige frühmittelalterliche und gotische Fresken birgt. Die ältesten Wandmalereien
deuten darauf hin, dass es sich hier um ein länd-
liches Heiligtum handelte, das dem heiligen Prokulus, dem Bischof von Verona, gewidmet war, der
hier – wahrscheinlich in Fortführung einer älteren,
heidnischen Tradition – als Viehpatron dargestellt

Fresken in St. Prokulus

wird. Die Kirche wird urkundlich erstmals im Jahr 1365 erwähnt, als die
Annenberger, die Besitzer von Schloss Annenberg, sie zu ihrer Grabkirche er-
wählen. Am besten sind die Fresken an der Südwand erhalten, auf denen
Figurengruppen mit Gaben dargestellt sind. Die bekannteste und kurioseste
Szene dieser Wandmalereien ist allerdings das Bild, das als Flucht des heiligen
Paulus aus Damaskus interpretiert wird. In Wirklichkeit handelt es sich bei
der Person, die von drei männlichen Gestalten „abgeseilt" wird, wohl eher um
den Bischof Prokulus, der über die Stadtmauern von Verona flüchtet und als
„Schaukler" berühmt wird. Diese frühmittelalterliche Freskenschicht war
jahrhundertelang von gotischen Wandmalereien überdeckt und wurde zwischen 1985 und 1988 restauriert.

Die im 7. Jahrhundert erbaute Kirche **St. Prokulus** gehört zu den ältesten frühchristlichen Kirchen in Südtirol. Bis heute sind das rechteckige Schiff und der trapezförmig eingezogene Chor
original erhalten. Die berühmten Wandmalereien entstanden vermutlich Ende des 10. Jahrhunderts (St.-Prokulus-Straße, 39025 Naturns, Tel. +39 0473 667312 oder +39 348 9203829).

Das **Prokulus-Museum** wurde 2006 eröffnet. Im unterirdisch angelegten Museumsparcours
werden auf vier Raum-Zeit-Stationen 1.500 Jahre Geschichte der Menschen der Region rund um
Naturns dargestellt. Außerdem sind im Museum auch die abgenommenen gotischen Fresken
der Kirche zu sehen, ebenso wie archäologische Funde aus der Kirche und dem dazugehörigen
Friedhof (St.-Prokulus-Straße 1, 39025 Naturns, Tel. +39 0473 673139, www.prokulus.org).

Weitere Informationen

Tourismusverein Naturns: Rathausstraße 1, 39025 Naturns, Tel. +39 0473 666077,
www.naturns.it

Schnalstal

Der Schafübertrieb
Schnalstal

Seit mehr als tausend Jahren ziehen einheimische Hirten zu Sommerbeginn mit ihren Schafen – es sind bis zu 4.000 Stück Vieh – aus dem Schnalstal über das Hochjoch (2.857 Meter) und das Niederjoch (3.019 Meter) zu den Almgründen im österreichischen Venter Tal. Dieser Schafübertrieb zeugt von den engen Beziehungen, die von jeher zwischen den Bewohnern auf der südlichen sowie der nördlichen Seite des Alpenhauptkamms bestanden, der niemals als „unüberschreitbare heilige Grenze" angesehen wurde. Der Vinschgau war schon immer ein Land grenzüberschreitender kultureller Begegnungen und ein Land des Handels- und Warenaustauschs über Pässe und Jöcher hinweg, die von den Einheimischen nicht als Grenzen angesehen werden.

2011 wurde der uralte **Schnalstaler Schafabtrieb** in das nationale UNESCO-Verzeichnis des immateriellen Kulturerbes in Österreich aufgenommen. Die Rückkehr der mehr als 3.700 Schafe und 300 Ziegen beim Schafabtrieb wird jedes Jahr mit einem Hirtenfest in den Schnalser Ortschaften Vernagt und Kurzras gefeiert.

Der Schnalstaler Schafübertrieb

Ötzi, der Mann aus dem Eis
Schnalstal

Der „Eismann" erzählt uns die Geschichte eines Menschen der Kupferzeit, der im Hochgebirge ums Leben gekommen ist. Der Fund gilt deshalb als außergewöhnlich, weil die mehr als 5.000 Jahre alte Mumie Kleidung trug und eine Ausrüstung bei sich hatte, die uns einen unvergleichlichen Einblick in das Alltagsleben der ausgehenden Jungsteinzeit geben.

Aber wer war dieser Eismann? Es handelt sich um einen etwa 1,60 Meter großen und 50 Kilo schweren Mann. Aufgrund von DNA-Analysen kann der Eismann der alpinen Bevölkerung zugeschrieben werden. Seine Haare weisen eine hohe Konzentration an Arsen, Mangan, Kupfer und Nickel auf, was auf seine direkte Mitwirkung bei Metallarbeiten schließen lässt.

Gleich nach dem Fund der Mumie bemerkten die Wissenschaftler zahlreiche Narben am Rücken, die zuerst als Brandwunden interpretiert wurden, dann aber als Tätowierungen – in der Vor- und Frühgeschichte wurde Tätowierungen eine therapeutische Wirkung zuerkannt. Zweifellos litt der Eismann an Arthritis und Arthrose. Die abgebrauchten Zähne und die Abnutzungserscheinungen am Rückgrat und am Kniegelenk lassen darauf schließen, dass er ein zumindest für damalige Zeiten vorgeschrittenes Alter erreicht hat, vermutlich etwa 45 Jahre. Selbst seine letzte Mahlzeit ist für die moderne Wissenschaft kein Geheimnis mehr: Er hatte einen Dinkelbrei, Fleisch und Gemüse zu sich genommen.

Der Eismann ist sicher eines unnatürlichen, plötzlichen Todes gestorben. Er war vollkommen bekleidet und lag bäuchlings auf einem großen Felsblock. Infolge des Rückzugs der Gletscher tauchte zuerst sein Rücken aus dem Eis auf. Die heftigen Hochgebirgswinde rissen am Rücken die Kleidung ab, die sich dagegen an der Brust und am Bauch perfekt erhalten hat. Die Rekonstruktion seiner Kleidung liefert uns ein sehr genaues Bild vom Aussehen eines Mannes der Kupferzeit. Der Eismann trug eine Mütze, ein Obergewand, Beinkleider, einen Gürtel, einen Lendenschurz und einen vorne offenen, ärmellosen Umhang, wie er noch heute bei den Hirten verbreitet ist. Das knielange Obergewand besteht aus mit dem Haar nach außen getragenem Ziegenfell, das mit Fett und Rauch bearbeitet und gegerbt worden ist. Darunter trug der Eismann lange Lederhosen, oder richtiger gesagt sich nach unten verengende Beinkleider, die mit Tiersehnen zusammengenäht waren. Am Gürtel hing eine Tasche mit Werkzeug zum Herstellen neuer oder zum Reparieren alter Gegenstände und einer schwärzliche Substanz, wahrscheinlich einem Pilz, der zum Feueranzünden diente. Die Schuhe bestanden aus Bären-, Hirsch und Rindsleder sowie aus Heu zur Wärmeisolierung und waren am Knöchel mit

Pflanzenschnüren zusammengebunden. Die ebenfalls aus Bärenleder gearbeitete, halbkugelförmige Kopfbedeckung wurde mit zwei Bändern unter dem Kinn befestigt.

Der Eismann hatte eine umfangreiche, zweckmäßige Ausrüstung bei sich, dank der er sich für lange Zeit fern seiner Wohnstätte aufhalten konnte: Es waren ein Beil mit einem glatten Stiel aus Eibenholz mit Kupferklinge, ein Dolch mit einer Klinge aus Feuerstein und einer Scheide aus Bastfasern, dazu Geräte zum Bearbeiten von Feuerstein, wahrscheinlich ein Rückenkorb und ein Vogelfangnetz. Neben der Mumie ist ein Gefäß aus Birkenholz zum Auffangen von Glut und Aschenresten ans Tageslicht gekommen. So konnte er jederzeit ein Feuer machen und Getreide kochen oder das getrocknete Steinbockfleisch erwärmen, das er bei sich hatte. Im Köcher befanden sich Pfeile, Schnüre aus Lindenbast, eine Ahle und vier mit Bastfäden zusammengebundene Hornspitzen. Das größte Gerät, das der Eismann bei sich hatte, ist ein 1,82 Meter langer, perfekt erhaltener Bogen aus Eibenholz, der in seiner wahrscheinlich ursprünglichen Position, an einem Felsblock lehnend, gefunden wurde. Der Bogen war wohl noch nicht ganz fertig, denn es fehlen sowohl der Griff als auch die zwei Kerben für die Schnur an den Bogenenden. Auf dem Weg ins Hochgebirge hatte Ötzi wahrscheinlich seinen alten Bogen verloren oder er war kaputtgegangen. So musste er sich mithilfe des Kupferbeils und des Feuersteinmessers einen neuen Bogen bauen.

Aber was war geschehen? Natürlich kann man nur Vermutungen äußern, die sich allerdings auf zwei Gegenstände gründen, die der Eismann bei sich hatte: einen Hühnergalgen aus einer durchbohrten Steinscheibe und Lederschnüren sowie Birkenpilze, die von jeher als Antibiotikum und blutstillendes Mittel verwendet wurden. Aus welchen Gründen mag sich der Eismann in so extreme Hochgebirgsgegenden gewagt haben? Da er sich allein in 3.200 Metern Höhe aufhielt, ist die Mutmaßung geäußert worden, dass er aus irgendeinem Grund aus der Gesellschaft verbannt worden sein könnte. Oder dass es sich um einen Schamanen handelte, der sich zu einem bestimmten Ritual ins Gebirge zurückgezogen hatte, oder um einen erfahrenen Mineraliensammler. Pfeile und Bogen lassen an die Jagd denken, aber auch an Bedrohung durch andere Personen. Das Jagdnetz und die verschiedenen Feuersteingegenstände könnten ihm zum Einfangen und Töten des Wilds gedient haben. Vielleicht war Ötzi aber auch ein Händler, der mit seiner Ware die höchsten Alpenpässe überschritt, oder vielleicht ein Wanderhirte. Dank seiner Ausrüstung – man denke an die Glutschale – konnte er zweifellos auch über einen längeren Zeitraum hinweg im Hochgebirge überleben. Die Viehzucht war damals von großer Bedeutung für das Leben einer Gemeinschaft, aber an der Fundstelle des Eismanns waren keine Spuren von Schafen oder Hunden anzutreffen.

Außerdem könnte das Kupferbeil darauf verweisen, dass er der Klasse der Krieger angehörte oder jedenfalls einer herrschenden Klasse, vielleicht als Stammesführer oder als Herdenbesitzer. Wahrscheinlich widmete sich Ötzi verschiedenen Tätigkeiten wie der Jagd, dem Handel und anderen, jahreszeitlich bedingten landwirtschaftlichen Arbeiten sowie der Kupferverarbeitung.

Und wie war er ums Leben gekommen? Im Augenblick des Todes dürfte er dieselbe Haltung und Lage eingenommen haben wie beim Auffinden der vom Eis freigegebene Leiche. Möglicherweise war er einem plötzlichen Schneesturm zum Opfer gefallen, wie sie in diesen Höhenlagen auch im Frühsommer nicht selten sind, oder er könnte sich aus Müdigkeit unter einen Felsblock gehockt haben, um auszuruhen. Und in dieser Haltung war er vielleicht eingeschlafen und erfroren. Die erstarrte Leiche war

Rekonstruktion von Ötzi, seiner Bekleidung und Ausrüstung

dann von Eis und Schnee bedeckt und über Jahrtausende hinweg konserviert worden. Es wurde auch die Vermutung ausgesprochen, der Eismann sei vielleicht nach einem Kampf ums Leben gekommen. Ärztliche Untersuchungen haben ergeben, dass der Eismann an der rechten Seite des Brustkorbs mehrere Knochenbrüche hatte, die aber nicht als Todesursache angesehen werden. 2001 fand man anhand von Röntgenaufnahmen im linken Schulterblatt eine Pfeilspitze, die sich von Ötzis Pfeilen in ihrer Machart unterscheiden. Auf seiner Flucht war er sicher in einen Schneesturm geraten, weshalb er den Weg nicht mehr fortsetzen konnte. Nach neuesten Forschungserkenntnissen war allerdings die durch die Pfeilspitze verursachte Verletzung der Schlüsselbeinarterie die Todesursache. Jemand wollte Ötzi töten – der älteste Kriminalfall der Geschichte, durch den Einblicke in das Leben eines Mannes gewonnen werden konnten, der vor mehr als 5.000 Jahren gelebt hat.

Das archäologische Aktivmuseum **ArcheoParc** widmet sich auf einem 4.000 Quadratmeter großen Freigelände der Lebensweise und dem Lebensraum von Ötzi. Sehr zu empfehlen für Familien mit Kindern (Unser Frau 163, 39020 Schnalstal, Tel. +39 0473 676020, www.archeoparc.it).

Rekonstruktion einer jungsteinzeitlichen Hütte im ArcheoParc Schnals, Detail

Die Rache des Eismanns
Schnalstal

Das größte Rätsel des Eismanns ist, in negativer Hinsicht, eine Art Fluch, die auf denen liegt, die Leichen aus dem Gletschereis bergen, die sie – wie es in den Legenden heißt – „aus dem Eisgrab holen", „aus der Umarmung der Weißen Dame". Über den „Fluch der Mumie" sind zahllose Bücher geschrieben worden. Jeder Fund von Soldaten, die während des Ersten Weltkriegs im Gletschereis umgekommen sind, wird von spannenden Geschichten begleitet. Und auch der Tiroler Eismann scheint von dieser magisch-makabren Aura umgeben zu sein. Helmut Simon, der Entdecker der Ötzi-Leiche, ist bei einer Bergwanderung ums Leben gekommen, sein Leichnam wurde in 3.200 Metern Höhe in einem Eisgrab gefunden. Wie Ötzi. An Lateralsklerose ist im Alter von nur 66 Jahren auch einer der Wissenschaftler gestorben, die das Geheimnis dieser Mumie zu lüften gesucht haben: der Archäologe und Universitätsprofessor Konrad Spindler, dessen Buch „Der Mann im Eis" eine hohe Auflage erreichte, deren Autorenrechte er aber nicht genießen konnte. Auch andere Personen, die mit der Ötzi-Mumie in Berührung gekommen waren, sind unter geheimnisvollen Umständen gestorben: Das gilt zum Beispiel

Die Fundstelle des Eismannes am Tisenjoch

für den Arzt Rainer Henn, der den Abtransport der Mumie aus dem Gebirge veranlasst hatte, sowie für den Bergführer Kurt Fritz, der Reinhold Messner sofort nach der Entdeckung zur Fundstelle begleitet hatte und in eine Gletscherspalte stürzte. Ein weiteres Opfer war Rainer Hölzl, ein Kameramann des österreichischen Fernsehens, der an einem Gehirntumor starb: Er hatte die Bergungsaktion der Mumie gefilmt.

Heute ruht Ötzi im Südtiroler Archäologiemuseum in Bozen, wo er und seine Funde eine zentrale Stellung einnehmen und das Ziel unzähliger Besucher sind: in dieser teils glücklosen Geschichte ein Segen für die Stadt Bozen.

Weitere Informationen

Tourismusbüro Schnalstal: Karthaus 42, 39020 Schnalstal, Tel. +39 0473 679148, www.schnalstal.com

Südtiroler Archäologiemuseum: Museumstraße 43, 39100 Bozen, Tel. +39 0471 320100, www.iceman.it

Kastelbell

Jahrhundertealte Schulden
Kastelbell

Die Burg Kastelbell ist infolge einer Reihe kurioser Begebenheiten in den Besitz des italienischen Staates übergegangen. Eine jahrhundertelange Streitfrage, Staat kontra Familie Hendl, wurde zwischen den beiden Weltkriegen wieder aufgenommen. Fast hört es sich wie eine Fantasiegeschichte an: Am 13. November 1577 hat der Tiroler Erzherzog Ferdinand II. ein Abkommen mit den Grafen Hendl getroffen, die ihrem Landesherrn eine hohe Geldsumme – die Rede ist von 18.781 Gulden – liehen. Da die Schulden aber niemals beglichen wurden, behielten sich die Hendl die Burg Kastelbell, die das Schuldpfand darstellte. Fast 400 Jahre später besann sich der italienische Staat auf dieses Abkommen und übernahm im Zuge verwickelter historisch-rechtlicher Überlegungen die Schulden den Hendl gegenüber. Im Jahr 1956 kam es zu einer rechtlich regulären Übereinkunft mit den Erben, und die Burg ging 1960 in Staatsbesitz über. Es wurden Sanierungsarbeiten in die Wege geleitet, die 1995 abgeschlossen werden konnten.

Schloss Kastelbell

Die Schalensteine im Vinschgau

Bei Schalensteinen (sie werden auch als Näpfchensteine bezeichnet) handelt es sich um Felsplatten mit vom Menschen eingearbeiteten, runden oder ovalen Vertiefungen, wie sie zu Tausenden im gesamten Alpenbogen anzutreffen sind, oft in der Nähe von Gräbern oder Megalithbauten. In Südtirol finden sich die meisten Schalensteine im Gebiet von Meran, in der Umgebung von Brixen und im Vinschgau. In einem Eichenwald oberhalb von Kastelbell steht ein großer waagerechter Felsblock, auf dem eine Steinplatte mit verschiedenen Schalensteinen und kreuz- und rillenförmigen Ornamenten liegt. Die obere Steinplatte kann bewegt werden und bringt dabei ein dumpfes Dröhnen hervor, das durch eine Aushöhlung in der unteren Steinplatte verstärkt wird und weithin zu hören ist. Daher der Name „Klumperplatte". Waren diese Töne als Gefahrensignale gedacht? Handelte es sich um eine Kultstätte? In der Nähe der Klumperplatte finden sich noch zwei weitere mit Vertiefungen versehene Steinplatten, die untere und die obere Grüblplatte. Der Überlieferung nach dienten diese Steinplatten als Altar für Stieropfer, und am Ende des Rituals wurde den Teilnehmern eine Fleischsuppe dargereicht. In Tirol war man überzeugt, dass unter den Steinplatten reiche Schätze verborgen waren und dass die Zwerge ihre Goldstücke in den Schalensteinen schmolzen. In gewissen Kreisen ist die Ansicht verbreitet, dass es sich bei den Schalensteinen um ein allen Völkern der Welt gemeinsames Alphabet handelte, andere bringen sie mit Konstellationen in Beziehung, die zu bestimmten Jahreszeiten sichtbar sind. Demnach könnte man sie als astronomische Kalender bezeichnen. Möglicherweise wurden in den Vertiefungen auch kleine Feuer angezündet und sie standen mit einem Totenkult in Verbindung. In der Nähe von Steinplatten mit Schalensteinen finden sich bisweilen auch Fruchtbarkeitsrutschen, die den Frauen ihren Kinderwunsch erfüllen sollten. Derlei vorgeschichtliche Steinrutschen finden sich im gesamten Alpengebiet; in Südtirol sind sie am Castelfeder-Hügel bei Auer anzutreffen, auf dem Tartscher Bühel im Vinschgau, bei Elvas im Eisacktal und an vielen anderen Orten.

Der Tartscher Bühel

Reinhold Messner und seine Gebirgsmuseen
Kastelbell

Die Gestalt des bekannten Extrembergsteigers, Abenteurers und Buchautors Reinhold Messner, der auch Burgen und Museen besitzt, war immer von einer fast legendären Aura umgeben. Geheimnisvoll ist sein Leben, geheimnisumwittert sind seine Besteigungen – als erster Mensch und ohne zusätzlichen Sauerstoff – aller 14 Achttausender der Welt, etwas dunkel war die (heute geklärte) Geschichte um den Tod seines Bruders, der Reinhold Messners Ruf einige Zeit lang überschattete.

Reinhold Messner wurde 1944 in Brixen geboren und wuchs mit seinen acht Geschwistern in Villnöß auf. Die Begeisterung für das Bergsteigen erbte er von seinem Vater und schon als Dreizehnjähriger bestieg er schwierige Gipfel. Er studierte Vermessungskunde an der Universität Padua und unterrichtete eine Zeit lang an einer Mittelschule.

Inspiriert durch den österreichischen Alpinisten Hermann Buhl veränderte er das Höhenbergsteigen stilistisch und übertrug diesen Alpinstil, der eine stark reduzierte Ausrüstung voraussetzt, auch auf das Bergsteigen im Himalaja – nach dem Grundsatz, dass die Berge bestiegen, aber nicht vergewaltigt werden sollen. Diese seine Leitgedanken wurden auch von anderen Alpinisten übernommen, zum Beispiel von seinem Bruder Günther und von Peter Habeler, seinem Gefährten auf mehreren Extremtouren.

Im Jahr 1970 bestieg er erstmals einen Himalajagipfel, den Nanga Parbat. Bei dieser Expedition kam sein jüngerer Bruder Günther ums Leben. Er verunglückte beim Abstieg, zwei Tage nach dem Gipfelsieg, und Reinhold selbst verlor sieben Zehen. Diese Tragödie war Anlass zu heftigen Kritiken: Ihm wurde vorgeworfen, nicht alles Menschenmögliche zur Rettung seines Bruders getan zu haben.

1975 gelang ihm gemeinsam mit Peter Habeler die Erstbesteigung des Gasherbrum I, eines Himalaja-Achttausenders, ohne Flaschensauerstoff. 1978 bezwang er ebenfalls mit Habeler den Everest erstmals ohne zusätzlichen Sauerstoff – was ihn weltberühmt machte. Eine Everestbesteigung ohne künstlichen Sauerstoff galt bis dahin als unmöglich, ja Messner und Habeler wurden bezichtigt, Mini-Sauerstoffflaschen benutzt zu haben. Doch Messner brachte seine Kritiker zum Schweigen, als er 1980 nochmals den Everest bezwang, wieder ohne zusätzlichen Sauerstoff und diesmal im Alleingang. Beim Abstieg stürzte er in eine Gletscherspalte und später schrieb er in einem seiner Bücher, dass dieser Abstieg für ihn „eine dauernde Agonie" gewesen sei.

Auch nach 1980 setzte Messner die Besteigungen der Himalajagipfel fort, oft auf neuen Routen oder im Winter, aber immer im Alpinstil mit leichter Aus-

Schloss Juval

rüstung. Im 1986 vollbrachte er als Erster die Besteigung aller 14 Achttausender der Welt (einige dieser Gipfel hatte er schon mehrmals bestiegen). Trotz all dieser denkwürdigen Leistungen ist Messer nicht als Rekordsucher in die Alpingeschichte eingegangen. Ihm lag in erster Linie immer daran, mit der Natur in bisher noch von keinem Menschen berührten Gegenden in Kontakt zu kommen. Von 2004 an hat Reinhold Messner sich vor allem der Gründung von Gebirgsmuseen zugewandt, den sogenannten MMM, den Messner Mountain Museen.

Von seinen vielen Reisen hat er immer geheimnisvolle Gegenstände des kulturellen und religiösen Lebens anderer Völker mitgebracht und seine Museen damit eingerichtet: Zuerst entstand das Mini-MMM Alpine Curiosa im sogenannten Flohhäuschen am Ortler in Sulden, dann das MMM Juval auf Schloss Juval, 2002 das MMM Dolomites in der sanierten Ruine auf dem Gipfel des Monte Rite, in Sulden das Museum zum Thema Eis: MMM Ortles, das unterirdisch angelegt ist und schließlich noch zwei MMM auf Schloss Sigmundskron und in Schloss Bruneck. Das jüngste MMM, gestaltet von der Architektin Zaha Hadid, öffnet 2014 am Kronplatz seine Tore. Die Museen behandeln verschiedene Schwerpunkte rund um das Thema Berg.

Schloss Juval hat eine lange und bewegte Geschichte hinter sich. Das wohl Anfang des 13. Jahrhunderts errichtete Bauwerk befand sich 1280 im Besitz des Landesfürsten Meinhard II., der es als Lehen an verschiedene Familien vergab. Im Jahr 1540 wurde es Hans Sinkmoser verliehen, von dem es bald an

Maske als Ausstellungsexemplar auf Schloss Juval

die Grafen Hendl überging, die schon die Schlösser Goldrain, Kastelbell und Schlanders besaßen. Nach mehreren Besitzerwechseln wurde das recht vernachlässigte Schloss im Jahr 1983 von Reinhold Messner erworben, der die Anlage umfassend sanierte und zu seinem Wohnsitz ausbaute.

Seit dem Frühjahr 2000 ist das in allen Teilen restaurierte, dem Vinschgau zurückerstattete **Schloss Kastelbell** Sitz vieler interessanter kultureller Veranstaltungen. Als Dauerausstellung zeigt es die Ausstellung „Via Claudia Augusta. Eine römische Hauptstraße durch den Vinschgau" (Schlossweg 1, 39020 Kastelbell-Tschars, www.schloss-kastelbell.com).

Bei Schloss Kastelbell starten sowohl der Wanderweg Nr. 3 als auch der Wanderweg Nr. 8 in Richtung Latsch. Auf beiden Wanderwegen kommt man an der **Klumperplatte** und an den **Grüblplatten** vorbei.

Das Messner Mountain Museum auf **Schloss Juval** ist dem Mythos Berg gewidmet. Auf dem Areal sind mehrere Kunstsammlungen untergebracht mit Skulpturen aus Indien, Nepal und Tibet, mit Historiengemälden zur Geschichte des Bauwerks, Fresken aus der Zeit von Maximilian I. sowie religiösen Symbolen und Objekten zur 3.000-jährigen Geschichte von Hinduismus, Buddhismus und Christentum (Juval 3, 39020 Kastelbell-Tschars, Tel. +39 348 4433871, www.messner-mountain-museum.it).

Weitere Informationen

Tourismusverein Kastelbell-Tschars: Staatstraße 5, 39020 Kastelbell-Tschars, Tel. +39 0473 624193, www.kastelbell-tschars.com

Latsch und Martelltal

Die Schwabenkinder
Latsch

Sogenannte Schwabenkinder waren Kinder armer Bauern aus Tirol und Vorarlberg, die den Sommer über – von März/April bis Oktober – zu Bauern in Schwaben geschickt wurden, wo sie sich als Kuhhüter, Knechte oder Dienstmädchen verdingten. Wann und warum diese saisonale Auswanderung der Kinder begonnen hat, ist bis heute noch nicht geklärt. Die ersten Hinweise finden sich gegen das Ende des 18. Jahrhunderts. Alljährlich gegen Ende März, Anfang April wurden in den Vinschgauer Dörfern von Latsch aufwärts Kinder im Alter von sieben bis 14 Jahren versammelt, die zu Fuß über den Reschenpass nach Landeck gingen, von wo aus sie über den Arlbergpass dann Bregenz erreichten. In Friedrichshafen und Ravensburg fanden wahre „Kindermärkte" statt: Die dortigen Bauern handelten den Preis aus und nahmen eines der Kinder für einen oder mehrere Sommer zu sich nach Hause mit. Die Kinder mit mehr Erfahrung machten ihre Schicksalsgefährten auf die bösesten Arbeitgeber aufmerksam. Dieser Kinderhandel dauerte bis in die Dreißigerjahre des 19. Jahrhunderts fort und betraf mehr als 5.000 Kinder, die sich aus Tirol und Vorarlberg zum sommerlichen Dienst in das Bodenseegebiet begaben. Die tragische Geschichte der Schwabenkinder erinnert in gewisser Weise an das Geschick der sizilianischen *carusi*.

Das **Vintschger Museum Schluderns** beherbergt eine Dauerausstellung zum Thema Schwabenkinder. Außerdem widmet es sich den Waalwegen und der Archäologie im Vinschgau (Meraner Straße 1, 39020 Schluderns, Tel. +39 0473 615590, www.vintschgermuseum.com).

Ein Bildstein unter dem Altar
Latsch

In der im 14. Jahrhundert erstmals erwähnten Kirche Unsere Liebe Frau auf dem Bichl in Latsch wurde bei Restaurierungen im Jahr 1992 eine außergewöhnliche Entdeckung gemacht. Als Auflagefläche der hölzernen Altarmensa kam eine mit Ritzzeichnungen verzierte weiße Marmorplatte ans Tageslicht: ein 107 Zentimeter hoher, 70 Zentimeter breiter und 12 Zentimeter dicker, allerdings nicht vollständig erhaltener Statuenmenhir.

Die Dekorationen der Stele stehen dem ikonografischen Repertoire der Menhire aus der Kupferzeit nahe, wie sie im Eisacktal und in Algund entdeckt

Schalenstein bei Latsch

worden sind. Der im oberen Schnalstal zutage gekommene „Eismann" Ötzi hatte eine Axt von dem Typ bei sich, wie sie neben Sonnensymbolen und mythischen Tieren auch auf der Stele zu sehen ist. Während sich im oberen Teil mehrere Dolche befinden, ist im unteren Teil ein Fransenmantel angedeutet. Es handelt sich um den achten bisher in Südtirol entdeckten Menhir, und er markiert, wie es die Anthropologen sagen, eine Kontinuität des Kultus von der Vorgeschichte zum christlichen Zeitalter.

Zwischen Latsch und der kleinen Wallfahrtskirche St. Martin im Kofel wurden zahlreiche Felsblöcke mit Schalensteinen entdeckt. Die Kirche ist über einer Grotte, wohl einer alten Kultstätte, entstanden.

Die um 1020 erstmals geweihte Kirche **Unsere Liebe Frau auf dem Bichl** enthält Bauelemente von der Romanik bis zum Barock. Um 1680 wurde die Seitenkapelle mit Kuppel und Laterne angebaut. Interessant ist das Westportal mit der Darstellung der päpstlichen Tiara. Führungen sind möglich (Bühelgasse, 39021 Latsch).

Die Wallfahrtskirche **St. Martin im Kofel** ist ein uralter Wallfahrtsort der Bauern. Die Kirche liegt im gleichnamigen Bergbauerndorf auf 1.740 Metern. Sie wurde um 1510 zum ersten Mal erwähnt. St. Martin im Kofel ist von Latsch aus mit der Seilbahn zu erreichen. Um zu Fuß dorthin zu gelangen, überquert man beim Parkplatz der Seilbahn-Talstation in Latsch die Etschbrücke und die Vinschgauer Staatsstraße beim Kreisverkehr und folgt dem Weg Nr. 8A. Auf diesem Weg kommt man auch an **Schalensteinen** vorbei.

Die drei Schwestern von Schloss Goldrain
Goldrain

Eine sehenswerte Fraktion von Latsch ist Goldrain, dessen Schloss heute Bildungshaus und Austragungsort kultureller Veranstaltungen ist. Auf Schloss Goldrain lebten einst, so wird erzählt, drei adelige Schwestern, die hochmütig und kaltherzig waren. Als sie eines Tages zu ihrem Schloss zurückritten, begegneten sie einer Hausiererin, die sie um eine milde Gabe für ihr krankes Kind bat. Als Antwort bekam sie einen Peitschenhieb ins Gesicht. „Arme Leute werden nicht ausgepeitscht! Ihr habt ein Herz wie Stein und sollt euch in Stein verwandeln!", verwünschte sie die arme Frau. Und tatsächlich wurden die drei Schlossfräulein mitsamt ihren Pferden zu Steinstatuen. Und drei seltsam geformte Felsblöcke sind noch heute vor dem Schloss zu sehen.

Schloss Goldrain wurde 1309 erstmals urkundlich erwähnt und unter den Grafen von Hendl umgebaut und vergrößert (Schlossstraße 33, 39021 Goldrain, Tel. +39 0473 742433, www.schloss-goldrain.it). Besonders sehenswert sind die Erker am Nordtrakt, der Rittersaal sowie der Balkon und die Loggia im Südtrakt. Seit 1990 ist Schloss Goldrain im Besitz der Gemeinde Latsch, die darin ein Bildungshaus eingerichtet hat.

Die alten Gold- und Silbergruben
Martelltal

In der ältesten auf Martell bezogenen Urkunde wird die Gemeinde im Jahr 1340 als *comunitas hominum de Martelle* bezeichnet. Die Etymologie des Ortsnamens ist nicht geklärt, dürfte aber auf den lateinischen *martellum* (Hammer) zurückzuführen sein, der auf den Bergbau verweisen würde. Im Martelltal gab es tatsächlich Gold- und Silbergruben, die bis ins frühe 20. Jahrhundert in Betrieb waren. Die Kapelle Maria in der Schmelz verweist mit ihrem Namen auf die Verhüttung der im hinteren Tal geförderten Erze. Sie erinnert aber auch an die Bergknappen und ihre Bitte an die Jungfrau Maria, sie gemeinsam mit den 14 Nothelfern bei ihrer Arbeit zu schützen. Als im Jahr 1876 ein gewaltiger Bergsturz niederging, blieben diese Kapelle und die Personen, die hier Zuflucht gesucht hatten, wundersamerweise verschont.

1711 wurde die Kapelle **Maria in der Schmelz** vom Grafen Hendl für seine Knappen erbaut, 1856 kam der Turm hinzu. Der Legende nach sollen die ersten Glocken von den Knappen gegossen worden sein, im Hungerjahr 1816 mussten sie jedoch verkauft werden.

*Das Hotel
Paradiso in
Cevedale*

Das Hotel Paradiso del Cevedale
Martelltal

Seit seiner Errichtung nach einem Projekt des Mailänder Architekten Gio
Ponti (1891–1979) galt dieses Hotel als ein magischer Ort. Das Albergo Spor-
tivo Valmartello al Paradiso del Cevedale (dies der vollständige Name) war
zwischen 1933 und 1935 in 2.160 Metern Höhe errichtet worden – ein Bauwerk, das sich mit seinem Novecento-Stil gut der Umgebung anpasste. Das mit
von Gio Ponti selbst entworfenen Möbeln eingerichtete Hotel war einerseits
ein elegant ausgestattetes Luxushotel für Reiche, andererseits ein einfaches
Sporthotel für Hochgebirgstouristen und Alpinisten. Während des Zweiten
Weltkriegs wurde es von der deutschen Wehrmacht, die einen Kommandositz
in Schlanders hatte, beschlagnahmt und als „Urlaubsstützpunkt" für Soldaten
verwendet. Die Südtiroler Regisseurin Carmen Tartarotti hat über das Sporthotel Paradiso im Jahr 1992 einen eindrucksvollen, mehrfach ausgezeichneten
Dokumentarfilm gedreht.

Seit Kurzem befasst sich auch die Architekturstiftung Südtirol mit der Zukunft des ehemaligen Luxushotels und sucht nach Ideen für eine Wiederbelebung der Bauruine. Das Sporthotel
liegt im hinteren Martelltal auf 2.160 Metern Höhe hinter dem Zufritt-Stausee und kann nur
von außen besichtigt werden.

Weitere Informationen
Tourismusverein Latsch - Martell mit Goldrain, Morter, Tarsch: Hauptstraße 38 a,
39021 Latsch, Tel. +39 0473 623109, www.latsch-martell.it
Nationalparkhaus Culturamartell Stilfserjoch: Trattla 246, 39020 Martell,
Tel. +39 0473 745027, www.culturamartell.it

Schlanders und Laas

Die Schlandersburg
Schlanders

Eines der interessantesten Bauwerke von Schlanders ist die im Ort gelegene Schlandersburg, die heute – vorbildlich restauriert – unter anderem Sitz einer modernen Mittelpunktbibliothek ist. Sie war um 1600 von den Grafen von Hendl im Renaissancestil errichtet worden und zeichnet sich durch einen schönen zweistöckigen Loggienhof aus. Die Loggiengänge, die den Hof auf drei Seiten umschließen, weisen ebenerdig weit gestellte Säulen auf, oben eng gestellte Rundsäulen und ein Kreuzgratgewölbe. Unter den Ornamenten fallen geometrische Motive und weiße, männliche Köpfe auf schwarzem Grund auf.

Im Ort sind auch andere Bauwerke bemerkenswert: In dem um 1720–1730 errichteten Freienturm (auch Plawennhaus) befindet sich heute das Rathaus und der Behaimturm (auch Matscherhaus) schließt einen mittelalterlichen Wohnturm ein.

Die **Schlandersburg** ist zu den Öffnungszeiten der Bibliothek ohne Führung zu besichtigen (Schlandersburgstraße 6, 39028 Schlanders, Tel. +39 0473 730616, www.schlandersburg.it).

Der **Freienturm**, der ehemalige Wohnturm, der zu einem Ansitz ausgebaut wurde, bekam sein heutiges Aussehen um 1720–1730. Sehenswert sind das Holzportal mit dem Diamantquadermuster sowie die Kapelle in der Hausmitte mit einem kleinen Turm. Durch die Heirat

Die Schlandersburg

einer Gräfin Hendl kam der Ansitz im 19. Jahrhundert in den Besitz der Freisassen von Pla-
wenn, nach denen er heute benannt ist (Hauptstraße 120, 39028 Schlanders).

Auch der **Behaimturm (Matscherhaus)** ist ein alter Wohnturm. Er zeichnet sich durch
Schwalbenschwanzzinnen aus und wurde um 1265 erstmals erwähnt. Benannt ist er nach ei-
nem Nürnberger Gewerkengeschlecht. Vorübergehend war der Behaimturm in der frühen
Neuzeit auch Gerichtssitz und Gefängnis.

Der Göflaner Marmor
Göflan

Das Dorf Göflan, ein Ortsteil der Großgemeinde Schlanders, könnte aus einem *Govelianum* genannten altrömischen Landgut hervorgegangen sein, war
aber – was Funde aus der späten Bronzezeit bezeugen – schon früher besiedelt. In den Urkunden wird 1185 eine Seelsorge erwähnt, die als Urpfarre eines ausgedehnten Gebiets anzusehen ist.

Marmorbruch in Göflan

Am Nörderberg oberhalb Göflan wird Marmor abgebaut, der auch ins Aus-
land exportiert und viel bei Bauwerken eingesetzt wird. Die Einheimischen
bemerkten mit einigem Stolz, dass der Laaser Marmor sehr schön sei, aber
sich für die Toten (und deren Grabdenkmäler) eigne, der Göflaner Marmor
dagegen für die Lebenden.

Der Laaser Marmor
Laas

Vorgeschichtliche Menhire, die bei Algund gefunden wurden, sind aus Laaser Marmor, und aus dem gleichen Gestein sind die Portale auf Schloss Tirol, die rekonstruierte romanische Apsis und die archaisch wirkenden Plastiken am Portal der Laaser Pfarrkirche wie auch viele andere Skulpturen im Vinschgau. Die mittelalterliche Steinmetztradition blieb hier jahrhundertelang lebendig, und aus diesem feinkörnigen Gestein bestehen auch Denkmäler für Mozart, Grillparzer, Haydn und Schubert in Wien, für Schiller in Dresden und für Walther von der Vogelweide in Bozen. Nach dem Zweiten Weltkrieg wurden 190.000 marmorne Grabkreuze für Soldatenfriedhöfe in die USA geliefert, und auch der New Yorker Hauptbahnhof ist mit Vinschgauer Marmor verkleidet.

An der westlichen Ortseinfahrt von Laas stehen sieben marmorne „Spötter-säulen", moderne Kunstwerke, die der Künstler Rainer Stoltz im Jahr 1990 der Gemeinde Laas geschenkt hat. Im Dorf ist ein weiteres Marmorkunstwerk zu

Der Laaser Marmor

sehen: eine auf einem hohen, mit dem österreichischen und dem Tiroler Adler geschmückten Sockel angebrachte Marmorbüste von Kaiser Franz Joseph I. Sie war 1911 bei einer Laaser Marmorwerkstätte in Auftrag gegeben, dann aber infolge des Weltkriegs niemals abgeholt worden und jahrzehntelang in Verges-senheit geraten. Im Jahr 1986 wurde sie von der Gemeinde Laas angekauft und vor der örtlichen Bank aufgestellt, als Beweis des großen Könnens, das die ein-heimischen Steinmetzen schon im frühen 20. Jahrhundert erreicht hatten.

Sicher wurde auch das kulturelle Leben im Dorf durch den Handel und die künstlerische Verarbeitung des Marmors angeregt. Im Jahr 2007 wurde hier

der Franz-Tumler-Literaturpreis ins Leben gerufen, der alle zwei Jahre verge-
ben wird und an den Südtiroler Schriftsteller Franz Tumler (1912–1998) erinnert, der dem Dorf als Heimat seiner Familie immer besonders verbunden war.
Jedes Jahr organisiert das Dorf Laas die Kulturveranstaltung **Marmor&Marillen** und huldigt
damit ihren beiden wichtigsten Aushängeschildern. Nähere Infos zur Veranstaltung bietet der
Tourismusverein Schlanders-Laas.

Die Waalwege

Im Dorf Laas sind mehrere bis zu 15 Meter hohe Steinpfeiler zu sehen, die an ein römi-
sches Aquädukt erinnern. Es handelt sich um die Reste des Kandlwaals, der etwa zwei
Kilometer lang war, das Wasser im Laaser Tal fasste und eben auf diesen Pfeilern über
die Etsch hinweg bis zur gegenüberliegenden Talseite des Vinschgaus führte, zum sogenannten Sonnenberg. Derlei Waale, also künstlich angelegte Kanäle, sind im ganzen
Vinschgau anzutreffen.
In vielen Gegenden der Alpen mussten die Kulturen künstlich bewässert werden. In Südtirol, vor allem im niederschlagsarmen Vinschgau bis ins Burggrafenamt hinunter, ist im
Laufe der Jahrhunderte ein äußerst praktisches Bewässerungssystem entwickelt worden: Viele Kilometer von in das Gelände gegrabenen Kanälen ziehen sich wie Adern
durch das Land, wobei das Wasser meist in Holz- oder Metallrinnen von Bächen oder
Seen zum Bestimmungsort geführt wird. Neben diesen Waalen verlaufen die Waalwege,
auf dem Waaldamm angelegte Waalsteige, die einst nur für das Wartungspersonal bestimmt waren, heute aber, sorgfältig restauriert, touristisch beworben werden.
Die ältesten Dokumente, die sich auf die Nutzungsrechte des Waalwassers beziehen,
stammen aus dem 13. Jahrhundert, aber primitive Bewässerungsanlagen gab es im
regenarmen Vinschgau sicher schon vor dieser Zeit. Als immer größere Gelände in land-
wirtschaftlich genutzte Kulturflächen verwandelt wurden, mussten die Bewässerungsanlagen und deren gemeinschaftliche Nutzung reglementiert werden.
Ein Bergbauernhof ohne Wasser hat keinen Wert, heißt es im Vinschgau. So waren hier
bis vor wenigen Jahren 200 Waalkanäle mit einer Länge von insgesamt 600 Kilometern
in Betrieb. Heutzutage führt nur noch ein gutes Dutzend dieser Waale Wasser. Der älteste Waal wurde im Jahr 1873 zwischen Latsch und Kastellbell angelegt. Um die Fünfziger-
jahre des vorigen Jahrhunderts begannen sich auch im Vinschgau die ersten Bereg-
nungsanlagen durchzusetzen, sodass viele Waale und Waalwege aufgegeben wurden.
Doch noch heute bestehen im Tal etliche auf alten Wartungssteigen verlaufende Waalwege, die zum Bestandteil der Vinschgauer Kulturlandschaft geworden sind und touristi-
sche Sehenswürdigkeiten darstellen.
Noch ein Kuriosum: Um auch das Schnalstal mit Wasser zu versorgen, wurde im Jahr
1833 der Naturnser Schnalswaal angelegt, ein neun Kilometer langer Kanal, der anfangs
als Kandelleitung quer durch die steilen Felswände führte. Die Arbeiten, die von den auf
derlei Anlagen spezialisierten Gebrüdern Gamper ausgeführt wurden, wurden innerhalb
von nur drei Jahren abgeschlossen. Auf einer Strecke von 1.300 Metern mussten die

Weitere Informationen

Tourismusverein Schlanders-Laas im Nationalpark Stilfserjoch: Göflaner Straße 27, 39028 Schlanders, Tel. +39 0473 730 155, www.schlanders-laas.it

Holzrohre, die aus jeweils vier Meter langen Brettern bestanden, mit Haken im Felsen verankert werden, wozu die Arbeiter von oben abgeseilt wurden. Leider haben sich von dieser Anlage nur wenige Reste erhalten. Während des Baus und der Betriebsjahre kam es zu keinem Unfall, was die Einheimischen der Tatsache zuschrieben, dass zu Beginn der Bewässerungssaison 13 Messen gelesen wurden, eine für jeweils hundert Meter. Daher die Redewendung „eine hundert Meter lange Messe".

Die Bewässerungsschichten wurden rund um die Uhr in sogenannte Weilen unterteilt, für die die einzelnen Bauern verantwortlich waren, deren Schichten zu Beginn der schönen Jahreszeit mit dem Los festgelegt wurden. Da sich die Lichtverhältnisse im Laufe der Jahreszeit veränderten, waren auch die Schichten zeitlich variabel.

Um die Waale und die Waalwege drehen sich unendlich viele Histörchen und Fakten. Es gilt, diese auch für die Zukunft und damit Geschichte lebendig zu erhalten.

Prad am Stilfser Joch, Stilfs und Sulden

Christophorus, Schutzpatron der Reisenden
Prad am Stilfser Joch

Wer hat nicht schon einmal eine der riesigen Christophorusfiguren bewundert, die von vielen Kirchenaußenwänden herab Wege und Straßen behüten? Der das Christuskind tragende Heilige genoss im Mittelalter große Verehrung, ihm wurden Kirchen und Klöster im Orient wie im Abendland geweiht, ganz besonders in Österreich, in den slawischen Ländern und in Spanien. Ihm zu Ehren wurden religiöse Vereinigungen gegründet, die sich um Schutz und Pflege der Reisenden kümmerten, sodass diesem Heiligen gewidmete Kirchen besonders an gefahrvollen Wegen im Gebirge liegen.

Christophorus-Fresko von St. Johann

Einer bei den Kelten verbreiteten Legende nach war Christophorus ein Krieger, der einem menschenfressenden Volksstamm angehörte. Er war ein unbeschreiblich starker, hundsköpfiger Riese namens Reprobus, und diese seine Gestalt hat viele Historiker veranlasst, im heiligen Christophorus orientalische Einflüsse zu sehen, besonders Ähnlichkeiten zum ägyptischen Gott Anubis, aber auch zu Hermes und Herakles. Christophorus, der sich zum Christentum bekehrt hatte, soll verraten, gefoltert und zur Todesstrafe verurteilt worden sein. In der abendländischen Tradition fand Christophorus durch die *„Legenda Aurea"* des Jakobus de Voragine (13. Jahrhundert) in der Rolle als Fährmann Verbreitung, der das Christuskind auf seinen Schultern trägt und sich dabei des Gewichts der christlichen Religion in der Welt bewusst wird.

Auch in Südtirol finden sich viele Kirchen, die dem „Christusträger" geweiht sind oder eine große Christophorusfigur an einer der Außenmauern tragen. Die im Jahr 1281 geweihte Kirche St. Johann, die etwas außerhalb von Prad am Stilfser Joch in einer Obstwiese liegt, weist außen ein Christophorus-Fresko aus der Zeit um 1400 auf. Andere Kirchen mit Christophorusfiguren gibt es in Latsch und Kortsch im Vinschgau, in Brixen und Pfunders, in Tramin und in Steinegg, in Gröden an der Jakobskirche, in Dreikirchen und Albeins im Eisacktal, in Meran und Sarnthein, in Kaltern, Antholz und Villanders, in

Die Kirche St. Johann bei Prad

Meransen, Spinges und St. Lorenzen im Pustertal, in Kastelruth: immer an viel begangenen oder gefährlichen Verkehrswegen. Und an der Straße auf das Stilfser Joch lauerten sicher viele Gefahren auf den Reisenden: einerseits durch die unberechenbaren Naturgewalten und von anderer Seite durch lauernde Straßenräuber. Diese unwegsame Gegend wird vom Ortler beherrscht, der auch über Prad am Stilfser Joch aufragt.

Die von den Grafen von Tschengelsberg Ende des 13. Jahrhunderts im romanischen Stil erbaute Kirche **St. Johann** wurde im Laufe der Zeit den aktuellen Baustilen angepasst. Zu den besonderen Sehenswürdigkeiten gehören die romanischen und gotischen Fresken, die um circa 1600 erbaute Empore, die barocke Holzdecke und die Kirchenstühle, eine Grabplatte der Grafen von Tschengelsberg, die im vorigen Jahrhundert freigelegten Fresken sowie zwei Freskenbilder von Karl Plattner.

 ## Der Wallfahrtsort der Drei Brunnen
Trafoi

Bei Trafoi, einem Ortsteil von Stilfs, liegt der Wallfahrtsort zu den Heiligen Drei Brunnen, der mit dem Kult des Wassers und der Muttergöttin zusammenhängt. An dieser Pilgerstätte, die wahrscheinlich aus einem vorchristlichen Quellenheiligtum hervorgegangen ist, war einer Überlieferung nach einem Hirten ein lange vergessenes Gnadenbild der Muttergottes erschienen. In der Nähe der eigentlichen Wallfahrtskirche, in der sich viele Votivbilder und

Der Wallfahrtsort zu den Heiligen Drei Brunnen

Weihegaben befinden, steht ein schlichter Bau mit der eigentlichen Heilquelle, die aus drei Wasserrohren fließt. Früher „entsprangen" die heilkräftigen Quellen aus drei Statuen, die Maria, Christus und Johannes darstellen – die Gottesmutter und ihre beiden Söhne, wie einige munkeln, die nicht an die einzige, unbefleckte Empfängnis der Madonna glauben. Eine Art Dan Brown in den Alpen?

Der **Wallfahrtsort zu den Heiligen Drei Brunnen** liegt ungefähr drei Kilometer vom Dorf Trafoi entfernt und ist zu Fuß in ungefähr 30 bis 50 Minuten über den Weg Nr. 8 erreichbar; ebenso mit dem Auto vom Camping Trafoi aus. Das Gnadenbild der Muttergottes wird jedes Jahr am Pfingstmontag von der Trafoier Kirche in einer Prozession zum Wallfahrtsort getragen und am letzten Sonntag im September wieder zurückgebracht.

Der Zauber der Berge
Sulden

Die Geschichte Suldens beginnt mit mehreren Bergbauernhöfen, die seit dem 12. Jahrhundert nachweisbar sind. Der Bergbau führte dann zu einer Besiedlung der Ortschaft. Aber als eigentlicher Begründer des Luftkurorts ist der Kurat Johann Eller anzusehen, der 1863 nach Sulden kam und hier die ersten Touristen beherbergte.

Doch Sulden war schon Jahrzehnte zuvor mit einer bahnbrechenden bergsteigerischen Leistung in die zeitgenössischen Chroniken eingegangen: Am

Der Gipfel des Ortler

27. September 1804 bestieg der aus dem Passeiertal stammende Josef Pichler, der auch als „Pseirer Josele" bekannt war, zusammen mit zwei Zillertalern den 3.905 Meter hohen Ortler, den höchsten Berg der k.u.k. Monarchie. Der österreichische Erzherzog Johann hatte den Auftrag zu dieser Expedition gegeben, deren Ausstattung einzig aus Nagelschuhen und Holzstöcken bestand. Die Nachricht von dieser Unternehmung verbreitete sich wie ein Lauffeuer in ganz Europa, und Reisende und Wissenschaftler trafen bald in Sulden ein. Es entstanden Hotels, die von der besten Gesellschaft besucht wurden, und 1893 konnte das Grandhotel Sulden eröffnet werden, das auf Betreiben von Theodor Christomannos errichtet worden war, einem Wiener griechischer Herkunft, der sich um die Wende vom 19. zum 20. Jahrhundert große Verdienste um die Entwicklung des Fremdenverkehrs erwarb.

Alpine Curiosa
Sulden

Die Geschichte der mittlerweile sehr bekannten Messner Mountain Museen (MMM) beginnt in Sulden: Als erstes und noch sehr kleines Messner Mountain Museum entstand im „Flohhäuschen" neben dem Hotel Post in Sulden das MMM Alpine Curiosa, das sich den größten alpinistischen Taten aller Zeiten widmet. Es erzählt die Geschichte des Bergsteigens anhand von 13

Schlüsselmomenten: Den Beginn bilden die Leistungen des Yogis Milarepa (1040–1123), von dem man berichtet, er habe als Erster den Gipfel des Kailasch (6.714 Meter) in Tibet gemeistert. Ihm ist die älteste Darstellung des Kailasch, am Eingang des Museums, gewidmet. Weitere Abschnitte sind die Bezwingung des Aiguille in Hochsavoyen im Jahr 1492, der vermeintliche Höhenrekord Alexander von Humboldts 1802 auf dem Ciamborazzo, die Erstbesteigung des Matterhorns durch Edward Whymper, das Schicksal der berühmten Bergsteiger Matthias Zubinggen und Albert Friedrich Mummery am Ende des 19. Jahrhunderts, die von Paul Preuß ausgelöste Diskussion um die Verwendung von Felshaken, die Geschichte des Berglandschaftsmalers Edward Theodor Compton, die erste Route an der Nordwand der Drei Zinnen von Emilio Comici, das Abenteuer der Eiger-Erstbegehung und schließlich die angeblich doppelte Ersteigung des Cerro Torre in Patagonien. Das dreizehnte Unterfangen ist die Durchquerung der Antarktis durch Reinhold Messner, des Menschen, der auch als Erster alle 14 Achttausender bestieg.

Das **Messner Mountain Museum Ortles** am Ortler liegt auf 1.900 Metern und dreht sich ganz um das Thema Eis. Es steht unter dem Motto „Im End der Welt" und ist unterirdisch angelegt. Der Besucher wandert in den Berg hinein, erfährt unter anderem von den Schrecknissen des Eises, der Kraft von Lawinen und sieht Eisgeräte aus zwei Jahrhunderten (39029 Sulden, Tel. +39 0473 613577, www.messner-mountain-museum.it).

Weitere Informationen

Tourismusbüro Prad am Stilfser Joch: Kreuzweg 4 c, 39026 Prad am Stilfser Joch, Tel. +39 0473 613015, www.ortlergebiet.it

Tourismusbüro Sulden: Hauptstraße 72, 39029 Sulden, Tel. +39 0473 613015, www.ortlergebiet.it

Schluderns, Glurns und Mals

Die Rüstkammer auf der Churburg
Schluderns

Rüstungen in der Churburg

Die Churburg ist zweifellos eines der am besten erhaltenen und bemerkenswertesten Kastelle auf Südtiroler Boden. Dazu kommt, dass sie seit dem 13. Jahrhundert ununterbrochen bewohnt ist und seit dem 16. Jahrhundert den Grafen Trapp gehört, die hier noch heute leben. Der Churer Bischof Heinrich I. von Montfort hatte dieses gut befestigte Bauwerk zwischen 1253 und 1259 errichten lassen, um den kriegerischen Vögten von Matsch entgegenzutreten, die in dem in Schluderns abzweigenden Matscher Tal mehrere Burgen besaßen. Die Herren von Matsch kommen aber schon Ende des 13. Jahrhunderts in den Besitz der Churburg, die ihnen bis 1504 gehört, als ihre Familie mit Graf Gaudenz ausstirbt. Die Burg wird von dessen Neffen Trapp übernommen, der sie weiter ausbaut. Sie besteht aus mehreren Ringmauern, die den Bergfried und den Wohntrakt einschließen. Den Mittelpunkt bilden der Arkadenhof und der Loggiengang, der mit mythologischen und Jagdszenen ausgeschmückt ist, wie sie für die Renaissance typisch sind. In mehreren Räumen sind geschnitzte und bemalte Holzdecken anzutreffen.

Die größte Sehenswürdigkeit der Churburg ist die Rüstkammer, die Harnische und Waffen der Grafen von Matsch und Trapp und ihrer Knechte umfasst. Sehr eindrucksvoll sind der Trecento-Harnisch eines Matscher Vogtes, der vom Mailänder Waffenschmied Petrajolo da Missaglia angefertigt wurde, und der Riesenharnisch für Ulrich IX. von Matsch, der mehr als zwei Meter groß ist und 45 Kilo wiegt.

Die **Churburg** ist nur im Rahmen einer einstündigen Führung zu besichtigen. Gezeigt werden der Arkadengang, das Jakobszimmer mit Bibliothek, der Ahnensaal, der Wehrgang, die Rüstkammer, die Alte Burgkapelle sowie der äußere Burghof und die Jakobskapelle (Churburg 1, 39020 Schluderns, Tel. +39 0473 615 241, www.churburg.com).

Auf der Churburg finden jedes Jahr im August die **Südtiroler Ritterspiele** statt. Bei dem Historienspiel, organisiert vom Verein Südtiroler Ritterspiele, wird dem Zuschauer das Mittelalter in Form von Ritterturnieren, einem Mittelaltermarkt, Streitwagenrennen, Feuerreitshows und vielem mehr nähergebracht (Verein Südtiroler Ritterspiele, Churburggasse 12, 39020 Schluderns, Tel. +39 0473 831190, www.ritterspiele.it).

Eine reizvolle mittelalterliche Stadt
Glurns

Das Städtchen Glurns, Südtirols kleinste Stadt, hat eine äußerst verkehrsgünstige Lage an Straßen, die auf der einen Seite über den Reschenpass nach Nordtirol und auf der anderen über den Ofenpass in das Schweizer Engadin führen. Es war ein bedeutender Warenumschlagplatz für toskanische Samte und lombardisches Getreide, vor allem aber ein wichtiger Stapelplatz für den Salzhandel mit der Lombardei. Glurns war eine blühende Stadt, als es im Engadinerkrieg 1499, der für Tirol unglücklich ausging, bis auf die Grundmauern zerstört wurde. Doch auf Befehl von Maximilian I. wurde die Stadt sofort wieder aufgebaut und nach Plänen des maximilianeischen Hofbaumeisters Jörg Kölderer zu einer wehrhaften Stadtanlage mit rechteckiger Stadtmauer umgebaut. Diese weist 350 Schießscharten auf und war von einem tiefen Wallgraben umgeben. Bis heute erheben sich über der Mauer drei Tortürme, unter denen das Malser Tor, das Schludernser Tor und das Tauferer Tor hindurchführen. Außerdem zählt Glurns sieben Rundtürme mit Kegeldach: vier an den Ecken der rechteckigen Stadtmauer und drei an ihren Seiten.

Durch eine behutsame Sanierung, die in den Siebzigerjahren des vergangenen Jahrhunderts begonnen hat, konnte Glurns, die kleinste Stadt Südtirols, ihren historischen Charakter mit Laubenbögen und alten Gassen bewahren.

Der bekannte Zeichner, Karikaturist und Grafiker **Paul Flora** war ein gebürtiger Glurnser. Obwohl er schon als Kind Glurns verließ, förderte und unterstützte er seine Heimatstadt ein

Bunte Glurnser Häuserfassaden

Leben lang. 2009 wurde Paul Flora auf dem Stadtfriedhof von Glurns begraben. Im Kirchtor-
turm gibt es seit 2011 eine Dauerausstellung des Künstlers unter dem Titel „Paul Flora – Leben und Werk" zu besichtigen, bei der an die 60 Werke des Glurnser Ehrenbürgers und Fotos
aus seinem Leben gezeigt werden.

Der Mäuseprozess
Glurns

Glurns ist eine der schönsten und geheimnisvollsten Ortschaften im wunderschönen Vinschgau, der an sich schon reich an historischen Bauten, Burgen,
Schlössern und rätselhaften Geschehnissen ist. In diesem Städtchen, das schon
seit dem 13. Jahrhundert landesfürstliches Gericht war, fand einer der son-
derbarsten Prozesse der beginnenden Neuzeit statt: der sogenannte Mäuseprozess. Ein Vertreter der Gemeinde Stilfs hatte beim Stadtrichter von Glurns
Klage gegen die Mäuse erhoben, die auf den Feldern des oberen Vinschgaus
großen Schaden anrichteten. Der Prozess, der nach den Gesetzen des römischen Rechts geführt wurde, begann am 26. Oktober 1519 und ging nach langen Verhandlungen, Zeugenvernehmungen und Debatten am 2. Mai 1520 zu
Ende. Das Urteil? Die Mäuse wurden aus der Stadt verbannt, aber es wurde
ihnen ein neues Gelände in Etschnähe zugewiesen. Sie wurden auf einer eigens erbauten Brücke zu ihrer neuen Heimstatt geleitet, die nach ihrem
Durchzug wieder abgebrochen wurde.

Der alte Sitz der Venosten
Tartsch

Auf dem Tartscher Bühel ragt die Kirche St. Veit am Bichl auf, die prachtvolle Ausblicke auf die Ebene von Glurns bietet. Auf dem Hügel wurden ein Hirschhorn mit rätischer Inschrift und mehrere Eisenbeile entdeckt. Die Forscher vertreten die Ansicht, dass es sich bei diesem Hügel um den ersten Sitz der Venosten handelt, der Ureinwohner des Vinschgaus.

Oberhalb von Mals dehnt sich die Malser Haide aus, der mit seinen 13 Quadratkilometern Fläche größte Murkegel der Alpen, der von den in 900 Metern Höhe gelegenen Feldern um Glurns bis zum auf 1.450 Meter gelegenen Haidersee ansteigt. Im oberen Teil der sehr windigen Malser Haide erhebt sich das berühmte Langkreuz, das schon vom Mittelalter an die Grenze zwischen verschiedenen Gerichten markierte.

Blick auf das Dorf Mals

Archäologische Funde aus dem 19. Jahrhundert und Ausgrabungen im Jahre 2000 lassen darauf schließen, dass der **Tartscher Bühel** bereits in vorrömischer Zeit besiedelt war. Bei den Ausgrabungen wurden Reste sogenannter Rätischer Häuser entdeckt. Von Mals aus kann man den Tartscher Bühel über den Unteren Waalsteig in circa einer Stunde erreichen.

Die gegen Ende des 11. Jahrhunderts auf Vorgängerbauten errichtete **Kirche St. Veit** zeichnet sich vor allem durch ihren Turm aus, welcher zu den ältesten Beispielen eines ungegliederten Turmes zählt. Sehenswert sind auch die fragmentarisch erhaltenen romanischen Freskomalereien.

Der Herrgott mit den sechs Fingern
Burgeis

Die Pfarrkirche zur Empfängnis Mariä in Burgeis wird um 1150 erstmals urkundlich erwähnt. An der Südseite tun sich zwei romanische Portale auf, dessen kleineres von zwei männlichen Figuren mit sonderbaren Blatthänden eingeschlossen wird, die auf einen heidnischen Wachstumskult hindeuten könnten. Im Volksmund werden sie als „Herrgott mit sechs Fingern" interpretiert, und sie stehen im Mittelpunkt vieler Sagen.

In einer dieser volkstümlichen Geschichten wird vom Herrgott und seiner Schöpfungsarbeit erzählt: Er trennte die Erde vom Wasser, schuf das Licht, die Tiere und die Pflanzen. Und er vollbrachte alles ohne Mühe. Nur die Erschaffung des Menschen brachte ihn in Schwierigkeiten. Er probierte und probierte, aber es gelang ihm nicht recht. So wurde er müde und wollte die Erschaffung des Menschen auf den nächsten Tag verschieben. Um aber Zeit zu gewinnen, machte er ein Nickerchen und ließ dabei seine Hände weiter arbeiten, die bekanntlich sehr geschickt sind. Der Herrgott schlief ein, aber seine Hände kneteten den Ton so lange, bis sie einen Menschen geformt hatten. Auf einmal war großer Lärm zu hören und der Herrgott wachte auf. Er wollte sich die Augen reiben, sah aber, dass seine Hände schmutzig waren und zitterten. „Wo ist der Mensch?", rief Gott aus. Die Hände wussten nicht, was sie antworten sollten, murmelten, er wäre hinuntergefallen und gaben sich gegenseitig die Schuld: „Du warst es, du mit deinen sechs Fingern bringst nichts Rechtes zustande!", sagte die Linke. „Nein, du warst es", erwiderte die rechte Hand. Da ergriff der Herrgott das Wort: „Du solltest aufpassen, linke Hand, sonst gebe ich dir auch sechs Finger. So braucht ihr nicht mehr zu streiten."

Der gerechte Gott schlief wieder ein. Und seine Hände begannen wie Espenlaub zu zittern.

Verbrechen in der Abtei Marienberg
Burgeis

Das Kloster Marienberg ist auf 1.337 Metern die höchstgelegene Benediktinerabtei Europas. Das im Jahr 1146 am Hang oberhalb von Burgeis angesiedelte Kloster wurde 1418 bei einem verheerenden Brand teilweise zerstört und während des Bauernaufstands 1525 geplündert, wobei wertvolle Handschriften verloren gingen. 1807 wurde die Abtei unter bayerischer Herrschaft aufgelöst, viele Kunstwerke und reiche Bibliotheksbestände gingen verloren. Die Wiedererrichtung des Klosters durch Kaiser Franz I. gilt als dritte Gründung.

Man betritt den Klosterkomplex, der am steilen Berghang von mächtigen Strebemauern gestützt wird, durch ein Spitzbogenportal. Am Innenhof liegt linker Hand der Wirtschaftstrakt (heute Sitz eines Museums, das Einblick in das Leben hinter den Klostermauern vermittelt), rechter Hand der Eingang zur Klosterkirche. Beeindruckend ist die Lage dieser Benediktinerabtei, aber noch eindrucksvoller ist ihre Geschichte, die zwischen 1353 und 1393 vom Chronisten und Benediktinermönch Goswin aufgezeichnet wurde.

Die Mönchsgemeinschaft lebte weltabgeschieden, aber es konnte vorkommen, dass die „Welt" von außen in das Kloster eindrang und das friedliche Klosterleben störte. So erzählt Goswin in seiner Chronik von folgender Bluttat:

„Am Jahrtag der Kirchweihe des Klosters, welcher damals auf den Feiertag der heiligen Apostel Simon und Judas fiel, kamen einige vom Dorf und zankten sich in dem Raum, wo man die Glocken zu läuten pflegt. Auf die Anstiftung des Teufels hin gerieten sie in eine solche Wut, dass einer einen anderen umbrachte; dadurch wurde die Kirche entweiht."

Auch die einheimischen Herren hatten es auf die Güter und Reichtümer des Klosters abgesehen. So erzählt Goswin, dass die Abtei um die Mitte des 13. Jahrhunderts hinterhältig gestürmt wurde. Doch der abergläubischen Einstellung des Mittelalters zufolge wurde den Angreifern diese Untat mit gleicher Münze heimgezahlt:

„Kaum waren sie [Schwiker von Reichenberg und Ritter Friedrich, der Bruder des Abtes] drinnen, plünderten sie das Haus in bejammernswerter Weise und nahmen fast alle Gebrauchsgegenstände, Betten, Vieh, Pferde, Esel, Schweine, Schafe, Kochtöpfe, die sie heute noch haben, und alles übrige, was sie mitführen konnten, luden sie auf die erwähnten Wagen und schafften es auf die Burg Reichenberg.

Kurze Zeit danach soll der genannte Ritter Herr Friedrich, der Bruder des [Abtes] Konrad, den Herrn Konrad in der Weise verraten haben, dass einmal Einwohner von Bormio kamen, den Herrn Konrad gefangen mit sich ins Val dall'Era-Tal führten, ihn im Walde dort ziemlich erbärmlich quälten und dann nach einiger Zeit wieder gehen ließen.

Erstaunlich aber klingt es, wie der allmächtige Gott sich gerächt hat. Als nämlich Schwiker von Reichenberg beim Beschlagen seines Pferdes mithalf und den Fuß des Pferdes aufhob, wurde er vom Pferd, das mit dem Hufe aufschlug, am Kopf getroffen. [...] Der andere, Herr Ritter Friedrich, Bruder des Herrn Konrad, wollte einmal mit anderen sechs Kumpanen [...] im Dorf Glurns dem Vogte auflauern, versteckt in einem Keller [...]. Der Herr Vogt jedoch erfuhr dies, stürmte mit seinen Bewaffneten den Keller, erbrach die Türe, zog alle sieben heraus und ließ dem Herrn Friedrich samt den Gefährten noch am selben Tage mit dem Schwert die Gurgel durchstechen."

Engelsfresken in der Krypta von Kloster Marienberg

Die Auseinandersetzungen des Klosters mit ihren Vögten, den Herren von Matsch, gipfelten in der Ermordung des Abtes Hermann von Schönstein, der von den einheimischen Adeligen, die Schutzherren des Klosters hätten sein sollen, im Jahr 1304 enthauptet wurde und zu diesen Übergriffen und Gewalttätigkeiten kamen Heuschreckenplagen, Erdbeben und die Pest. Goswin musste sich auch mit den Katastrophen befassen, die zu seinen Lebzeiten in der zweiten Hälfte des 14. Jahrhunderts über das gesamte Tal und somit auch über die Abtei Marienberg herzogen:

„Zu Lebzeiten dieses Abtes [Wiso; er starb 1362] traten viele göttliche Zeichen ein. Zunächst flogen Stechmücken bzw. Heuschrecken in so großer Anzahl daher, dass sie die Oberfläche der Erde beinahe ganz bedeckten, ungeheuer viele und von ganz ungewöhnlicher Größe. Später, im Jahre des Herrn 1344, folgten viele und starke Erdbeben, dass sie Burgen und Städte zerstörten, wie man es noch heute in Kärnten sehen kann. Diesem Erdbeben folgte im Jahre des Herrn 1348 eine überaus verheerende Seuche, welche unser Gebiet und die Umgebung derart von Menschen leerte, dass kaum ein Sechstel der Menschen überlebte. [...] Eigenartig verlief nämlich die Krankheit der genannten Seuche: Die einen bekamen Beulen um die Schamteile und lagen drei Tage lang wie schlafend da. Sobald sie wieder zu sprechen vermochten, starben sie. Andere spuckten Blut statt Speichel aus. Beinahe alle, sowohl jene, die Beulen aufwiesen, als auch jene, die Blut spuckten, starben dahin. Auch die Ärzte fanden dagegen kein wirksames Mittel.“

Kloster Marienberg

Bei einem Besuch im Benediktinerstift Marienberg (Schlinig 1, 39024 Mals, Tel. +39 0473 843980, www.marienberg.it) sollte neben der **Stiftskirche** und der **Krypta** auch das 2007 eröffnete **Museum** besichtigt werden. Die alten Gemäuer wurden bei der Sanierung weitgehend im Originalzustand belassen, wodurch die baulichen Veränderungen vom ausgehenden 13. Jahrhundert bis heute gut erkennbar sind. Neben verschiedenen Veranstaltungen und Kursen bietet das Kloster außerdem männlichen Besuchern nach vorheriger Anmeldung die Möglichkeit, ein paar Tage als Gast im Kloster zu verbringen.

Weitere Informationen

Tourismusbüro Schluderns: Meraner Straße 1, 39020 Schluderns,
Tel. +39 0473 615258, www.ferienregion-obervinschgau.it
Tourismusbüro Glurns: Schludernser-Tor-Turm, 39020 Glurns,
Tel. +39 0473 831097, www.ferienregion-obervinschgau.it
Tourismusbüro Mals: St.-Benedikt-Straße 1, 39024 Mals im Vinschgau,
Tel. +39 0473 831190, www.ferienregion-obervinschgau.it

Taufers im Münstertal

Das Pilgerhospiz St. Johann
Taufers im Münstertal

Am Ortseingang von Taufers liegt St. Johann, eines der wenigen bis auf den heutigen Tag erhaltenen mittelalterlichen Pilgerhospize. Das Bauwerk wurde um 1220 von Angehörigen des Johanniterordens errichtet, der in den Jahren 1216–1218 in Trient bezeugt wird. Das im späten 14. Jahrhundert abgebrannte Hospiz wurde wiederhergestellt, 1790 infolge der Säkularisierungsverordnungen Kaiser Josephs II. profaniert und verfiel dann zu einem Abstellraum. Die wertvollen Wandmalereien, die unter diesen geschichtlichen Wirrnissen gelitten

Schmerzhafte Muttergottes, Taufers

haben, wurden in jüngster Zeit sorgfältigen Restaurierungen unterzogen. Die romanischen Fresken, die sich über die Wände der Kirche und des Hospizes hinziehen, werden auf die Zeit um 1220–1230 datiert, und sie stellen einen Höhepunkt des Kunstschaffens in dieser Gegend dar. Sie greifen auf Vorbilder in Salzburg und Aquileja zurück und lassen gute Kenntnisse der Mosaiken im Markusdom in Venedig vermuten. An der nördlichen Außenwand findet sich eine Christusfigur, die nach der auf Burg Hocheppan als älteste Darstellung dieses Heiligen in Tirol gilt. Die gotischen Wandmalereien stammen aus dem Jahr 1385 und wurden bald nach dem verheerenden Brand ausgeführt, der einen Großteil von Taufers zerstört hatte. Sie zeichnen sich durch einen linear geprägten Stil aus, in dem von der lombardischen Malertradition gefilterte Schweizer Einflüsse zu erkennen sind, die diesen Freskenkomplex – neben Einflüssen der Giotto-Schule – zu einem originellen, im Vinschgau einzigartig dastehenden Kunstwerk machen.

Der für den Alpenraum unübliche Zentralbau in Form eines griechischen Kreuzes der **Kirche St. Johann** kann besichtigt werden. Weitere Informationen sowie Führungen auf Anfrage bietet der Tourismusverein Taufers im Münstertal.

Weitere Informationen

Tourismusverein Taufers im Münstertal: St.-Johann-Straße, 39020 Taufers im Münstertal, Tel. +39 0473 831 190 oder +39 0473 833 046, www.taufers.org

Graun im Vinschgau

Der Reschensee
Graun im Vinschgau

Das bekannteste Bild von Graun im Vinschgau zeigt das Dorf mit dem Kirchturm, der aus dem Wasser des Reschensees aufragt. Zum Bau dieses Stausees (1949–1950) wurde die ortsansässige Bevölkerung in einen neuen, höher gelegenen Ort umgesiedelt, aber Graun hat seine Seele verloren. Von Alt-Graun hat sich noch das gotische Anna-Kirchlein aus dem Jahr 1521 erhalten.

Während der ehemalige Grauner See (auch Mittersee) und der alte Reschensee (auch Obersee) gemeinsam zum heutigen Reschensee aufgestaut wurden, ist der etwas weiter südlich gelegene Haidersee in seiner ursprünglichen Form erhalten geblieben. Dank der hier fast ständig wehenden Winde sind am Haidersee wie auch am Reschensee viele Sportarten möglich: Im Sommer vergnügen sich hier die Windsurfer, im Winter Eissegler, Snowkiter und Eissurfer.

Der **Kirchturm von Alt-Graun** aus dem 14. Jahrhundert zählt heute zu den meistabgebildeten Fotomotiven des Vinschgaus. Mehr über die Geschichte der Seestauung erfährt man bei einem Besuch des alten Gemeindehauses in Graun, wo eine Fotodokumentation Einblicke in die Seestauung und den Wiederaufbau der Dörfer Graun und Reschen gewährt (Altes Gemeindehaus, 39027 Graun im Vinschgau, Tel. +39 0473 633127).

Geheimnisvolle Steinhaufen
Graun im Vinschgau

Westlich des Haidersees schiebt sich das Zerzer Tal vor. Am Weg zu den Zerzer Almen lag in vergangenen Zeiten nach dem „Zerzer Brünnl" ein Steinhaufen, der „Wilde Freilen" (Wilde Fräulein) genannt, aber beim Bau des neuen Almwegs zerstört wurde: Es war die Heimstätte der Waldfeen, die die hoch gelegenen Almen beschützten. Die Hirten, die zu den Almen unterwegs waren, mussten – so weiß die Sage zu berichten – einen Stein aufheben und zum Haufen werfen. Anderenfalls nahmen die Wilden Fräulein sie mit und töteten ihre Schafe. Sie mussten einen großen Stein auf den Haufen geben und einen kleineren mitnehmen: als Wegzehrung oder Heilmittel gegen alle Leiden oder Segen der Feen. Geschichten aus vergangenen Zeiten, die aber bis heute noch gern erzählt werden und noch nicht ganz verloren gegangen sind.

In der Volksmedizin wird heute wieder auf das Steinheilen zurückgegriffen, was eine sehr alte Heilmethode zu sein scheint. Schon der Gott Eros soll – wie

Der versunkene Kirchturm von Graun

es in der griechischen Mythologie heißt – Rosenquarz als Liebesamulett aus dem Erdinneren ans Tageslicht gebracht haben. Araber und Griechen schreiben dem Tigerauge magische Wirkungen und Heilkräfte zu, während den Kelten der Bernstein als wichtigster Heilstein galt. Und man könnte dieses Verzeichnis beliebig fortsetzen. Auch Hildegard von Bingen, Heilige, Mystikerin und Autorin medizinischer Abhandlungen des 12. Jahrhunderts, wusste um die therapeutischen Effekte von Pflanzen und die Schutz- und Heilwirkung von Steinen.

Um Steine zur Heilung einzusetzen, musste man beweisen, dass auch Steine lebende und lebendige Wesen sind, dass sie geboren werden, heranwachsen, erkranken und sterben – wie alle anderen beseelten Geschöpfe.

In vielen Geschichten werden Steine, Felsen und Berge als Knochen der Mutter Erde angesehen, die uns alle hervorgebracht hat. Man denke nur an den Mythos um Deukalion und seine Frau Pyrrha. Sie waren die einzigen Überlebenden einer Sintflut, mit der Zeus wegen der Verderbtheit der Menschen die Erde überschwemmt hatte. Um die menschenleere Erde wieder zu bevölkern, wurde Deukalion vom Orakel der Themis geraten, die „Knochen seiner Mutter" – mit anderen Worten: die Steine der Mutter Erde – über seine Schulter zu werfen. Gewiss, diese Geschichte kommt aus dem Reich der Mythologie, aber auch Mythen dienen dazu, eine Erscheinung und ihre Herkunft zu erklären.

Steine und Minerale sind in Wirklichkeit ja tatsächlich lebendig, was man allerdings kaum bemerkt. In Urzeiten soll das Felsgestein zart und weich wie ein Neugeborenes gewesen sein. Mit der Zeit wird es hart, aber in seinem Inneren bleibt pulsierendes Leben erhalten. Wenn die Berge müde sind, zucken sie die Achseln und beginnen zu gähnen – was die Menschen als Erdbeben und Vulkanausbrüche interpretieren. Die Felsen haben auch eine Stimme, die man in Vollmondnächten hören kann, wenn sie ihre Sexualität ausleben, sich paaren und geschlechtlich differenzierte, männliche und weibliche Steine zur Welt bringen, die in Brand geraten, wenn sie aufeinandertreffen. In den mittelalterlichen Bestiarien werden diese Steine als Metapher eingesetzt, um die Männer davor zu warnen, sich den Frauen zu nähern, weil sonst ihre Rationalität verbrennen könnte. Zugleich werden Steine aber auch zum Heilen von vielerlei Beschwerden verwendet, nicht zuletzt von Liebesleid. Von all diesen Mythen und Geschichten der Vergangenheit sind uns nur Redensarten geblieben: zum Beispiel „ein Herz aus Stein haben", um auszudrücken, dass eine Person eben hartherzig und gefühllos ist. Dann gibt es auch wandernde Felsen. Gemäß der mythologischen Argonautensage sind die Symplegaden („die Zusammenschlagenden") zwei Felsinseln, die an der Einmündung des Bosporus in das Schwarze Meer liegen. Wenn sie auseinandertreiben, bildet sich eine enge Zufahrt zum Schwarzen Meer, aber wenn sie aufeinander zu treiben, versperren sie die Meeresenge und zermalmen die Schiffe. Steine also als lebendige Kreaturen, die gemeinsam mit allen anderen beseelten Geschöpfen in dem einen Ganzen leben, das man Kosmos nennt. Steine, die sich darreichen, die in der Johannisnacht auf dem Boden „blühen" und sich aus dem Schoß der Mutter Erde ausgraben lassen. Aber Vorsicht: Auch die Steine haben ihre Reifezeit, und es kann Unglück bringen, sie vor der Zeit ans Licht zu holen. Es gibt auch magische Steine, die von den Frauen, die sich ihren Kinderwunsch erfüllen wollen, als Fruchtbarkeitsrutschen benutzt werden. Und apropos Geburt: In alten Kalendern werden den an einem bestimmten Tag geborenen Kindern auch ganz bestimmte Schutzsteine zugewiesen, die das Schicksal der Person mitbestimmen.

Die Wanderung in das **Zerzer Tal** mit seinen beiden Seen, dem Grünsee und dem Rasaßsee, beginnt man am besten von St. Valentin auf der Haide aus. Von dort fährt man mit der Gondelbahn zur Haider Alm und folgt dann dem Steig Nr. 16 in Richtung Südwest. Die Wanderung erfordert gute Ausrüstung und Kondition.

Weitere Informationen

Tourismusverein Graun am Reschenpass: 39027 Graun im Vinschgau, Tel. +39 0473 634603, www.reschenpass.it

Ab in die Berge!
Sorglos und sicher

A22

Autostrada del Brennero SpA
Brennerautobahn AG

Anhang

Bibliografie

AGOSTINI P., ANSALONI G., FERRANDI M., Alto Adige, Ottant'anni di storia, Bozen, 1995
ALBERTONI G., Le terre del Vescovo, Turin, 1996
ALBERTONI G., Mainardo II e il suo tempo, Bozen, 1995
ANDERGASSEN L., NOTHDURFTER H., Kirchen in Niederdorf, Bozen, 1997
ANICH P., Atlas Tyrolensis, Innsbruck-Wien-Bozen, 1986
AUSSERER K., Castelrotto e Siusi nel passato, in *Der Schlern*, 1931
BASSETTI S., ANESI F., FRANCHINI S., MORELLO P., Le "Viles" della Val Badia, Bozen, 1987
BELARDI W., Narrativa Gardenese, Bozen, 1988
BELLINI I., GROSSI D., GIACOBBO R. (Hrsg.), Atlante dei Misteri, Florenz, 2006
BINDI MONDAINI D., Gente di Val Badia, Florenz, 1991
BODINI G., Steine, 4.000 Jahre Megalithkultur in Europa / Sassi, 4.000 anni di cultura me-
  galitica in Europa, Innsbruck-Bozen, 2002
BODINI G., Athesis, il fiume tra la Rezia e l'Adriatico, Bozen, 1985
BRAGAGNOLO G., BERNARDI A., La conca di Merano e le sue acque, Trient, 1960
CAGNAN P., Delitti e misteri, Trient, 2000
CLEMENTI S., VERDORFER M., Storie di cittadine di Bolzano-Bozen, Bozen, 1999
CORDIER U., Guida ai luoghi misteriosi d'Italia, Casale Monferrato, 2004
DAL LAGO VENERI B., Guida insolita ai misteri, ai segreti, alle leggende e alle curiosità del
  Trentino-Alto Adige, Rom, 2000
DAL LAGO VENERI B., LOCHER E., Le leggende del Trentino Alto Adige, Rom, 1983
DAL RI L., TECCHIATI U., BASSETTI CARLINI P., Archäologie und Kunstgeschichte in
  Kastelbell-Tschars und Umgebung, Tschars, 1995
DELLE DONNE G. (Hrsg.), Bibliografia della questione altoatesina 1994-98, Bozen, 1998
DELLE DONNE G., Cesare Battisti e la questione altoatesina, Calliano, 1987
DI GESARO P., Guida dell'Alto Adige, Bozen, 1993
DI GESARO P., I giochi delle streghe, Bozen, 1995
DI GESARO P., Agenda Bolzano 2001, Bozen, 2001
DI GESARO P., Streghe – l'ossessione del diavolo, Bozen, 1988
DONDIO W., Guida allo studio dell'Alto Adige, Bozen, 1980
DRESCHER R., Bier in Südtirol, Bozen, 2013
FAUSTINI G., L'economia dell'Alto Adige tra le due guerre, Trient, 1985
FORCHER M., Tirols Geschichte in Wort und Bild, Innsbruck, 1984
FORNI M., La realtà e l'immaginario nelle valli ladine dolomitiche, Sankt Martin in Thurn,
  1997
FRASS H., Das Eisacktal im Bild, Bozen, 1982
GASSER U., L'Ordine Teutonico, Bozen, 1991
GATTERER C., In lotta contro Roma, Bozen, 1994
GILARDONI L., Le leggende della Val Pusteria, Bozen, 1999
GRIESSMAIR H., Il museo etnografico di Teodone, Bozen, 1986
HEYL J. A., Volkssagen, Bräuche und Meinungen aus Tirol, Brixen, 1897
HÖLLER R., Eine Leiche in Habsburgs Keller – Der Rebell Michael Gaismair und sein
  Kampf um eine gerechtere Welt, Salzburg-Wien, 2011
HYE F. G., Auf den Spuren des Deutschen Ordens in Tirol, Bozen, 1991
ISTITUTO MAGISTRALE GIOVANNI PASCOLI, Aspetti della storia dell'Alto Adige-Süd-
  tirol, Bozen, 1989
LASSING E., Peter Mitterhofer, Bozen, 1993
LIPPERT A., Archäologieführer – Österreich und Südtirol, Stuttgart, 1985

MACEK J., Michael Gaismayr, Trient, 1991
MARCANTONI M. (Hrsg.), Nuovo Atlante Ladino, Trient, 2006
MENARA H., Südtiroler Urwege – ein Bildwanderbuch, Bozen, 1980
MORESO G., PRUCCOLI R., ROSANI T., Alto Adige, Angoli da scoprire, Bozen, 2001
MUMELTER N., Der Kuntersweg, Karneid, 1984
NOTHDURFTER J., St. Prokulus – Naturns, Lana, 1995
PAN A. (Hrsg.), Südtiroler Museumsführer, Bozen, 1996
PASOLLI E., Die Floß- und Schiffahrt auf der Etsch, in *Der Schlern*, 1928
PERINI L., Itinerari Archeologici in Alto Adige, Bozen, 1984
PETERLINI H. K., Feuernacht, Südtirols Bombenjahre, Bozen, 2011
PETRI R., Storia di Bolzano, Padua, 1989
RAMPOLD J., Bozen – Mittelpunkt des Landes an der Etsch und im Gebirge, Bozen, 1985
RASMO N., Bolzano, notizie sulle origini e sullo sviluppo del centro storico, Bozen, 1976
RENZETTI E., Grammatica della Salvezza, Ivrea, 2007
RICHEBUONO B., Breve storia dei ladini dolomitici, Sankt Martin in Thurn, 1992
ROILO C., Das Registrum Goswins von Marienberg, Innsbruck, 1996
RUNGGALDIER MAHLKNECHT M., MAHLKNECHT K., St. Ulrich in Gröden, St. Ulrich, 1992
SCHNEIDER S., HOSP I., Die Riesin von Ridnaun, Bozen, 2001
SCHWEIGGL M., HAUSER F., Bassa Atesina, Bozen, 1989
STÄBLEIN R., Altes Holzspielzeug aus Gröden, Bozen, 1980
STEMBERGER H. (Hrsg.), J. N. Tinkhauser's Brunecker Chronik 1834, Bozen, 1981
TASSER R., Das Bergwerk am Südtiroler Schneeberg, Bozen, 1994
TENGLER G., Die Bozner Straßenbahn, Bozen, 1984
TESTA M., I Quattordici Santi Ausiliatori, Bozen, 1996
TRAPP E., Testimonianze di storia e d'arte nelle Valli Ladine, Sankt Martin in Thurn, 2006
TSCHOLL E., Meran – Kleiner Kunstführer, Lana, 1984
VERRA R., RABANSER H., Ladinia – Cinque valli nelle Dolomiti, Bozen, 1997
VONMETZ SCHIANO G., L'ultimo dei Wolkenstein, Bozen, 1995
WEBER B., Meran und seine Umgebungen oder Das Burggrafenamt von Tirol, Innsbruck, 1845
WEINGARTEN J., Tiroler Burgkunde, Innsbruck, 1950
WIELANDER H., Arte Sacra a Silandro, Bozen, 1994
WIELANDER H., Bild und Chronik von Alt-Schlanders mit Kortsch, Göflan, Vetzan, Sonnen- & Nördersberg, Schlanders, 1984
WINKLER R., Sagen aus dem Vinschgau, Schlanders, 1995
ZIEGER A., Voci e volti del Risorgimento nel Trentino e nell'Alto Adige, Bozen, 1994

Bildnachweis

Die Quellen sowie die Rechtsinhaber der abgedruckten Bilder sind untenstehend aufgelistet. Gemeinfreie Quellen und Bilder aus dem Internet werden nicht benannt. Etwaige Rechtsinhaber, die nicht ausfindig gemacht werden konnten, werden gebeten, sich mit dem Verlag in Verbindung zu setzen.

archeoParc Schnalstal: 245 (ganeshGraphics/G. Neumair)

Bährendt Leo, *Sudtirolo*. Edition Raetia, Bozen 1992: 119, 126

Caramaschi Renzo, *Zu Almen und Schutzhütten in Südtirol*. Edition Raetia, Bozen 2009: 66

Dal Lago Veneri Bruna, Privatarchiv: 39, 41, 81, 112, 152, 254, 273

Daporta Egon: 40

Di Michele Andrea, Renzetti Emanuela, Schneider Ingo, Clementi Siglinde (Hg.), *An der Grenze*. Edition Raetia, Bozen 2012: 18

Drescher Roman, *Bier in Südtirol*. Edition Raetia, Bozen 2013: 59

Edition Raetia, Archiv: 135, 137 li., 137 re.

Feichtinger Pepi & Benedikter Luis, *Hofers fünf Hüte*. Edition Raetia, Bozen 2010: 31

Flickr: 32–33 (barnyz); 34 (Georg Hofer); 38, 64, 156, 197 (Internet Consulting/suedtirol.altoadige); 53 (Matthias Süß); 58 (Volkskundemuseen); 60 (Gabriele MONTI/gamonDue); 63 (Allie_Caulfield); 70 (Kronplatz-Resort); 72 (Klaus Brockmeier/Süßwassermatrose); 75 (Giorgio ___); 84 (Franky De Witte/Franky, Bart en Wouter De Witte); 89 (Marloes/loebloem); 90 (Giuseppe/cicrico); 91 (Südtirol - Alto Adige - South Tyrol); 98 (Francesco Damin/cesco.pb); 111 (Freizeitverein Bruneck); 117 (heiko_bremicker); 123 (Dieter Müller/infactoweb); 131 (Siegfried Unterkircher/Unterkircher Marketing); 132 (Ferien-Suedtirol); 138 (sangiovese); 139 (Janos Korom Dr./korom); 144 (Markus Kolletzky); 169 (Michele Bighignoli/bigmike.it); 170 (Vineria Group); 199 (schwammerl); 238 (Susanne Tofern/SusanneK); 249 (stherzle); 250 (Karin Hofer/khofer76@); 255 (Meinhard.2); 257 (Christian/chricujo); 259 (Stephan Schwarzer/stephans1707); 265 (Stijn Nieuwendijk/stijn); 267 (Dan/twiga_swala); 268 (Luca De Santis/lucadex)

Freilichtspiele Südtiroler Unterland: 189

Gemeinde St. Pankraz (Hg.), *St. Pankraz* (Band II). Edition Raetia, Bozen 2013: 204

GEOPARC Bletterbach: 176, 179

Gruber Albert: 27

Hörwarter Georg, *Meran in alten Postkarten*. Eigenverlag, Meran 2009: 216

Kränzelhof: 207 (Elisabeth Hölzel)

Kulturzentrum Grand Hotel Toblach: 77

Library of Congress: 23, 102, 121

Mair Michael: 26

Marabini-Zoeggeler Bianca & Talalay Michail, *Die russische Kolonie in Meran*. Edition Raetia, Bozen 1997: 215

Marketing Gesellschaft Meran: 206 (Frieder Blickle)

Merkantilmuseum, Bozen: 128

Mohr Gerd Heinz & Eckert Willehad Paul (Hg.), *Das Werk des Nicolaus Cusanus*. Wienand-Verlag, Köln 1981: 36

Moroder Diego: 85

Museum für Alltagskultur, Neumarkt: 187 (Rainer Erich)

Naumann, Hans (Geleitwort): Die Minnesinger in Bildern der Manessischen Handschrift. Insel-Verlag, Leipzig 1933: 101

Pfaundler Wolfgang (Hg.), *Tiroler Jungbürgerbuch*. Inn-Verlag, Innsbruck 1967: 14 Mitte

Richardi Hans-Günter, *SS-Geiseln in der Alpenfestung*. Edition Raetia, Bozen 2005: 74; 78 (Hermann Oberhofer)

Ruepp Martin: 37

Schloss Moos-Schulthaus: 157 (Helga Lahner)

Biografie

Brunamaria Dal Lago Veneri. Geboren in Bozen, wo sie heute lebt und arbeitet. Schriftstellerin, Publizistin, Übersetzerin, Autorin von Texten für Radio, Fernsehen und Theater. Ihr Interesse gilt der Tradition im Wechselspiel zwischen Mythos, Erzählung und der Geschichte der mehrsprachigen Realität des ehemaligen Habsburgerreiches. Visiting professor an der Universität Lugano mit Vorlesungen in Kulturanthropologie, Vorträge an den Universitäten von Trient, Gorizia, Triest, Innsbruck und Wien. Kolumnistin des  *Corriere della Sera*. Als Autorin sowie Expertin tätig für Sendungen zu den Themen Mythos und Tradition im lokalen und nationalen Rundfunk. Zudem Autorin von Texten und Drehbüchern für Fernsehproduktionen über lokale sowie internationale Künstler und Autoren.

Auswahl an Publikationen und Beiträgen: Guida insolita ai castelli del Trentino-Alto Adige (Newton Compton Editori), Tera Ladina (Arunda), Der Traum der Vernunft. Ein Bestiarium (Folio Verlag), Stadtstiche – Dorfskizzen (Skarabaeus), Die Weihnachtshexe (dtv klassik), Dodici incontri. Una vita (Alpha Beta Verlag).

Demnächst erscheinen: Santi e controsanti – Numina Rustica (Mondadori), Il regno dei Fanes (Giunti Editore), Donne e Fiori (Reverdito).

Danksagung

Für die wertvollen zur Verfügung gestellten Werke sowie für die Unterstützung bei der Recherche danke ich der Stadtbibliothek Bozen, der Landesbibliothek Tessmann in Bozen, dem Ferdinandeum in Innsbruck sowie der Bibliothek Tartarotti in Rovereto. Ein besonderer Dank gilt Pinuccia Di Gesaro und Franca Eller, die mich während der Arbeit an diesem Buch unterstützt und beraten haben. Ich danke auch dem Fotografen Othmar Seehauser sowie meinen Kindern für ihre Ratschläge, ihre Hilfe und ihren Beistand.